THAILÄNDISCH
WORTSCHATZ

FÜR DAS SELBSTSTUDIUM

DEUTSCH
THAILÄNDISCH

Die nützlichsten Wörter
Zur Erweiterung Ihres Wortschatzes und
Verbesserung der Sprachfertigkeit

9000 Wörter

Wortschatz Deutsch-Thailändisch für das Selbststudium - 9000 Wörter
Von Andrey Taranov

T&P Books Vokabelbücher sind dafür vorgesehen, beim Lernen einer Fremdsprache zu helfen, Wörter zu memorieren und zu wiederholen. Das Wörterbuch ist nach Themen aufgeteilt und deckt alle wichtigen Bereiche des täglichen Lebens, Berufs, Wissenschaft, Kultur etc. ab.

Durch das Benutzen der themenbezogenen T&P Books ergeben sich folgende Vorteile für den Lernprozess:

- Sachgemäß geordnete Informationen bestimmen den späteren Erfolg auf den darauffolgenden Stufen der Memorisierung
- Die Verfügbarkeit von Wörtern, die sich aus der gleichen Wurzel ableiten lassen, erlaubt die Memorisierung von Worteinheiten (mehr als bei einzeln stehenden Wörtern)
- Kleine Worteinheiten unterstützen den Aufbauprozess von assoziativen Verbindungen für die Festigung des Wortschatzes
- Die Kenntnis der Sprache kann aufgrund der Anzahl der gelernten Wörter eingeschätzt werden

T&P Books Publishing
www.tpbooks.com

ISBN: 978-1-78767-248-2

Dieses Buch ist auch im E-Book Format erhältlich.
Besuchen Sie uns auch auf www.tpbooks.com oder auf einer der bedeutenden Buchhandlungen online.

WORTSCHATZ DEUTSCH-THAILÄNDISCH
für das Selbststudium

Die Vokabelbücher von T&P Books sind dafür vorgesehen, Ihnen beim Lernen einer Fremdsprache zu helfen, Wörter zu memorieren und zu wiederholen. Der Wortschatz enthält über 9000 häufig gebrauchte, thematisch geordnete Wörter.

- Der Wortschatz enthält die am häufigsten benutzten Wörter
- Eignet sich als Ergänzung zu jedem Sprachkurs
- Erfüllt die Bedürfnisse von Anfängern und fortgeschrittenen Lernenden von Fremdsprachen
- Praktisch für den täglichen Gebrauch, zur Wiederholung und um sich selbst zu testen
- Ermöglicht es, Ihren Wortschatz einzuschätzen

Besondere Merkmale des Wortschatzes:

- Wörter sind entsprechend ihrer Bedeutung und nicht alphabetisch organisiert
- Wörter werden in drei Spalten präsentiert, um das Wiederholen und den Selbstüberprüfungsprozess zu erleichtern
- Wortgruppen werden in kleinere Einheiten aufgespalten, um den Lernprozess zu fördern
- Der Wortschatz bietet eine praktische und einfache Lautschrift jedes Wortes der Fremdsprache

Der Wortschatz hat 256 Themen, einschließlich:

Grundbegriffe, Zahlen, Farben, Monate, Jahreszeiten, Maßeinheiten, Kleidung und Accessoires, Essen und Ernährung, Restaurant, Familienangehörige, Verwandte, Charaktereigenschaften, Empfindungen, Gefühle, Krankheiten, Großstadt, Kleinstadt, Sehenswürdigkeiten, Einkaufen, Geld, Haus, Zuhause, Büro, Import & Export, Marketing, Arbeitssuche, Sport, Ausbildung, Computer, Internet, Werkzeug, Natur, Länder, Nationalitäten und vieles mehr...

INHALT

LEITFADEN FÜR DIE AUSSPRACHE

T&P phonetisches Alphabet	Thailändisch Beispiel	Deutsch Beispiel

Vokale

[a]	ฟ้า [hâ:] – hâa	schwarz
[e]	เป็นลม [pen lom] – bpen lom	Pferde
[i]	วินัย [wi? naj] – wi–nai	ihr, finden
[o]	โกน [ko:n] – gohn	orange
[u]	ขุ่นเคือง [kʰùn kʰɯ:aŋ] – khùn kheuang	kurz
[aa]	ราคา [ra: kʰa:] – raa–khaa	Zahlwort
[oo]	ภูมิใจ [pʰu:m tɕaj] – phoom jai	Zufall
[ee]	บัญชี [ban tɕʰi:] – ban–chee	Wieviel
[eu]	เดือน [dɯ:an] – deuan	Ungerundeter geschlossener Hinterzungenvokal
[er]	เงิน [ŋɤn] – ngern	Ungerundeter halbgeschlossener Hinterzungenvokal
[ae]	แปล [plɛ:] – bplae	verschütten
[ay]	เลข [lê:k] – lâyk	Wildleder
[ai]	ไปป [paj] – bpai	Reihe
[oi]	โพย [pʰo:j] – phoi	Werkzeug
[ya]	สัญญา [săn ja:] – săn–yaa	Jacke
[oie]	อบเชย [?òp tɕʰɤ:j] – òp–choie	Kombination [ə:i]
[ieo]	หน้าเชียว [nâ: si:aw] – nâa sieow	Kia Motors

Silbenanfang

[b]	บาง [ba:ŋ] – baang	Brille
[d]	สีแดง [sǐ: dɛ:ŋ] – sěe daeng	Detektiv
[f]	มันฝรั่ง [man fà ràŋ] – man fà–ràng	fünf
[h]	เฮลซิงกิ [he:n siŋ kì?] – hayn–sing–gì	brauchbar
[y]	ยี่สิบ [jî: sìp] – yêe sìp	Jacke
[g]	กรง [kroŋ] – grorng	gelb
[kh]	เลขา [le: kʰǎ:] – lay–khǎa	Flughafen
[l]	เล็ก [lék] – lék	Juli
[m]	เมลอน [me: lɔ:n] – may–lorn	Mitte
[n]	หนัง [nǎŋ] – nǎng	nicht
[ng]	เงือก [ŋɯ:ak] – ngêuak	Känguru
[bp]	เป็น [pen] – bpen	Polizei
[ph]	เผา [pʰàw] – phào	Abhang
[r]	เบอร์รี่ [bɤ: rî:] – ber–rêe	richtig
[s]	ซ่อน [sôn] – sôrn	sein

T&P phonetisches Alphabet	Thailändisch Beispiel	Deutsch Beispiel
[dt]	ดนตรี [don tri:] – don–dtree	still
[j]	ปั้นจิ้น [pân tɕàn] – bpân jàn	ähnlich wie tch oder tj in Brötchen oder tja

Silbenende

[k]	แม่เหล็ก [mɛ: lèk] – mâe lèk	Kalender
[m]	เพิ่ม [pʰɤ:m] – phêrm	Mitte
[n]	เนียน [ni:an] – nian	nicht
[ng]	เป็นห่วง [pen hù:aŋ] – bpen hùang	Känguru
[p]	ไม่ขยับ [mâj kʰà ja p] – mâi khà–yàp	Polizei
[t]	ลูกเป็ด [lû:k pèt] – lôok bpèt	still

Anmerkungen

Mittel Ton - [ā] การดูณ [gaan khon]
Tief Ton - [à] แจกจ่าย [jàek jàai]
Fallend Ton - [â] ยตม [dtâem]
Hoch Ton - [á] แซ็กโซโฟน [sáek-soh-fohn]
Steigend Ton - [ǎ] เนินเขา [nern khǎo]

ABKÜRZUNGEN
die im Vokabular verwendet werden

Deutsch. Abkürzungen

Adj	-	Adjektiv
Adv	-	Adverb
Amtsspr.	-	Amtssprache
f	-	Femininum
f, n	-	Femininum, Neutrum
Fem.	-	Femininum
m	-	Maskulinum
m, f	-	Maskulinum, Femininum
m, n	-	Maskulinum, Neutrum
Mask.	-	Maskulinum
n	-	Neutrum
pl	-	Plural
Sg.	-	Singular
ugs.	-	umgangssprachlich
unzähl.	-	unzählbar
usw.	-	und so weiter
v mod	-	Modalverb
vi	-	intransitives Verb
vi, vt	-	intransitives, transitives Verb
vt	-	transitives Verb
zähl.	-	zählbar
z.B.	-	zum Beispiel

GRUNDBEGRIFFE

Grundbegriffe. Teil 1

1. Pronomen

du	คุณ	khun
er	เขา	khǎo
sie	เธอ	ther
es	มัน	man

wir	เรา	rao
ihr	คุณทั้งหลาย	khun tháng lǎai
Sie (Sg.)	คุณ	khun
Sie (pl)	คุณทั้งหลาย	khun tháng lǎai
sie (Mask.)	เขา	khǎo
sie (Fem.)	เธอ	ther

2. Grüße. Begrüßungen. Verabschiedungen

Hallo! (ugs.)	สวัสดี!	sà-wàt-dee
Hallo! (Amtsspr.)	สวัสดี ครับ/ค่ะ!	sà-wàt-dee khráp/khâ
Guten Morgen!	อรุณสวัสดี!	a-run sà-wàt
Guten Tag!	สวัสดีตอนบ่าย	sà-wàt-dee dtorn-bàai
Guten Abend!	สวัสดีตอนค่ำ	sà-wàt-dee dtorn-khâm

grüßen (vi, vt)	ทักทาย	thák thaai
Hallo! (ugs.)	สวัสดี!	sà-wàt-dee
Gruß (m)	คำทักทาย	kham thák thaai
begrüßen (vt)	ทักทาย	thák thaai
Wie geht es Ihnen?	คุณสบายดีไหม?	khun sà-baai dee mǎi
Wie geht's dir?	สบายดีไหม?	sà-baai dee mǎi
Was gibt es Neues?	มีอะไรไหม?	mee à-rai mài

Auf Wiedersehen!	ลาก่อน!	laa gòrn
Wiedersehen! Tschüs!	บาย!	baai
Bis bald!	พบกันใหม่	phóp gan mài
Lebe wohl!	ลาก่อน!	laa gòrn
Leben Sie wohl!	สวัสดี!	sà-wàt-dee
sich verabschieden	บอกลา	bòrk laa
Tschüs!	ลาก่อน!	laa gòrn

Danke!	ขอบคุณ!	khòrp khun
Dankeschön!	ขอบคุณมาก!	khòrp khun mâak
Bitte (Antwort)	ยินดีช่วย	yin dee chûay
Keine Ursache.	ไม่เป็นไร	mâi bpen rai
Nichts zu danken.	ไม่เป็นไร	mâi bpen rai

Entschuldige!	ขอโทษที!	khŏr thôht thee
Entschuldigung!	ขอโทษ ครับ/ค่ะ!	khŏr thôht khráp / khâ
entschuldigen (vt)	ให้อภัย	hâi a-phai

sich entschuldigen	ขอโทษ	khŏr thôht
Verzeihung!	ขอโทษ	khŏr thôht
Es tut mir leid!	ขอโทษ!	khŏr thôht
verzeihen (vt)	อภัย	a-phai
Das macht nichts!	ไม่เป็นไร!	mâi bpen rai
bitte (Die Rechnung, ~!)	โปรด	bpròht

Nicht vergessen!	อย่าลืม!	yàa leum
Natürlich!	แน่นอน!	nâe norn
Natürlich nicht!	ไม่ใช่แน่!	mâi châi nâe
Gut! Okay!	โอเค!	oh-khay
Es ist genug!	พอแล้ว	phor láew

3. Jemanden ansprechen

Entschuldigen Sie!	ขอโทษ	khŏr thôht
Herr	ท่าน	thâan
Frau	คุณ	khun
Frau (Fräulein)	คุณ	khun
Junger Mann	พ่อหนุ่ม	phôr nùm
Junge	หนู	nŏo
Mädchen	หนู	nŏo

4. Grundzahlen. Teil 1

null	ศูนย์	sŏon
eins	หนึ่ง	nèung
zwei	สอง	sŏrng
drei	สาม	săam
vier	สี่	sèe

fünf	ห้า	hâa
sechs	หก	hòk
sieben	เจ็ด	jèt
acht	แปด	bpàet
neun	เก้า	gâo

zehn	สิบ	sìp
elf	สิบเอ็ด	sìp èt
zwölf	สิบสอง	sìp sŏrng
dreizehn	สิบสาม	sìp săam
vierzehn	สิบสี่	sìp sèe

fünfzehn	สิบห้า	sìp hâa
sechzehn	สิบหก	sìp hòk
siebzehn	สิบเจ็ด	sìp jèt
achtzehn	สิบแปด	sìp bpàet
neunzehn	สิบเก้า	sìp gâo

zwanzig	ยี่สิบ	yêe sìp
einundzwanzig	ยี่สิบเอ็ด	yêe sìp èt
zweiundzwanzig	ยี่สิบสอง	yêe sìp sŏrng
dreiundzwanzig	ยี่สิบสาม	yêe sìp săam

dreißig	สามสิบ	săam sìp
einunddreißig	สามสิบเอ็ด	săam-sìp-èt
zweiunddreißig	สามสิบสอง	săam-sìp-sŏrng
dreiunddreißig	สามสิบสาม	săam-sìp-săam

vierzig	สี่สิบ	sèe sìp
einundvierzig	สี่สิบเอ็ด	sèe-sìp-èt
zweiundvierzig	สี่สิบสอง	sèe-sìp-sŏrng
dreiundvierzig	สี่สิบสาม	sèe-sìp-săam

fünfzig	ห้าสิบ	hâa sìp
einundfünfzig	ห้าสิบเอ็ด	hâa-sìp-èt
zweiundfünfzig	ห้าสิบสอง	hâa-sìp-sŏrng
dreiundfünfzig	หาสิบสาม	hâa-sìp-săam

sechzig	หกสิบ	hòk sìp
einundsechzig	หกสิบเอ็ด	hòk-sìp-èt
zweiundsechzig	หกสิบสอง	hòk-sìp-sŏrng
dreiundsechzig	หกสิบสาม	hòk-sìp-săam

siebzig	เจ็ดสิบ	jèt sìp
einundsiebzig	เจ็ดสิบเอ็ด	jèt-sìp-èt
zweiundsiebzig	เจ็ดสิบสอง	jèt-sìp-sŏrng
dreiundsiebzig	เจ็ดสิบสาม	jèt-sìp-săam

achtzig	แปดสิบ	bpàet sìp
einundachtzig	แปดสิบเอ็ด	bpàet-sìp-èt
zweiundachtzig	แปดสิบสอง	bpàet-sìp-sŏrng
dreiundachtzig	แปดสิบสาม	bpàet-sìp-săam

neunzig	เก้าสิบ	gâo sìp
einundneunzig	เก้าสิบเอ็ด	gâo-sìp-èt
zweiundneunzig	เก้าสิบสอง	gâo-sìp-sŏrng
dreiundneunzig	เกาสิบสาม	gâo-sìp-săam

5. Grundzahlen. Teil 2

einhundert	หนึ่งร้อย	nèung rói
zweihundert	สองร้อย	sŏrng rói
dreihundert	สามร้อย	săam rói
vierhundert	สี่ร้อย	sèe rói
fünfhundert	ห้าร้อย	hâa rói

sechshundert	หกร้อย	hòk rói
siebenhundert	เจ็ดร้อย	jèt rói
achthundert	แปดร้อย	bpàet rói
neunhundert	เก้าร้อย	gâo rói
eintausend	หนึ่งพัน	nèung phan
zweitausend	สองพัน	sŏrng phan

dreitausend	สามพัน	săam phan
zehntausend	หนึ่งหมื่น	nèung mèun
hunderttausend	หนึ่งแสน	nèung săen
Million (f)	ลาน	láan
Milliarde (f)	พันลาน	phan láan

6. Ordnungszahlen

der erste	แรก	râek
der zweite	ที่สอง	thêe sŏrng
der dritte	ที่สาม	thêe săam
der vierte	ที่สี่	thêe sèe
der fünfte	ที่หา	thêe hâa

der sechste	ที่หก	thêe hòk
der siebte	ที่เจ็ด	thêe jèt
der achte	ที่แปด	thêe bpàet
der neunte	ที่เกา	thêe gâo
der zehnte	ที่สิบ	thêe sìp

7. Zahlen. Brüche

Bruch (m)	เศษส่วน	sàyt sùan
Hälfte (f)	หนึ่งส่วนสอง	nèung sùan sŏrng
Drittel (n)	หนึ่งส่วนสาม	nèung sùan săam
Viertel (n)	หนึ่งส่วนสี่	nèung sùan sèe

Achtel (m, n)	หนึ่งส่วนแปด	nèung sùan bpàet
Zehntel (n)	หนึ่งส่วนสิบ	nèung sùan sìp
zwei Drittel	สองส่วนสาม	sŏrng sùan săam
drei Viertel	สามสวนสี่	săam sùan sèe

8. Zahlen. Grundrechenarten

Subtraktion (f)	การลบ	gaan lóp
subtrahieren (vt)	ลบ	lóp
Division (f)	การหาร	gaan hăan
dividieren (vt)	หาร	hăan
Addition (f)	การบวก	gaan bùak
addieren (vt)	บวก	bùak
hinzufügen (vt)	เพิ่ม	phêrm
Multiplikation (f)	การคูณ	gaan khon
multiplizieren (vt)	คูณ	khoon

9. Zahlen. Verschiedenes

| Ziffer (f) | ตัวเลข | dtua lâyk |
| Zahl (f) | เลข | lâyk |

Zahlwort (n)	ตัวเลข	dtua lâyk
Minus (n)	เครื่องหมายลบ	khrêuang măai lóp
Plus (n)	เครื่องหมายบวก	khrêuang măai bùak
Formel (f)	สูตร	sòot
Berechnung (f)	การนับ	gaan náp
zählen (vt)	นับ	náp
berechnen (vt)	นับ	náp
vergleichen (vt)	เปรียบเทียบ	bprìap thîap
Wie viel?	เท่าไหร่?	thâo rài
Wie viele?	กี่...?	gèe...?
Summe (f)	ผลรวม	phŏn ruam
Ergebnis (n)	ผลลัพธ์	phŏn láp
Rest (m)	ที่เหลือ	thêe lĕua
einige (~ Tage)	สองสาม	sŏrng săam
wenig (Adv)	นิดหนอย	nít nòi
einige, ein paar	นอย	nói
Übrige (n)	ที่เหลือ	thêe lĕua
anderthalb	หนึ่งครึ่ง	nèung khrêung
Dutzend (n)	โหล	lŏh
entzwei (Adv)	เป็นสองส่วน	bpen sŏrng sùan
zu gleichen Teilen	เท่าเทียมกัน	thâo thiam gan
Hälfte (f)	ครึ่ง	khrêung
Mal (n)	ครั้ง	khráng

10. Die wichtigsten Verben. Teil 1

abbiegen (nach links ~)	เลี้ยว	líeow
abschicken (vt)	สง	sòng
ändern (vt)	เปลี่ยน	bplìan
andeuten (vt)	บอกใบ	bòrk bâi
Angst haben	กลัว	glua
ankommen (vi)	มา	maa
antworten (vi)	ตอบ	dtòrp
arbeiten (vi)	ทำงาน	tham ngaan
auf ... zählen	พึ่งพา	phêung phaa
aufbewahren (vt)	รักษา	rák-săa
aufschreiben (vt)	จด	jòt
ausgehen (vi)	ออกไป	òrk bpai
aussprechen (vt)	ออกเสียง	òrk sĭang
bedauern (vt)	เสียใจ	sĭa jai
bedeuten (vt)	หมาย	măai
beenden (vt)	จบ	jòp
befehlen (Milit.)	สั่งการ	sàng gaan
befreien (Stadt usw.)	ปลดปล่อย	bplòt bplòi
beginnen (vt)	เริ่ม	rêrm

| bemerken (vt) | สังเกต | săng-gàyt |
| beobachten (vt) | สังเกตการณ์ | săng-gàyt gaan |

berühren (vt)	แตะต้อง	dtàe dtôrng
besitzen (vt)	เป็นเจ้าของ	bpen jâo khŏrng
besprechen (vt)	หารือ	hăa-reu
bestehen auf	ยืนยัน	yeun yan
bestellen (im Restaurant)	สั่ง	sàng

bestrafen (vt)	ลงโทษ	long thôht
beten (vi)	ภาวนา	phaa-wá-naa
bitten (vt)	ขอ	khŏr
brechen (vt)	แตก	dtàek
denken (vi, vt)	คิด	khít

drohen (vi)	ขู่	khòo
Durst haben	กระหายน้ำ	grà-hăai náam
einladen (vt)	เชิญ	chern
einstellen (vt)	หยุด	yùt
einwenden (vt)	คาน	kháan
empfehlen (vt)	แนะนำ	náe nam

erklären (vt)	อธิบาย	à-thí-baai
erlauben (vt)	อนุญาต	a-nú-yâat
ermorden (vt)	ฆ่า	khâa
erwähnen (vt)	กล่าวถึง	glàao thĕung
existieren (vi)	มีอยู่	mee yòo

11. Die wichtigsten Verben. Teil 2

fallen (vi)	ตก	dtòk
fallen lassen	ทิ้งให้ตก	thíng hâi dtòk
fangen (vt)	จับ	jàp
finden (vt)	พบ	phóp
fliegen (vi)	บิน	bin

folgen (Folge mir!)	ไปตาม...	bpai dtaam...
fortsetzen (vt)	ทำต่อไป	tham dtòr bpai
fragen (vt)	ถาม	thăam
frühstücken (vi)	ทานอาหารเช้า	thaan aa-hăan cháo
geben (vt)	ให้	hâi

gefallen (vi)	ชอบ	chôrp
gehen (zu Fuß gehen)	ไป	bpai
gehören (vi)	เป็นของของ...	bpen khŏrng khŏrng...
graben (vt)	ขุด	khùt

haben (vt)	มี	mee
helfen (vi)	ช่วย	chûay
herabsteigen (vi)	ลง	long
hereinkommen (vi)	เข้า	khâo

| hoffen (vi) | หวัง | wăng |
| hören (vt) | ได้ยิน | dâai yin |

hungrig sein	หิว	hĭw
informieren (vt)	แจ้ง	jâeng
jagen (vi)	ลา	lâa

kennen (vt)	รู้จัก	róo jàk
klagen (vi)	บน	bòn
können (v mod)	สามารถ	săa-mâat
kontrollieren (vt)	ควบคุม	khûap khum
kosten (vt)	ราคา	raa-khaa

kränken (vt)	ดูถูก	doo thòok
lächeln (vi)	ยิ้ม	yím
lachen (vi)	หัวเราะ	hŭa rór
laufen (vi)	วิ่ง	wîng
leiten (Betrieb usw.)	บริหาร	bor-rí-hăan

lernen (vt)	เรียน	rian
lesen (vi, vt)	อ่าน	àan
lieben (vt)	รัก	rák
machen (vt)	ทำ	tham

mieten (Haus usw.)	เช่า	châo
nehmen (vt)	เอา	ao
noch einmal sagen	ซ้ำ	sám
nötig sein	ต้องการ	dtông gaan
öffnen (vt)	เปิด	bpèrt

12. Die wichtigsten Verben. Teil 3

planen (vt)	วางแผน	waang phăen
prahlen (vi)	โอ้อวด	ôh ùat
raten (vt)	แนะนำ	náe nam
rechnen (vt)	นับ	náp
reservieren (vt)	จอง	jorng

retten (vt)	กู้	gôo
richtig raten (vt)	คาดเดา	khâat dao
rufen (um Hilfe ~)	เรียก	rîak
sagen (vt)	บอก	bòrk
schaffen (Etwas Neues zu ~)	สร้าง	sâang

schelten (vt)	ดูด่า	dù dàa
schießen (vi)	ยิง	ying
schmücken (vt)	ประดับ	bprà-dàp
schreiben (vi, vt)	เขียน	khĭan
schreien (vi)	ตะโกน	dtà-gohn

schweigen (vi)	นิ่งเงียบ	nîng ngîap
schwimmen (vi)	ว่ายน้ำ	wâai náam
schwimmen gehen	ไปว่ายน้ำ	bpai wâai náam
sehen (vi, vt)	เห็น	hĕn

sein (vi)	เป็น	bpen
sich beeilen	รีบ	rêep

sich entschuldigen	ขอโทษ	khŏr thôht
sich interessieren	สนใจใน	sŏn jai nai
sich irren	ทำผิด	tham phìt
sich setzen	นั่ง	nâng
sich weigern	ปฏิเสธ	bpà-dtì-sàyt
spielen (vi, vt)	เล่น	lên

sprechen (vi)	พูด	phôot
staunen (vi)	ประหลาดใจ	bprà-làat jai
stehlen (vt)	ขโมย	khà-moi
stoppen (vt)	หยุด	yùt
suchen (vt)	หา	hăa

13. Die wichtigsten Verben. Teil 4

täuschen (vt)	หลอก	lòrk
teilnehmen (vi)	มีส่วนร่วม	mee sùan rûam
übersetzen (Buch usw.)	แปล	bplae
unterschätzen (vt)	ดูถูก	doo thòok
unterschreiben (vt)	ลงนาม	long naam

vereinigen (vt)	สมาน	sà-măan
vergessen (vt)	ลืม	leum
vergleichen (vt)	เปรียบเทียบ	bprìap thîap
verkaufen (vt)	ขาย	khăai
verlangen (vt)	เรียกร้อง	rîak rórng

versäumen (vt)	พลาด	phlâat
versprechen (vt)	สัญญา	săn-yaa
verstecken (vt)	ซ่อน	sôrn
verstehen (vt)	เข้าใจ	khâo jai
versuchen (vt)	พยายาม	phá-yaa-yaam

verteidigen (vt)	ปกป้อง	bpòk bpôrng
vertrauen (vi)	เชื่อ	chêua
verwechseln (vt)	สับสน	sàp sŏn
verzeihen (vi, vt)	ให้อภัย	hâi a-phai
verzeihen (vt)	ให้อภัย	hâi a-phai
voraussehen (vt)	คาดหวัง	khâat wăng

vorschlagen (vt)	เสนอ	sà-nĕr
vorziehen (vt)	ชอบ	chôrp
wählen (vt)	เลือก	lêuak
warnen (vt)	เตือน	dteuan
warten (vi)	รอ	ror
weinen (vi)	ร้องไห้	rórng hâi

wissen (vt)	รู้	róo
Witz machen	ล้อเล่น	lór lên
wollen (vt)	ต้องการ	dtôrng gaan
zahlen (vt)	จ่าย	jàai
zeigen (jemandem etwas)	แสดง	sà-daeng
zu Abend essen	ทานอาหารเย็น	thaan aa-hăan yen
zu Mittag essen	ทานอาหารเที่ยง	thaan aa-hăan thîang

zubereiten (vt)	ทำอาหาร	tham aa-hǎan
zustimmen (vi)	เห็นด้วย	hěn dûay
zweifeln (vi)	สงสัย	sǒng-sǎi

14. Farben

Farbe (f)	สี	sěe
Schattierung (f)	สีอ่อน	sěe òrn
Farbton (m)	สีสัน	sěe sǎn
Regenbogen (m)	สายรุ้ง	sǎai rúng

weiß	สีขาว	sěe khǎao
schwarz	สีดำ	sěe dam
grau	สีเทา	sěe thao

grün	สีเขียว	sěe khǐeow
gelb	สีเหลือง	sěe lěuang
rot	สีแดง	sěe daeng

blau	สีน้ำเงิน	sěe nám ngern
hellblau	สีฟ้า	sěe fáa
rosa	สีชมพู	sěe chom-poo
orange	สีส้ม	sěe sôm
violett	สีม่วง	sěe mûang
braun	สีน้ำตาล	sěe nám dtaan

| golden | สีทอง | sěe thorng |
| silbrig | สีเงิน | sěe ngern |

beige	สีน้ำตาลอ่อน	sěe nám dtaan òrn
cremefarben	สีครีม	sěe khreem
türkis	สีเขียวแกม	sěe khǐeow gaem
	น้ำเงิน	náam ngern
kirschrot	สีแดงเชอร์รี่	sěe daeng cher-rêe
lila	สีม่วงอ่อน	sěe mûang-òrn
himbeerrot	สีแดงเข้ม	sěe daeng khâym

hell	อ่อน	òrn
dunkel	แก่	gàe
grell	สด	sòt

Farb- (z.B. -stifte)	สี	sěe
Farb- (z.B. -film)	สี	sěe
schwarz-weiß	ขาวดำ	khǎao-dam
einfarbig	สีเดียว	sěe dieow
bunt	หลากสี	làak sěe

15. Fragen

Wer?	ใคร?	khrai
Was?	อะไร?	a-rai
Wo?	ที่ไหน?	thêe nǎi

Wohin?	ที่ไหน?	thêe nǎi
Woher?	จากที่ไหน?	jàak thêe nǎi
Wann?	เมื่อไหร่?	mêua rài
Wozu?	ทำไม?	tham-mai
Warum?	ทำไม?	tham-mai

Wofür?	เพื่ออะไร?	phêua a-rai
Wie?	อย่างไร?	yàang rai
Welcher?	อะไร?	a-rai

Wem?	สำหรับใคร?	sǎm-ràp khrai
Über wen?	เกี่ยวกับใคร?	gìeow gàp khrai
Wovon? (~ sprichst du?)	เกี่ยวกับอะไร?	gìeow gàp a-rai
Mit wem?	กับใคร?	gàp khrai

Wie viele?	กี่...?	gèe...?
Wie viel?	เท่าไหร่?	thâo rài
Wessen?	ของใคร?	khǒrng khrai

16. Präpositionen

mit (Frau ~ Katzen)	กับ	gàp
ohne (~ Dich)	ปราศจาก	bpràat-sà-jàak
nach (~ London)	ไปที่	bpai thêe
über (~ Geschäfte sprechen)	เกี่ยวกับ	gìeow gàp
vor (z.B. ~ acht Uhr)	ก่อน	gòrn
vor (z.B. ~ dem Haus)	หน้า	nâa

unter (~ dem Schirm)	ใต้	dtâi
über (~ dem Meeresspiegel)	เหนือ	nĕua
auf (~ dem Tisch)	บน	bon
aus (z.B. ~ München)	จาก	jàak
aus (z.B. ~ Porzellan)	ทำใช้	tham chái

| in (~ zwei Tagen) | ใน | nai |
| über (~ zaun) | ขาม | khâam |

17. Funktionswörter. Adverbien. Teil 1

Wo?	ที่ไหน?	thêe nǎi
hier	ที่นี่	thêe nêe
dort	ที่นั่น	thêe nân

| irgendwo | ที่ใดที่หนึ่ง | thêe dai thêe nèung |
| nirgends | ไม่มีที่ไหน | mâi mee thêe nǎi |

| an (bei) | ข้าง | khâang |
| am Fenster | ข้างหน้าต่าง | khâang nâa dtàang |

Wohin?	ที่ไหน?	thêe nǎi
hierher	ที่นี่	thêe nêe
dahin	ที่นั่น	thêe nân

von hier	จากที่นี่	jàak thêe nêe
von da	จากที่นั่น	jàak thêe nân
nah (Adv)	ใกล้	glâi
weit, fern (Adv)	ไกล	glai
in der Nähe von ...	ใกล้	glâi
in der Nähe	ใกล้ๆ	glâi glâi
unweit (~ unseres Hotels)	ไม่ไกล	mâi glai
link (Adj)	ซ้าย	sáai
links (Adv)	ข้างซ้าย	khâang sáai
nach links	ซ้าย	sáai
recht (Adj)	ขวา	khwǎa
rechts (Adv)	ข้างขวา	khâang kwǎa
nach rechts	ขวา	khwǎa
vorne (Adv)	ข้างหน้า	khâang nâa
Vorder-	หน้า	nâa
vorwärts	หน้า	nâa
hinten (Adv)	ข้างหลัง	khâang lǎng
von hinten	จากข้างหลัง	jàak khâang lǎng
rückwärts (Adv)	หลัง	lǎng
Mitte (f)	กลาง	glaang
in der Mitte	ตรงกลาง	dtrorng glaang
seitlich (Adv)	ข้าง	khâang
überall (Adv)	ทุกที่	thúk thêe
ringsherum (Adv)	รอบ	rôrp
von innen (Adv)	จากข้างใน	jàak khâang nai
irgendwohin (Adv)	ที่ไหน	thêe nǎi
geradeaus (Adv)	ตรงไป	dtrorng bpai
zurück (Adv)	กลับ	glàp
irgendwoher (Adv)	จากที่ใด	jàak thêe dai
von irgendwo (Adv)	จากที่ใด	jàak thêe dai
erstens	ข้อที่หนึ่ง	khôr thêe nèung
zweitens	ข้อที่สอง	khôr thêe sǒrng
drittens	ขอที่สาม	khôr thêe sǎam
plötzlich (Adv)	ในทันที	nai than thee
zuerst (Adv)	ตอนแรก	dtorn-râek
zum ersten Mal	เป็นครั้งแรก	bpen khráng râek
lange vor...	นานก่อน	naan gòrn
von Anfang an	ใหม่	mài
für immer	ให้จบสิ้น	hâi jòp sîn
nie (Adv)	ไม่เคย	mâi khoie
wieder (Adv)	อีกครั้งหนึ่ง	èek khráng nèung
jetzt (Adv)	ตอนนี้	dtorn-née
oft (Adv)	บอย	bòi

damals (Adv)	เวลานั้น	way-laa nán
dringend (Adv)	อย่างเร่งด่วน	yàang râyng dùan
gewöhnlich (Adv)	มักจะ	mák jà

übrigens, ...	อนึ่ง	à-nèung
möglicherweise (Adv)	เป็นไปได้	bpen bpai dâai
wahrscheinlich (Adv)	อาจจะ	àat jà
vielleicht (Adv)	อาจจะ	àat jà
außerdem ...	นอกจากนั้น...	nôrk jàak nán...
deshalb ...	นั้นเป็นเหตุผลที่...	nân bpen hàyt phŏn thêe...
trotz ...	แม้ว่า...	máe wâa...
dank ...	เนื่องจาก...	nêuang jàak...

was (~ ist denn?)	อะไร	a-rai
das (~ ist alles)	ที่	thêe
etwas	อะไร	a-rai
irgendwas	อะไรก็ตาม	a-rai gôr dtaam
nichts	ไม่มีอะไร	mâi mee a-rai

wer (~ ist ~?)	ใคร	khrai
jemand	บางคน	baang khon
irgendwer	บางคน	baang khon

niemand	ไม่มีใคร	mâi mee khrai
nirgends	ไม่ไปไหน	mâi bpai năi
niemandes (~ Eigentum)	ไม่เป็นของ ของใคร	mâi bpen khŏrng khŏrng khrai
jemandes	ของคนหนึ่ง	khŏrng khon nèung

so (derart)	มาก	mâak
auch	ด้วย	dûay
ebenfalls	ด้วย	dûay

18. Funktionswörter. Adverbien. Teil 2

Warum?	ทำไม?	tham-mai
aus irgendeinem Grund	เพราะเหตุผลอะไร	phrór hàyt phŏn à-rai
weil ...	เพราะว่า...	phrór wâa
zu irgendeinem Zweck	ด้วยจุดประสงค์อะไร	dûay jùt bprà-sŏng a-rai

und	และ	láe
oder	หรือ	rĕu
aber	แต่	dtàe
für (präp)	สำหรับ	săm-ràp

zu (~ viele)	เกินไป	gern bpai
nur (~ einmal)	เท่านั้น	thâo nán
genau (Adv)	ตรง	dtrorng
etwa	ประมาณ	bprà-maan

ungefähr (Adv)	ประมาณ	bprà-maan
ungefähr (Adj)	ประมาณ	bprà-maan
fast	เกือบ	gèuap
Übrige (n)	ที่เหลือ	thêe lĕua

der andere	อีก	èek
andere	อื่น	èun
jeder (~ Mann)	ทุก	thúk
beliebig (Adj)	ใดๆ	dai dai
viel (zähl.)	หลาย	lǎai
viel (unzähl.)	มาก	mâak
viele Menschen	หลายคน	lǎai khon
alle (wir ~)	ทุกๆ	thúk thúk
im Austausch gegen ...	ที่จะเปลี่ยนเป็น	thêe jà bplìan bpen
dafür (Adv)	แทน	thaen
mit der Hand (Hand-)	ใช้มือ	chái meu
schwerlich (Adv)	แทบจะไม่	thâep jà mâi
wahrscheinlich (Adv)	อาจจะ	àat jà
absichtlich (Adv)	โดยเจตนา	doi jàyt-dtà-naa
zufällig (Adv)	บังเอิญ	bang-ern
sehr (Adv)	มาก	mâak
zum Beispiel	ยกตัวอย่าง	yók dtua yàang
zwischen	ระหว่าง	rá-wàang
unter (Wir sind ~ Mördern)	ทามกลาง	tâam-glaang
so viele (~ Ideen)	มากมาย	mâak maai
besonders (Adv)	โดยเฉพาะ	doi chà-phór

Grundbegriffe. Teil 2

19. Gegenteile

reich (Adj)	รวย	ruay
arm (Adj)	จน	jon
krank (Adj)	เจ็บป่วย	jèp bpùay
gesund (Adj)	สบายดี	sà-baai dee
groß (Adj)	ใหญ่	yài
klein (Adj)	เล็ก	lék
schnell (Adv)	อย่างเร็ว	yàang reo
langsam (Adv)	อยางชา	yàang cháa
schnell (Adj)	เร็ว	reo
langsam (Adj)	ชา	cháa
froh (Adj)	ยินดี	yin dee
traurig (Adj)	เสียใจ	sǐa jai
zusammen	ด้วยกัน	dûay gan
getrennt (Adv)	ตางหาก	dtàang hàak
laut (~ lesen)	ออกเสียง	òrk sǐang
still (~ lesen)	อยางเงียบๆ	yàang ngîap ngîap
hoch (Adj)	สูง	sǒong
niedrig (Adj)	ต่ำ	dtàm
tief (Adj)	ลึก	léuk
flach (Adj)	ตื้น	dtêun
ja	ใช่	châi
nein	ไม่ใช่	mâi châi
fern (Adj)	ไกล	glai
nah (Adj)	ใกล	glâi
weit (Adv)	ไกล	glai
nebenan (Adv)	ใกลๆ	glâi glâi
lang (Adj)	ยาว	yaao
kurz (Adj)	สั้น	sân
gut (gütig)	ใจดี	jai dee
böse (der ~ Geist)	เลวราย	leo ráai

| verheiratet (Ehemann) | แต่งงานแล้ว | dtàeng ngaan láew |
| ledig (Adj) | เป็นโสด | bpen sòht |

| verbieten (vt) | ห้าม | hâam |
| erlauben (vt) | อนุญาต | a-nú-yâat |

| Ende (n) | จบ | jòp |
| Anfang (m) | จุดเริ่มต้น | jùt rêrm-dtôn |

| link (Adj) | ซ้าย | sáai |
| recht (Adj) | ขวา | khwǎa |

| der erste | แรก | râek |
| der letzte | สุดท้าย | sùt tháai |

| Verbrechen (n) | อาชญากรรม | àat-yaa-gam |
| Bestrafung (f) | การลงโทษ | gaan long thôht |

| befehlen (vt) | สั่ง | sàng |
| gehorchen (vi) | เชื่อฟัง | chêua fang |

| gerade (Adj) | ตรง | dtrorng |
| krumm (Adj) | โค้ง | khóhng |

| Paradies (n) | สวรรค์ | sà-wǎn |
| Hölle (f) | นรก | ná-rók |

| geboren sein | เกิด | gèrt |
| sterben (vi) | ตาย | dtaai |

| stark (Adj) | แข็งแรง | khǎeng raeng |
| schwach (Adj) | อ่อนแอ | òrn ae |

| alt | แก่ | gàe |
| jung (Adj) | หนุ่ม | nùm |

| alt (Adj) | เก่าแก่ | gào gàe |
| neu (Adj) | ใหม่ | mài |

| hart (Adj) | แข็ง | khǎeng |
| weich (Adj) | อ่อน | òrn |

| warm (Adj) | อุ่น | ùn |
| kalt (Adj) | หนาว | nǎao |

| dick (Adj) | อ้วน | ûan |
| mager (Adj) | ผอม | phǒrm |

| eng (Adj) | แคบ | khâep |
| breit (Adj) | กว้าง | gwâang |

| gut (Adj) | ดี | dee |
| schlecht (Adj) | ไม่ดี | mâi dee |

| tapfer (Adj) | กล้าหาญ | glâa hǎan |
| feige (Adj) | ขี้ขลาด | khêe khlàat |

20. Wochentage

Montag (m)	วันจันทร์	wan jan
Dienstag (m)	วันอังคาร	wan ang-khaan
Mittwoch (m)	วันพุธ	wan phút
Donnerstag (m)	วันพฤหัสบดี	wan phá-réu-hàt-sà-bor-dee
Freitag (m)	วันศุกร์	wan sùk
Samstag (m)	วันเสาร์	wan săo
Sonntag (m)	วันอาทิตย์	wan aa-thít
heute	วันนี้	wan née
morgen	พรุ่งนี้	phrûng-née
übermorgen	วันมะรืนนี้	wan má-reun née
gestern	เมื่อวานนี้	mêua waan née
vorgestern	เมื่อวานซืนนี้	mêua waan-seun née
Tag (m)	วัน	wan
Arbeitstag (m)	วันทำงาน	wan tham ngaan
Feiertag (m)	วันนักขัตฤกษ์	wan nák-khàt-rêrk
freier Tag (m)	วันหยุด	wan yùt
Wochenende (n)	วันสุดสัปดาห์	wan sùt sàp-daa
den ganzen Tag	ทั้งวัน	tháng wan
am nächsten Tag	วันรุ่งขึ้น	wan rûng khêun
zwei Tage vorher	สองวันก่อน	sŏrng wan gòrn
am Vortag	วันก่อนหน้านี้	wan gòrn nâa née
täglich (Adj)	รายวัน	raai wan
täglich (Adv)	ทุกวัน	thúk wan
Woche (f)	สัปดาห์	sàp-daa
letzte Woche	สัปดาห์ก่อน	sàp-daa gòrn
nächste Woche	สัปดาห์หน้า	sàp-daa nâa
wöchentlich (Adj)	รายสัปดาห์	raai sàp-daa
wöchentlich (Adv)	ทุกสัปดาห์	thúk sàp-daa
zweimal pro Woche	สัปดาห์ละสองครั้ง	sàp-daa lá sŏrng khráng
jeden Dienstag	ทุกวันอังคาร	túk wan ang-khaan

21. Stunden. Tag und Nacht

Morgen (m)	เช้า	cháo
morgens	ตอนเช้า	dtorn cháo
Mittag (m)	เที่ยงวัน	thîang wan
nachmittags	ตอนบาย	dtorn bàai
Abend (m)	เย็น	yen
abends	ตอนเย็น	dtorn yen
Nacht (f)	คืน	kheun
nachts	กลางคืน	glaang kheun
Mitternacht (f)	เที่ยงคืน	thîang kheun
Sekunde (f)	วินาที	wí-naa-thee
Minute (f)	นาที	naa-thee
Stunde (f)	ชั่วโมง	chûa mohng

eine halbe Stunde	ครึ่งชั่วโมง	khrêung chûa mohng
Viertelstunde (f)	สิบห้านาที	sìp hâa naa-thee
fünfzehn Minuten	สิบห้านาที	sìp hâa naa-thee
Tag und Nacht	24 ชั่วโมง	yêe sìp sèe · chûa mohng
Sonnenaufgang (m)	พระอาทิตย์ขึ้น	phrá aa-thít khêun
Morgendämmerung (f)	ใกล้รุ่ง	glâi rûng
früher Morgen (m)	เช้า	cháo
Sonnenuntergang (m)	พระอาทิตย์ตก	phrá aa-thít dtòk
früh am Morgen	ตอนเช้า	dtorn cháo
heute Morgen	เช้านี้	cháo née
morgen früh	พรุ่งนี้เช้า	phrûng-née cháo
heute Mittag	บ่ายนี้	bàai née
nachmittags	ตอนบ่าย	dtorn bàai
morgen Nachmittag	พรุ่งนี้บ่าย	phrûng-née bàai
heute Abend	คืนนี้	kheun née
morgen Abend	คืนพรุ่งนี้	kheun phrûng-née
Punkt drei Uhr	3 โมงตรง	sǎam mohng dtrorng
gegen vier Uhr	ประมาณ 4 โมง	bprà-maan sèe mohng
um zwölf Uhr	ภายใน 12 โมง	phaai nai sìp sǒng mohng
in zwanzig Minuten	อีก 20 นาที	èek yêe sìp naa-thee
in einer Stunde	อีกหนึ่งชั่วโมง	èek nèung chûa mohng
rechtzeitig (Adv)	ทันเวลา	than way-laa
Viertel vor ...	อีกสิบห้านาที	èek sìp hâa naa-thee
innerhalb einer Stunde	ภายในหนึ่งชั่วโมง	phaai nai nèung chûa mohng
alle fünfzehn Minuten	ทุก 15 นาที	thúk sìp hâa naa-thee
Tag und Nacht	ทั้งวัน	tháng wan

22. Monate. Jahreszeiten

Januar (m)	มกราคม	mók-gà-raa khom
Februar (m)	กุมภาพันธ์	gum-phaa phan
März (m)	มีนาคม	mee-naa khom
April (m)	เมษายน	may-sǎa-yon
Mai (m)	พฤษภาคม	phréut-sà-phaa khom
Juni (m)	มิถุนายน	mí-thù-naa-yon
Juli (m)	กรกฎาคม	gà-rá-gà-daa-khom
August (m)	สิงหาคม	sǐng hǎa khom
September (m)	กันยายน	gan-yaa-yon
Oktober (m)	ตุลาคม	dtù-laa khom
November (m)	พฤศจิกายน	phréut-sà-jì-gaa-yon
Dezember (m)	ธันวาคม	than-waa khom
Frühling (m)	ฤดูใบไม้ผลิ	réu-doo bai máai phlì
im Frühling	ฤดูใบไม้ผลิ	réu-doo bai máai phlì
Frühlings-	ฤดูใบไม้ผลิ	réu-doo bai máai phlì
Sommer (m)	ฤดูร้อน	réu-doo rórn

im Sommer	ฤดูร้อน	réu-doo rórn
Sommer-	ฤดูร้อน	réu-doo rórn
Herbst (m)	ฤดูใบไม้ร่วง	réu-doo bai máai rûang
im Herbst	ฤดูใบไม้ร่วง	réu-doo bai máai rûang
Herbst-	ฤดูใบไม้ร่วง	réu-doo bai máai rûang
Winter (m)	ฤดูหนาว	réu-doo năao
im Winter	ฤดูหนาว	réu-doo năao
Winter-	ฤดูหนาว	réu-doo năao
Monat (m)	เดือน	deuan
in diesem Monat	เดือนนี้	deuan née
nächsten Monat	เดือนหน้า	deuan nâa
letzten Monat	เดือนที่แล้ว	deuan thêe láew
vor einem Monat	หนึ่งเดือนก่อนหน้านี้	nèung deuan gòrn nâa née
über eine Monat	อีกหนึ่งเดือน	èek nèung deuan
in zwei Monaten	อีกสองเดือน	èek sŏrng deuan
den ganzen Monat	ตลอดทั้งเดือน	dtà-lòrt tháng deuan
monatlich (Adj)	รายเดือน	raai deuan
monatlich (Adv)	ทุกเดือน	thúk deuan
jeden Monat	ทุกเดือน	thúk deuan
zweimal pro Monat	เดือนละสองครั้ง	deuan lá sŏrng kráng
Jahr (n)	ปี	bpee
dieses Jahr	ปีนี้	bpee née
nächstes Jahr	ปีหน้า	bpee nâa
voriges Jahr	ปีที่แล้ว	bpee thêe láew
vor einem Jahr	หนึ่งปีก่อน	nèung bpee gòrn
in einem Jahr	อีกหนึ่งปี	èek nèung bpee
in zwei Jahren	อีกสองปี	èek sŏng bpee
das ganze Jahr	ตลอดทั้งปี	dtà-lòrt tháng bpee
jedes Jahr	ทุกปี	thúk bpee
jährlich (Adj)	รายปี	raai bpee
jährlich (Adv)	ทุกปี	thúk bpee
viermal pro Jahr	ปีละสี่ครั้ง	bpee lá sèe khráng
Datum (heutige ~)	วันที่	wan thêe
Datum (Geburts-)	วันเดือนปี	wan deuan bpee
Kalender (m)	ปฏิทิน	bpà-dtì-thin
ein halbes Jahr	ครึ่งปี	khrêung bpee
Halbjahr (n)	หกเดือน	hòk deuan
Saison (f)	ฤดูกาล	réu-doo gaan
Jahrhundert (n)	ศตวรรษ	sà-dtà-wát

23. Zeit. Verschiedenes

Zeit (f)	เวลา	way-laa
Augenblick (m)	ครู่หนึ่ง	khrôo nèung

Moment (m)	ครู่เดียว	khrôo dieow
augenblicklich (Adj)	เพียงครู่เดียว	phiang khrôo dieow
Zeitspanne (f)	ช่วงเวลา	chûang way-laa
Leben (n)	ชีวิต	chee-wít
Ewigkeit (f)	ตลอดกาล	dtà-lòrt gaan

Epoche (f)	สมัย	sà-mǎi
Ära (f)	ยุค	yúk
Zyklus (m)	วัฏจักร	wát-dtà-jàk
Periode (f)	ช่วง	chûang
Frist (äußerste ~)	ระยะเวลา	rá-yá way-laa

Zukunft (f)	อนาคต	a-naa-khót
zukünftig (Adj)	อนาคต	a-naa-khót
nächstes Mal	ครั้งหน้า	khráng nâa
Vergangenheit (f)	อดีต	a-dèet
vorig (Adj)	ที่ผ่านมา	thêe phàan maa
letztes Mal	ครั้งที่แล้ว	khráng thêe láew
später (Adv)	ภายหลัง	phaai lǎng
danach	หลังจาก	lǎng jàak
zur Zeit	เวลานี้	way-laa née
jetzt	ตอนนี้	dtorn-née
sofort	ทันที	than thee
bald	อีกไม่นาน	èek mâi naan
im Voraus	ล่วงหน้า	lûang nâa

lange her	นานมาแล้ว	naan maa láew
vor kurzem	เมื่อเร็ว ๆ นี้	mêua reo reo née
Schicksal (n)	ชะตากรรม	chá-dtaa gam
Erinnerungen (pl)	ความทรงจำ	khwaam song jam
Archiv (n)	จดหมายเหตุ	jòt mǎai hàyt
während ...	ระหว่าง...	rá-wàang...
lange (Adv)	นาน	naan
nicht lange (Adv)	ไม่นาน	mâi naan
früh (~ am Morgen)	ล่วงหน้า	lûang nâa
spät (Adv)	ช้า	cháa

für immer	ตลอดกาล	dtà-lòrt gaan
beginnen (vt)	เริ่ม	rêrm
verschieben (vt)	เลื่อน	lêuan

gleichzeitig	ในเวลาเดียวกัน	nai way-laa dieow gan
ständig (Adv)	อย่างถาวร	yàang thǎa-won
konstant (Adj)	ต่อเนื่อง	dtòr nêuang
zeitweilig (Adj)	ชั่วคราว	chûa khraao

manchmal	บางครั้ง	baang khráng
selten (Adv)	ไม่บ่อย	mâi bòi
oft	บ่อย	bòi

24. Linien und Formen

Quadrat (n)	สี่เหลี่ยมจัตุรัส	sèe lìam jàt-dtù-ràt
quadratisch	สี่เหลี่ยมจัตุรัส	sèe lìam jàt-dtù-ràt

Kreis (m)	วงกลม	wong glom
rund	กลม	glom
Dreieck (n)	รูปสามเหลี่ยม	rôop sǎam lìam
dreieckig	สามเหลี่ยม	sǎam lìam

Oval (n)	รูปกลมรี	rôop glom ree
oval	กลมรี	glom ree
Rechteck (n)	สี่เหลี่ยมมุมฉาก	sèe lìam mum chàak
rechteckig	สี่เหลี่ยมมุมฉาก	sèe lìam mum chàak

Pyramide (f)	พีระมิด	phee-rá-mít
Rhombus (m)	รูปสี่เหลี่ยม	rôop sèe lìam
	ขนมเปียกปูน	khà-nǒm bpìak bpoon
Trapez (n)	รูปสี่เหลี่ยมคางหมู	rôop sèe lìam khaang mǒo
Würfel (m)	ลูกบาศก์	lôok bàat
Prisma (n)	ปริซึม	bprì seum

Kreis (m)	เส้นรอบวง	sên rôrp wong
Sphäre (f)	ทรงกลม	song glom
Kugel (f)	ลูกกลม	lôok glom
Durchmesser (m)	เส้นผ่านศูนย์กลาง	sên phàan sǒon-glaang
Radius (m)	เส้นรัศมี	sên rát-sà-mǐe
Umfang (m)	เส้นรอบวง	sên rôrp wong
Zentrum (n)	กลาง	glaang

waagerecht (Adj)	แนวนอน	naew norn
senkrecht (Adj)	แนวตั้ง	naew dtâng
Parallele (f)	เส้นขนาน	sên khà-nǎan
parallel (Adj)	ขนาน	khà-nǎan

Linie (f)	เส้น	sên
Strich (m)	เส้น	sên
Gerade (f)	เส้นตรง	sên dtrorng
Kurve (f)	เส้นโค้ง	sên khóhng
dünn (schmal)	บาง	baang
Kontur (f)	เส้นขอบ	sâyn khòrp

Schnittpunkt (m)	เส้นตัด	sên dtàt
rechter Winkel (m)	มุมฉาก	mum chàak
Segment (n)	เซกเมนต์	sâyk-mayn
Sektor (m)	เซกเตอร์	sâyk-dtêr
Seite (f)	ขาง	khâang
Winkel (m)	มุม	mum

25. Maßeinheiten

Gewicht (n)	น้ำหนัก	nám nàk
Länge (f)	ความยาว	khwaam yaao
Breite (f)	ความกวาง	khwaam gwâang
Höhe (f)	ความสูง	khwaam sǒong
Tiefe (f)	ความลึก	khwaam léuk
Volumen (n)	ปริมาณ	bpà-rí-maan
Fläche (f)	บริเวณ	bor-rí-wayn
Gramm (n)	กรัม	gram

Milligramm (n)	มิลลิกรัม	min-lí gram
Kilo (n)	กิโลกรัม	gì-loh gram
Tonne (f)	ตัน	dtan
Pfund (n)	ปอนด์	bporn
Unze (f)	ออนซ์	orn

Meter (m)	เมตร	máyt
Millimeter (m)	มิลลิเมตร	min-lí mâyt
Zentimeter (m)	เซ็นติเมตร	sen dtì mâyt
Kilometer (m)	กิโลเมตร	gì-loh máyt
Meile (f)	ไมล์	mai

Zoll (m)	นิ้ว	níw
Fuß (m)	ฟุต	fút
Yard (n)	หลา	lǎa

| Quadratmeter (m) | ตารางเมตร | dtaa-raang máyt |
| Hektar (n) | เฮกตาร์ | hêek dtaa |

Liter (m)	ลิตร	lít
Grad (m)	องศา	ong-sǎa
Volt (n)	โวลต์	wohn
Ampere (n)	แอมแปร์	aem-bpae
Pferdestärke (f)	แรงม้า	raeng máa

Anzahl (f)	จำนวน	jam-nuan
etwas ...	นิดหน่อย	nít nói
Hälfte (f)	ครึ่ง	khrêung
Dutzend (n)	โหล	lǒh
Stück (n)	ส่วน	sùan

| Größe (f) | ขนาด | khà-nàat |
| Maßstab (m) | มาตราส่วน | mâat-dtraa sùan |

minimal (Adj)	น้อยที่สุด	nói thêe sùt
der kleinste	เล็กที่สุด	lék thêe sùt
mittler, mittel-	กลาง	glaang
maximal (Adj)	สูงสุด	sǒong sùt
der größte	ใหญ่ที่สุด	yài têe sùt

26. Behälter

Glas (Einmachglas)	ขวดโหล	khùat lǒh
Dose (z.B. Bierdose)	กระป๋อง	grà-bpǒrng
Eimer (m)	ถัง	thǎng
Fass (n), Tonne (f)	ถัง	thǎng

Waschschüssel (n)	กะทะ	gà-thá
Tank (m)	ถังเก็บน้ำ	thǎng gèp nám
Flachmann (m)	กระติกน้ำ	grà-dtìk nám
Kanister (m)	ภาชนะ	phaa-chá-ná
Zisterne (f)	ถังบรรจุ	thǎng ban-jù
Kaffeebecher (m)	แก้ว	gâew
Tasse (f)	ถ้วย	thûay

Untertasse (f)	จานรอง	jaan rorng
Wasserglas (n)	แก้ว	gâew
Weinglas (n)	แก้วไวน์	gâew wai
Kochtopf (m)	หม้อ	môr

| Flasche (f) | ขวด | khùat |
| Flaschenhals (m) | ปาก | bpàak |

Karaffe (f)	คนโท	khon-thoh
Tonkrug (m)	เหยือก	yèuak
Gefäß (n)	ภาชนะ	phaa-chá-ná
Tontopf (m)	หม้อ	môr
Vase (f)	แจกัน	jae-gan

Flakon (n)	กระติก	grà-dtìk
Fläschchen (n)	ขวดเล็ก	khùat lék
Tube (z.B. Zahnpasta)	หลอด	lòrt

Sack (~ Kartoffeln)	ถุง	thŭng
Tüte (z.B. Plastiktüte)	ถุง	thŭng
Schachtel (f) (z.B. Zigaretten~)	ซอง	sorng

Karton (z.B. Schuhkarton)	กล่อง	glòrng
Kiste (z.B. Bananenkiste)	ลัง	lang
Korb (m)	ตะกร้า	dtà-grâa

27. Werkstoffe

Stoff (z.B. Baustoffe)	วัสดุ	wát-sà-dù
Holz (n)	ไม้	máai
hölzern	ไม้	máai

| Glas (n) | แก้ว | gâew |
| gläsern, Glas- | แกว | gâew |

| Stein (m) | หิน | hĭn |
| steinern | หิน | hĭn |

| Kunststoff (m) | พลาสติก | pláat-dtìk |
| Kunststoff- | พลาสติก | pláat-dtìk |

| Gummi (n) | ยาง | yaang |
| Gummi- | ยาง | yaang |

| Stoff (m) | ผ้า | phâa |
| aus Stoff | ผา | phâa |

| Papier (n) | กระดาษ | grà-dàat |
| Papier- | กระดาษ | grà-dàat |

Pappe (f)	กระดาษแข็ง	grà-dàat khăeng
Pappen-	กระดาษแข็ง	grà-dàat khăeng
Polyäthylen (n)	โพลีเอทิลีน	phoh-lee-ay-thí-leen

Zellophan (n)	เซลโลเฟน	sayn loh-fayn
Linoleum (n)	เสื่อน้ำมัน	sèua náam man
Furnier (n)	ไม้อัด	máai àt

Porzellan (n)	เครื่องเคลือบดินเผา	khrêuang khlêuap din phǎo
aus Porzellan	เครื่องเคลือบดินเผา	khrêuang khlêuap din phǎo
Ton (m)	ดินเหนียว	din nǐeow
Ton-	ดินเหนียว	din nǐeow
Keramik (f)	เซรามิก	say-raa mík
keramisch	เซรามิก	say-raa mík

28. Metalle

Metall (n)	โลหะ	loh-hà
metallisch, Metall-	โลหะ	loh-hà
Legierung (f)	โลหะสัมฤทธิ์	loh-hà sǎm-rít

Gold (n)	ทอง	thorng
golden	ทอง	thorng
Silber (n)	เงิน	ngern
silbern, Silber-	เงิน	ngern

Eisen (n)	เหล็ก	lèk
eisern, Eisen-	เหล็ก	lèk
Stahl (m)	เหล็กกล้า	lèk glâa
stählern	เหล็กกล้า	lèk glâa
Kupfer (n)	ทองแดง	thorng daeng
kupfern, Kupfer-	ทองแดง	thorng daeng

Aluminium (n)	อะลูมิเนียม	a-loo-mí-niam
Aluminium-	อะลูมิเนียม	a-loo-mí-niam
Bronze (f)	ทองบรอนซ์	thorng-bron
bronzen	ทองบรอนซ์	thorng-bron

Messing (n)	ทองเหลือง	thorng lěuang
Nickel (n)	นิกเกิล	ník-gêrn
Platin (n)	ทองคำขาว	thorng kham khǎao
Quecksilber (n)	ปรอท	bpa -ròrt
Zinn (n)	ดีบุก	dee-bùk
Blei (n)	ตะกั่ว	dtà-gùa
Zink (n)	สังกะสี	sǎng-gà-sěe

DER MENSCH

Der Mensch. Körper

29. Menschen. Grundbegriffe

Mensch (m)	มนุษย์	má-nút
Mann (m)	ผู้ชาย	phôo chaai
Frau (f)	ผู้หญิง	phôo yĭng
Kind (n)	เด็ก, ลูก	dèk, lôok
Mädchen (n)	เด็กผู้หญิง	dèk phôo yĭng
Junge (m)	เด็กผู้ชาย	dèk phôo chaai
Teenager (m)	วัยรุ่น	wai rûn
Greis (m)	ชายชรา	chaai chá-raa
alte Frau (f)	หญิงชรา	yĭng chá-raa

30. Anatomie des Menschen

Organismus (m)	ร่างกาย	râang gaai
Herz (n)	หัวใจ	hŭa jai
Blut (n)	เลือด	lêuat
Arterie (f)	เส้นเลือดแดง	sâyn lêuat daeng
Vene (f)	เส้นเลือดดำ	sâyn lêuat dam
Gehirn (n)	สมอง	sà-mŏrng
Nerv (m)	เส้นประสาท	sên bprà-sàat
Nerven (pl)	เส้นประสาท	sên bprà-sàat
Wirbel (m)	กระดูกสันหลัง	grà-dòok săn-lăng
Wirbelsäule (f)	สันหลัง	săn lăng
Magen (m)	กระเพาะอาหาร	grà phór aa-hăan
Gedärm (n)	ลำไส้	lam sâi
Darm (z.B. Dickdarm)	ลำไส้	lam sâi
Leber (f)	ตับ	dtàp
Niere (f)	ไต	dtai
Knochen (m)	กระดูก	grà-dòok
Skelett (n)	โครงกระดูก	khrohng grà-dòok
Rippe (f)	ซี่โครง	sêe khrohng
Schädel (m)	กะโหลก	gà-lòhk
Muskel (m)	กล้ามเนื้อ	glâam néua
Bizeps (m)	กล้ามเนื้อไบเซ็ปส์	glâam néua bai-sép
Trizeps (m)	กล้ามเนื้อไทรเซปส์	gglâam néua thrai-sâyp
Sehne (f)	เส้นเอ็น	sâyn en
Gelenk (n)	ขอตอ	khôr dtòr

Lungen (pl)	ปอด	bpòrt
Geschlechtsorgane (pl)	อวัยวะเพศ	a-wai-wá phâyt
Haut (f)	ผิวหนัง	phĭw năng

31. Kopf

Kopf (m)	หัว	hŭa
Gesicht (n)	หน้า	nâa
Nase (f)	จมูก	jà-mòok
Mund (m)	ปาก	bpàak

Auge (n)	ตา	dtaa
Augen (pl)	ตา	dtaa
Pupille (f)	รูม่านตา	roo mâan dtaa
Augenbraue (f)	คิ้ว	khíw
Wimper (f)	ขนตา	khŏn dtaa
Augenlid (n)	เปลือกตา	bplèuak dtaa

Zunge (f)	ลิ้น	lín
Zahn (m)	ฟัน	fan
Lippen (pl)	ริมฝีปาก	rim fĕe bpàak
Backenknochen (pl)	โหนกแก้ม	nòhk gâem
Zahnfleisch (n)	เหงือก	ngèuak
Gaumen (m)	เพดานปาก	phay-daan bpàak

Nasenlöcher (pl)	รูจมูก	roo jà-mòok
Kinn (n)	คาง	khaang
Kiefer (m)	ขากรรไกร	khăa gan-grai
Wange (f)	แก้ม	gâem

Stirn (f)	หน้าผาก	nâa phàak
Schläfe (f)	ขมับ	khà-màp
Ohr (n)	หู	hŏo
Nacken (m)	หลังศีรษะ	lăng sĕe-sà
Hals (m)	คอ	khor
Kehle (f)	ลำคอ	lam khor

Haare (pl)	ผม	phŏm
Frisur (f)	ทรงผม	song phŏm
Haarschnitt (m)	ทรงผม	song phŏm
Perücke (f)	ผมปลอม	phŏm bplorm

Schnurrbart (m)	หนวด	nùat
Bart (m)	เครา	krao
haben (einen Bart ~)	ลองไว้	lorng wái
Zopf (m)	ผมเปีย	phŏm bpia
Backenbart (m)	จอน	jorn

rothaarig	ผมแดง	phŏm daeng
grau	ผมหงอก	phŏm ngòrk
kahl	หัวล้าน	hŭa láan
Glatze (f)	หัวล้าน	hŭa láan
Pferdeschwanz (m)	ผมทรงหางม้า	phŏm song hăang máa
Pony (Ponyfrisur)	ผมม้า	phŏm máa

32. Menschlicher Körper

Hand (f)	มือ	meu
Arm (m)	แขน	khǎen
Finger (m)	นิ้ว	níw
Zehe (f)	นิ้วเท้า	níw tháo
Daumen (m)	นิ้วโป้ง	níw bpôhng
kleiner Finger (m)	นิ้วก้อย	níw gôi
Nagel (m)	เล็บ	lép
Faust (f)	กำปั้น	gam bpân
Handfläche (f)	ฝ่ามือ	fàa meu
Handgelenk (n)	ข้อมือ	khôr meu
Unterarm (m)	แขนช่วงล่าง	khǎen chûang lâang
Ellbogen (m)	ข้อศอก	khôr sòrk
Schulter (f)	ไหล่	lài
Bein (n)	ขา	khǎa
Fuß (m)	เท้า	tháo
Knie (n)	หัวเข่า	hǔa khào
Wade (f)	น่อง	nôrng
Hüfte (f)	สะโพก	sà-phôhk
Ferse (f)	ส้นเท้า	sôn tháo
Körper (m)	ร่างกาย	râang gaai
Bauch (m)	ท้อง	thórng
Brust (f)	อก	òk
Busen (m)	หน้าอก	nâa òk
Seite (f), Flanke (f)	ข้าง	khâang
Rücken (m)	หลัง	lǎng
Kreuz (n)	หลังส่วนล่าง	lǎng sùan lâang
Taille (f)	เอว	eo
Nabel (m)	สะดือ	sà-deu
Gesäßbacken (pl)	ก้น	gôn
Hinterteil (n)	ก้น	gôn
Leberfleck (m)	ไฝเสน่ห์	fǎi sà-này
Muttermal (n)	ปาน	bpaan
Tätowierung (f)	รอยสัก	roi sàk
Narbe (f)	แผลเป็น	phlǎe bpen

Kleidung & Accessoires

33. Oberbekleidung. Mäntel

Kleidung (f)	เสื้อผ้า	sêua phâa
Oberkleidung (f)	เสื้อนอก	sêua nôk
Winterkleidung (f)	เสื้อกันหนาว	sêua gan năao

Mantel (m)	เสื้อโค้ท	sêua khóht
Pelzmantel (m)	เสื้อโค้ทขนสัตว์	sêua khóht khŏn sàt
Pelzjacke (f)	แจคเก็ตขนสัตว์	jáek-gèt khŏn sàt
Daunenjacke (f)	แจ็คเก็ตกันหนาว	jàek-gèt gan năao

Jacke (z.B. Lederjacke)	แจ็คเก็ต	jáek-gèt
Regenmantel (m)	เสื้อกันฝน	sêua gan fŏn
wasserdicht	ซึ่งกันน้ำได้	sêung gan náam dâai

34. Herren- & Damenbekleidung

Hemd (n)	เสื้อ	sêua
Hose (f)	กางเกง	gaang-gayng
Jeans (pl)	กางเกงยีนส์	gaang-gayng yeen
Jackett (n)	แจ็คเก็ตสูท	jàek-gèt sòot
Anzug (m)	ชุดสูท	chút sòot

Damenkleid (n)	ชุดเดรส	chút draet
Rock (m)	กระโปรง	grà bprohng
Bluse (f)	เสื้อ	sêua
Strickjacke (f)	แจ็คเก็ตถัก	jáek-gèt thàk
Jacke (Damen Kostüm)	แจคเก็ต	jáek-gèt

T-Shirt (n)	เสื้อยืด	sêua yêut
Shorts (pl)	กางเกงขาสั้น	gaang-gayng khăa sân
Sportanzug (m)	ชุดวอร์ม	chút wom
Bademantel (m)	เสื้อคลุมอาบน้ำ	sêua khlum àap náam
Schlafanzug (m)	ชุดนอน	chút norn

Sweater (m)	เสื้อไหมพรม	sêua măi phrom
Pullover (m)	เสื้อกันหนาวแบบสวม	sêua gan năao bàep sŭam

Weste (f)	เสื้อกั๊ก	sêua gák
Frack (m)	เสื้อเทลโค้ต	sêua thayn-khóht
Smoking (m)	ชุดทักซิโด	chút thák sí dôh

Uniform (f)	เครื่องแบบ	khrêuang bàep
Arbeitskleidung (f)	ชุดทำงาน	chút tam ngaan
Overall (m)	ชุดเอี๋ยม	chút íam
Kittel (z.B. Arztkittel)	เสื้อคลุม	sêua khlum

35. Kleidung. Unterwäsche

Unterwäsche (f)	ชุดชั้นใน	chút chán nai
Herrenslip (m)	กางเกงในชาย	gaang-gayng nai chaai
Damenslip (m)	กางเกงในสตรี	gaang-gayng nai sàt-dtree
Unterhemd (n)	เสื้อชั้นใน	sêua chán nai
Socken (pl)	ถุงเท้า	thǔng tháo
Nachthemd (n)	ชุดนอนสตรี	chút norn sàt-dtree
Büstenhalter (m)	ยกทรง	yók song
Kniestrümpfe (pl)	ถุงเท้ายาว	thǔng tháo yaao
Strumpfhose (f)	ถุงน่องเต็มตัว	thǔng nôrng dtem dtua
Strümpfe (pl)	ถุงน่อง	thǔng nôrng
Badeanzug (m)	ชุดว่ายน้ำ	chút wâai náam

36. Kopfbekleidung

Mütze (f)	หมวก	mùak
Filzhut (m)	หมวก	mùak
Baseballkappe (f)	หมวกเบสบอล	mùak bàyt-bon
Schiebermütze (f)	หมวกติงลี่	mùak dting lêe
Baskenmütze (f)	หมวกเบเร่ต์	mùak bay-rây
Kapuze (f)	ฮูด	hóot
Panamahut (m)	หมวกปานามา	mùak bpaa-naa-maa
Strickmütze (f)	หมวกไหมพรม	mùak mǎi phrom
Kopftuch (n)	ผ้าโพกศีรษะ	phâa phôhk sěe-sà
Damenhut (m)	หมวกสตรี	mùak sàt-dtree
Schutzhelm (m)	หมวกนิรภัย	mùak ní-rá-phai
Feldmütze (f)	หมวกหนีบ	mùak nèep
Helm (z.B. Motorradhelm)	หมวกกันน็อค	mùak ní-rá-phai
Melone (f)	หมวกกลมทรงสูง	mùak glom song sǒong
Zylinder (m)	หมวกทรงสูง	mùak song sǒong

37. Schuhwerk

Schuhe (pl)	รองเท้า	rorng tháo
Stiefeletten (pl)	รองเท้า	rorng tháo
Halbschuhe (pl)	รองเท้า	rorng tháo
Stiefel (pl)	รองเท้าบูท	rorng tháo bòot
Hausschuhe (pl)	รองเท้าแตะในบ้าน	rorng tháo dtàe nai bâan
Tennisschuhe (pl)	รองเท้ากีฬา	rorng tháo gee-laa
Leinenschuhe (pl)	รองเท้าผ้าใบ	rorng tháo phâa bai
Sandalen (pl)	รองเท้าแตะ	rorng tháo dtàe
Schuster (m)	คนซ่อมรองเท้า	khon sôrm rorng tháo
Absatz (m)	สันรองเท้า	sôn rorng tháo

Paar (n)	คู่	khôo
Schnürsenkel (m)	เชือกรองเท้า	chêuak rorng tháo
schnüren (vt)	ผูกเชือกรองเท้า	phòok chêuak rorng tháo
Schuhlöffel (m)	ที่ชอนรองเท้า	thêe chón rorng tháo
Schuhcreme (f)	ยาขัดรองเท้า	yaa khàt rorng tháo

38. Textilien. Stoffe

Baumwolle (f)	ฝ้าย	fâai
Baumwolle-	ฝ้าย	fâai
Leinen (m)	แฟลกซ์	fláek
Leinen-	แฟลกซ์	fláek

Seide (f)	ไหม	măi
Seiden-	ไหม	măi
Wolle (f)	ขนสัตว์	khŏn sàt
Woll-	ขนสัตว์	khŏn sàt

Samt (m)	กำมะหยี่	gam-má-yèe
Wildleder (n)	หนังกลับ	năng glàp
Cord (m)	ผ้าลูกฟูก	phâa lôok fôok

Nylon (n)	ไนลอน	nai-lorn
Nylon-	ไนลอน	nai-lorn
Polyester (m)	โพลีเอสเตอร์	poh-lee-àyt-dtêr
Polyester-	โพลีเอสเตอร์	poh-lee-àyt-dtêr

Leder (n)	หนัง	năng
Leder-	หนัง	năng
Pelz (m)	ขนสัตว์	khŏn sàt
Pelz-	ขนสัตว์	khŏn sàt

39. Persönliche Accessoires

Handschuhe (pl)	ถุงมือ	thŭng meu
Fausthandschuhe (pl)	ถุงมือ	thŭng meu
Schal (Kaschmir-)	ผ้าพันคอ	phâa phan khor

Brille (f)	แว่นตา	wâen dtaa
Brillengestell (n)	กรอบแว่น	gròrp wâen
Regenschirm (m)	ร่ม	rôm
Spazierstock (m)	ไม้เท้า	máai tháo
Haarbürste (f)	แปรงหวีผม	bpraeng wĕe phŏm
Fächer (m)	พัด	phát

Krawatte (f)	เนคไท	nâyk-thai
Fliege (f)	โบว์หูกระต่าย	boh hŏo grà-dtàai
Hosenträger (pl)	สายเอี่ยม	săai íam
Taschentuch (n)	ผ้าเช็ดหน้า	phâa chét-nâa

| Kamm (m) | หวี | wĕe |
| Haarspange (f) | ที่หนีบผม | têe nèep phŏm |

| Haarnadel (f) | กิ๊บ | gíp |
| Schnalle (f) | หัวเข็มขัด | hǔa khěm khàt |

| Gürtel (m) | เข็มขัด | khěm khàt |
| Umhängegurt (m) | สายกระเป๋า | sǎai grà-bpǎo |

Tasche (f)	กระเป๋า	grà-bpǎo
Handtasche (f)	กระเป๋าถือ	grà-bpǎo thěu
Rucksack (m)	กระเป๋าสะพายหลัง	grà-bpǎo sà-phaai lǎng

40. Kleidung. Verschiedenes

Mode (f)	แฟชั่น	fae-chân
modisch	คานิยม	khâa ní-yom
Modedesigner (m)	นักออกแบบแฟชั่น	nák òrk bàep fae-chân

Kragen (m)	คอปกเสื้อ	khor bpòk sêua
Tasche (f)	กระเป๋า	grà-bpǎo
Taschen-	กระเป๋า	grà-bpǎo
Ärmel (m)	แขนเสื้อ	khǎen sêua
Aufhänger (m)	ที่แขวนเสื้อ	thêe khwǎen sêua
Hosenschlitz (m)	ซิปกางเกง	síp gaang-gayng

Reißverschluss (m)	ซิป	síp
Verschluss (m)	ซิป	síp
Knopf (m)	กระดุม	grà dum
Knopfloch (n)	รูกระดุม	roo grà dum
abgehen (Knopf usw.)	หลุดออก	lùt òrk

nähen (vi, vt)	เย็บ	yép
sticken (vt)	ปัก	bpàk
Stickerei (f)	ลายปัก	laai bpàk
Nadel (f)	เข็มเย็บผ้า	khěm yép phâa
Faden (m)	เสนด้าย	sây-dâai
Naht (f)	รอยเย็บ	roi yép

sich beschmutzen	สกปรก	sòk-gà-bpròk
Fleck (m)	รอยเปื้อน	roi bpêuan
sich knittern	พับเป็นรอยยน	pháp bpen roi yôn
zerreißen (vt)	ฉีก	chèek
Motte (f)	แมลงกินผ้า	má-laeng gin phâa

41. Kosmetikartikel. Kosmetik

Zahnpasta (f)	ยาสีฟัน	yaa sěe fan
Zahnbürste (f)	แปรงสีฟัน	bpraeng sěe fan
Zähne putzen	แปรงฟัน	bpraeng fan

Rasierer (m)	มีดโกน	mêet gohn
Rasiercreme (f)	ครีมโกนหนวด	khreem gohn nùat
sich rasieren	โกน	gohn
Seife (f)	สบู่	sà-bòo

Shampoo (n)	แชมพู	chaem-phoo
Schere (f)	กรรไกร	gan-grai
Nagelfeile (f)	ตะไบเล็บ	dtà-bai lép
Nagelzange (f)	กรรไกรตัดเล็บ	gan-grai dtàt lép
Pinzette (f)	แหนบ	nàep

Kosmetik (f)	เครื่องสำอาง	khrêuang săm-aang
Gesichtsmaske (f)	มาสก์หน้า	mâak nâa
Maniküre (f)	การแต่งเล็บ	gaan dtàeng lép
Maniküre machen	แต่งเล็บ	dtàeng lép
Pediküre (f)	การแต่งเล็บเท้า	gaan dtàeng lép táo

Kosmetiktasche (f)	กระเป๋าเครื่องสำอาง	grà-bpăo khrêuang săm-aang
Puder (m)	แป้งฝุ่น	bpâeng-fùn
Puderdose (f)	ตลับแป้ง	dtà-làp bpâeng
Rouge (n)	แป้งทาแก้ม	bpâeng thaa gâem

Parfüm (n)	น้ำหอม	nám hŏrm
Duftwasser (n)	น้ำหอมอ่อนๆ	náam hŏrm òn òn
Lotion (f)	โลชั่น	loh-chân
Kölnischwasser (n)	โคโลญจ์	khoh-lohn

Lidschatten (m)	อายแชโดว์	aai-chae-doh
Kajalstift (m)	อายไลเนอร์	aai lai-ner
Wimperntusche (f)	มาสคารา	mâat-khaa-râa

Lippenstift (m)	ลิปสติก	líp-sà-dtìk
Nagellack (m)	น้ำยาทาเล็บ	nám yaa-thaa lép
Haarlack (m)	สเปรย์ฉีดผม	sà-bpray chèet phŏm
Deodorant (n)	ยาดับกลิ่น	yaa dàp glìn

Creme (f)	ครีม	khreem
Gesichtscreme (f)	ครีมทาหน้า	khreem thaa nâa
Handcreme (f)	ครีมทามือ	khreem thaa meu
Anti-Falten-Creme (f)	ครีมลดริ้วรอย	khreem lót ríw roi
Tagescreme (f)	ครีมกลางวัน	khreem klaang wan
Nachtcreme (f)	ครีมกลางคืน	khreem klaang kheun
Tages-	กลางวัน	glaang wan
Nacht-	กลางคืน	glaang kheun

Tampon (m)	ผ้าอนามัยแบบสอด	phâa a-naa-mai bàep sòrt
Toilettenpapier (n)	กระดาษชำระ	grà-dàat cham-rá
Föhn (m)	เครื่องเป่าผม	khrêuang bpào phŏm

42. Schmuck

Schmuck (m)	เครื่องเพชรพลอย	khrêuang phét phloi
Edel- (stein)	เพชรพลอย	phét phloi
Repunze (f)	ตราฮอลมาร์ค	dtraa hon-mâak

Ring (m)	แหวน	wăen
Ehering (m)	แหวนแต่งงาน	wăen dtàeng ngaan
Armband (n)	กำไลขอมือ	gam-lai khôr meu
Ohrringe (pl)	ตุ้มหู	dtûm hŏo

Kette (f)	สร้อยคอ	sôi khor
Krone (f)	มงกุฎ	mong-gùt
Halskette (f)	สร้อยคอลูกปัด	sôi khor lôok bpàt

Brillant (m)	เพชร	phét
Smaragd (m)	มรกต	mor-rá-gòt
Rubin (m)	พลอยสีทับทิม	phloi sĕe tháp-thim
Saphir (m)	ไพลิน	phai-lin
Perle (f)	ไข่มุก	khài múk
Bernstein (m)	อำพัน	am phan

43. Armbanduhren Uhren

Armbanduhr (f)	นาฬิกา	naa-lí-gaa
Zifferblatt (n)	หน้าปัด	nâa bpàt
Zeiger (m)	เข็ม	khĕm
Metallarmband (n)	สายนาฬิกาข้อมือ	săai naa-lí-gaa khôr meu
Uhrenarmband (n)	สายรัดข้อมือ	săai rát khôr meu

Batterie (f)	แบตเตอรี่	bàet-dter-rêe
verbraucht sein	หมด	mòt
die Batterie wechseln	เปลี่ยนแบตเตอรี่	bplìan bàet-dter-rêe
vorgehen (vi)	เดินเร็วเกินไป	dern reo gern bpai
nachgehen (vi)	เดินช้า	dern cháa

Wanduhr (f)	นาฬิกาแขวนผนัง	naa-lí-gaa khwăen phà-năng
Sanduhr (f)	นาฬิกาทราย	naa-lí-gaa saai
Sonnenuhr (f)	นาฬิกาแดด	naa-lí-gaa dàet
Wecker (m)	นาฬิกาปลุก	naa-lí-gaa bplùk
Uhrmacher (m)	ช่างซ่อมนาฬิกา	châang sôrm naa-lí-gaa
reparieren (vt)	ซ่อม	sôrm

Essen. Ernährung

44. Essen

Fleisch (n)	เนื้อ	néua
Hühnerfleisch (n)	ไก่	gài
Küken (n)	เนื้อลูกไก่	néua lôok gài
Ente (f)	เป็ด	bpèt
Gans (f)	ห่าน	hàan
Wild (n)	สัตว์ที่ล่า	sàt thêe lâa
Pute (f)	ไก่งวง	gài nguang
Schweinefleisch (n)	เนื้อหมู	néua mǒo
Kalbfleisch (n)	เนื้อลูกวัว	néua lôok wua
Hammelfleisch (n)	เนื้อแกะ	néua gàe
Rindfleisch (n)	เนื้อวัว	néua wua
Kaninchenfleisch (n)	เนื้อกระต่าย	néua grà-dtàai
Wurst (f)	ไส้กรอก	sâi gròrk
Würstchen (n)	ไส้กรอกเวียนนา	sâi gròrk wian-naa
Schinkenspeck (m)	หมูเบคอน	mǒo bay-khorn
Schinken (m)	แฮม	haem
Räucherschinken (m)	แฮมแกมมอน	haem gaem-morn
Pastete (f)	ปาเต	bpaa dtay
Leber (f)	ตับ	dtàp
Hackfleisch (n)	เนื้อสับ	néua sàp
Zunge (f)	ลิ้น	lín
Ei (n)	ไข่	khài
Eier (pl)	ไข่	khài
Eiweiß (n)	ไข่ขาว	khài khǎao
Eigelb (n)	ไข่แดง	khài daeng
Fisch (m)	ปลา	bplaa
Meeresfrüchte (pl)	อาหารทะเล	aa hǎan thá-lay
Krebstiere (pl)	สัตว์พวกกุ้งกั้งปู	sàt phûak gûng gâng bpoo
Kaviar (m)	ไข่ปลา	khài-bplaa
Krabbe (f)	ปู	bpoo
Garnele (f)	กุ้ง	gûng
Auster (f)	หอยนางรม	hǒi naang rom
Languste (f)	กุ้งมังกร	gûng mang-gon
Krake (m)	ปลาหมึก	bplaa mèuk
Kalmar (m)	ปลาหมึกกล้วย	bplaa mèuk-glûay
Störfleisch (n)	ปลาสเตอร์เจียน	bpláa sà-dtêr jian
Lachs (m)	ปลาแซลมอน	bplaa saen-morn
Heilbutt (m)	ปลาตาเดียว	bplaa dtaa-dieow
Dorsch (m)	ปลาค็อด	bplaa khót

Makrele (f)	ปลาแม็คเคอเร็ล	bplaa máek-kay-a-rěn
Tunfisch (m)	ปลาทูนา	bplaa thoo-nâa
Aal (m)	ปลาไหล	bplaa lǎi

Forelle (f)	ปลาเทราๆท์	bplaa thrau
Sardine (f)	ปลาซาร์ดีน	bplaa saa-deen
Hecht (m)	ปลาไพค	bplaa phai
Hering (m)	ปลาเฮอร์ริง	bplaa her-ring

Brot (n)	ขนมปัง	khà-nǒm bpang
Käse (m)	เนยแข็ง	noie khǎeng
Zucker (m)	น้ำตาล	nám dtaan
Salz (n)	เกลือ	gleua

Reis (m)	ข้าว	khâao
Teigwaren (pl)	พาสต้า	phâat-dtâa
Nudeln (pl)	กวยเตี๋ยว	gǔay-dtǐeow

Butter (f)	เนย	noie
Pflanzenöl (n)	น้ำมันพืช	nám man phêut
Sonnenblumenöl (n)	น้ำมันดอกทานตะวัน	nám man dòrk thaan dtà-wan
Margarine (f)	เนยเทียม	noie thiam

Oliven (pl)	มะกอก	má-gòrk
Olivenöl (n)	น้ำมันมะกอก	nám man má-gòrk

Milch (f)	นม	nom
Kondensmilch (f)	นมขน	nom khôn
Joghurt (m)	โยเกิร์ต	yoh-gèrt
saure Sahne (f)	ซาวรครีม	saao khreem
Sahne (f)	ครีม	khreem

Mayonnaise (f)	มายองเนส	maa-yorng-nâyt
Buttercreme (f)	สวนผสมของเนย และน้ำตาล	sùan phà-sǒm khǒrng noie láe nám dtaan

Grütze (f)	เมล็ดธัญพืช	má-lét than-yá-phêut
Mehl (n)	แป้ง	bpâeng
Konserven (pl)	อาหารกระป๋อง	aa-hǎan grà-bpǒrng

Maisflocken (pl)	คอร์นเฟลค	khorn-flâyk
Honig (m)	น้ำผึ้ง	nám phêung
Marmelade (f)	แยม	yaem
Kaugummi (m, n)	หมากฝรั่ง	màak fà-ràng

45. Getränke

Wasser (n)	น้ำ	nám
Trinkwasser (n)	น้ำดื่ม	nám dèum
Mineralwasser (n)	น้ำแร	nám râe

still	ไม่มีฟอง	mâi mee forng
mit Kohlensäure	น้ำอัดลม	nám àt lom
mit Gas	มีฟอง	mee forng

| Eis (n) | น้ำแข็ง | nám khăeng |
| mit Eis | ใส่น้ำแข็ง | sài nám khăeng |

alkoholfrei (Adj)	ไม่มีแอลกอฮอล์	mâi mee aen-gor-hor
alkoholfreies Getränk (n)	เครื่องดื่มที่ไม่มีแอลกอฮอล	krêuang dèum têe mâi mee aen-gor-hor
Erfrischungsgetränk (n)	เครื่องดื่มให้ความสดชื่น	khrêuang dèum hâi khwaam sòt chêun
Limonade (f)	น้ำเลมอนเนด	nám lay-morn-nâyt

Spirituosen (pl)	เหล้า	lâu
Wein (m)	ไวน์	wai
Weißwein (m)	ไวน์ขาว	wai khăao
Rotwein (m)	ไวน์แดง	wai daeng

Likör (m)	สุรา	sù-raa
Champagner (m)	แชมเปญ	chaem-bpayn
Wermut (m)	เหล้าองุ่นขาวซึ่งมีกลิ่นหอม	lâo a-ngùn khăao sêung mee glìn hŏrm

Whisky (m)	เหล้าวิสกี้	lăo wít-sa -gêe
Wodka (m)	เหล้าวอดก้า	lăo wórt-gâa
Gin (m)	เหล้ายิน	lăo yin
Kognak (m)	เหล้าคอนยัก	lăo khorn yák
Rum (m)	เหล้ารัม	lăo ram

Kaffee (m)	กาแฟ	gaa-fae
schwarzer Kaffee (m)	กาแฟดำ	gaa-fae dam
Milchkaffee (m)	กาแฟใส่นม	gaa-fae sài nom
Cappuccino (m)	กาแฟคาปูชิโน	gaa-fae khaa bpoo chí noh
Pulverkaffee (m)	กาแฟสำเร็จรูป	gaa-fae săm-rèt rôop

Milch (f)	นม	nom
Cocktail (m)	ค็อกเทล	khók-tayn
Milchcocktail (m)	มิลคเชค	min-châyk

Saft (m)	น้ำผลไม้	nám phŏn-lá-máai
Tomatensaft (m)	น้ำมะเขือเทศ	nám má-khĕua thâyt
Orangensaft (m)	น้ำส้ม	nám sôm
frisch gepresster Saft (m)	น้ำผลไม้คั้นสด	nám phŏn-lá-máai khán sòt

Bier (n)	เบียร์	bia
Helles (n)	เบียร์ไลท์	bia lai
Dunkelbier (n)	เบียร์ดาร์ค	bia dàak

Tee (m)	ชา	chaa
schwarzer Tee (m)	ชาดำ	chaa dam
grüner Tee (m)	ชาเขียว	chaa khĭeow

46. Gemüse

Gemüse (n)	ผัก	phàk
grünes Gemüse (pl)	ผักใบเขียว	phàk bai khĭeow
Tomate (f)	มะเขือเทศ	má-khĕua thâyt

Gurke (f)	แตงกวา	dtaeng-gwaa
Karotte (f)	แครอท	khae-rót
Kartoffel (f)	มันฝรั่ง	man fà-ràng
Zwiebel (f)	หัวหอม	hŭa hŏrm
Knoblauch (m)	กระเทียม	grà-thiam
Kohl (m)	กะหล่ำปลี	gà-làm bplee
Blumenkohl (m)	ดอกกะหล่ำ	dòrk gà-làm
Rosenkohl (m)	กะหล่ำดาว	gà-làm-daao
Brokkoli (m)	บร็อคโคลี่	bròrk-khoh-lêe
Rote Bete (f)	บีทรูท	bee-trôot
Aubergine (f)	มะเขือยาว	má-khĕua-yaao
Zucchini (f)	แตงซูคินี	dtaeng soo-khí-nee
Kürbis (m)	ฟักทอง	fák-thorng
Rübe (f)	หัวผักกาด	hŭa-phàk-gàat
Petersilie (f)	ผักชีฝรั่ง	phàk chee fà-ràng
Dill (m)	ผักชีลาว	phàk-chee-laao
Kopf Salat (m)	ผักกาดหอม	phàk gàat hŏrm
Sellerie (m)	คื่นช่าย	khêun-châai
Spargel (m)	หน่อไม้ฝรั่ง	nòr máai fà-ràng
Spinat (m)	ผักขม	phàk khŏm
Erbse (f)	ถั่วลันเตา	thùa-lan-dtao
Bohnen (pl)	ถั่ว	thùa
Mais (m)	ข้าวโพด	khâao-phôht
weiße Bohne (f)	ถั่วรูปไต	thùa rôop dtai
Paprika (m)	พริกหยวก	phrík-yùak
Radieschen (n)	หัวไชเท้า	hŭa chai tháo
Artischocke (f)	อาร์ติโชค	aa dtì chôhk

47. Obst. Nüsse

Frucht (f)	ผลไม้	phŏn-lá-máai
Apfel (m)	แอปเปิ้ล	àep-bpêrn
Birne (f)	แพร	phae
Zitrone (f)	มะนาว	má-naao
Apfelsine (f)	ส้ม	sôm
Erdbeere (f)	สตรอว์เบอร์รี่	sà-dtror-ber-rêe
Mandarine (f)	ส้มแมนดาริน	sôm maen daa rin
Pflaume (f)	พลัม	phlam
Pfirsich (m)	ลูกทอ	lôok thór
Aprikose (f)	แอปริคอท	ae-bprì-khôrt
Himbeere (f)	ราสเบอร์รี่	râat-ber-rêe
Ananas (f)	สับปะรด	sàp-bpà-rót
Banane (f)	กล้วย	glûay
Wassermelone (f)	แตงโม	dtaeng moh
Weintrauben (pl)	องุ่น	a-ngùn
Sauerkirsche (f)	เชอรี่	cher-rêe
Süßkirsche (f)	เชอรี่ป่า	cher-rêe bpàa

Melone (f)	เมลอน	may-lorn
Grapefruit (f)	สมโอ	sôm oh
Avocado (f)	อะโวคาโด	a-who-khaa-doh
Papaya (f)	มะละกอ	má-lá-gor
Mango (f)	มะม่วง	má-mûang
Granatapfel (m)	ทับทิม	tháp-thim

rote Johannisbeere (f)	เรดเคอร์แรนท์	râyt-khêr-raen
schwarze Johannisbeere (f)	แบล็คเคอูรแรนท์	blàek khêr-raen
Stachelbeere (f)	กูสเบอรรี่	gòot-ber-rêe
Heidelbeere (f)	บิลเบอรรี่	bil-ber-rêe
Brombeere (f)	แบล็คเบอรรี่	blàek ber-rêe

Rosinen (pl)	ลูกเกด	lôok gàyt
Feige (f)	มะเดื่อฝรั่ง	má dèua fà-ràng
Dattel (f)	ลูกอินทผลัม	lôok in-thá-plăm

Erdnuss (f)	ถั่วลิสง	thùa-lí-sŏng
Mandel (f)	อัลมอนด์	an-morn
Walnuss (f)	วอลนัต	wor-lá-nát
Haselnuss (f)	เฮเซลนัท	hay sayn nát
Kokosnuss (f)	มะพร้าว	má-phráao
Pistazien (pl)	ถั่วพิสตาชิโอ	thùa phít dtaa chí oh

48. Brot. Süßigkeiten

Konditorwaren (pl)	ขนม	khà-nŏm
Brot (n)	ขนมปัง	khà-nŏm bpang
Keks (m, n)	คุกกี้	khúk-gêe

Schokolade (f)	ช็อกโกแลต	chók-goh-láet
Schokoladen-	ช็อกโกแลต	chók-goh-láet
Bonbon (m, n)	ลูกกวาด	lôok gwàat
Kuchen (m)	ขนมเค้ก	khà-nŏm kháyk
Torte (f)	ขนมเค้ก	khà-nŏm kháyk

Kuchen (Apfel-)	ขนมพาย	khà-nŏm phaai
Füllung (f)	ไส้ในขนม	sâi nai khà-nŏm

Konfitüre (f)	แยม	yaem
Marmelade (f)	แยมผิวส้ม	yaem phĭw sôm
Waffeln (pl)	วาฟเฟิล	waaf-fern
Eis (n)	ไอศกรีม	ai-sà-greem
Pudding (m)	พุดดิ้ง	phút-dîng

49. Gerichte

Gericht (n)	มื้ออาหาร	méu aa-hăan
Küche (f)	อาหาร	aa-hăan
Rezept (n)	ตำราอาหาร	dtam-raa aa-hăan
Portion (f)	สวน	sùan
Salat (m)	สลัด	sà-làt

Suppe (f)	ซุป	súp
Brühe (f), Bouillon (f)	ซุปน้ำใส	súp nám-sǎi
belegtes Brot (n)	แซนด์วิช	saen-wít
Spiegelei (n)	ไข่ทอด	khài thôrt

| Hamburger (m) | แฮมเบอร์เกอร์ | haem-ber-gêr |
| Beefsteak (n) | สเต็กเนื้อ | sà-dtèk néua |

Beilage (f)	เครื่องเคียง	khrêuang khiang
Spaghetti (pl)	สปาเก็ตตี้	sà-bpaa-gèt-dtêe
Kartoffelpüree (n)	มันฝรั่งบด	man fà-ràng bòt
Pizza (f)	พิซซา	phít-sâa
Brei (m)	ข้าวต้ม	khâao-dtôm
Omelett (n)	ไข่เจียว	khài jieow

gekocht	ต้ม	dtôm
geräuchert	รมควัน	rom khwan
gebraten	ทอด	thôrt
getrocknet	ตากแห้ง	dtàak hâeng
tiefgekühlt	แช่แข็ง	châe khǎeng
mariniert	ดอง	dorng

süß	หวาน	wǎan
salzig	เค็ม	khem
kalt	เย็น	yen
heiß	ร้อน	rórn
bitter	ขม	khǒm
lecker	อร่อย	à-ròi

kochen (vt)	ต้ม	dtôm
zubereiten (vt)	ทำอาหาร	tham aa-hǎan
braten (vt)	ทอด	thôrt
aufwärmen (vt)	อุ่น	ùn

salzen (vt)	ใส่เกลือ	sài gleua
pfeffern (vt)	ใส่พริกไทย	sài phrík thai
reiben (vt)	ขูด	khòot
Schale (f)	เปลือก	bplèuak
schälen (vt)	ปอกเปลือก	bpòrk bplêuak

50. Gewürze

Salz (n)	เกลือ	gleua
salzig (Adj)	เค็ม	khem
salzen (vt)	ใส่เกลือ	sài gleua

schwarzer Pfeffer (m)	พริกไทย	phrík thai
roter Pfeffer (m)	พริกแดง	phrík daeng
Senf (m)	มัสตาร์ด	mát-dtàat
Meerrettich (m)	ฮอสแรดิช	hórt rae dìt

Gewürz (n)	เครื่องปรุงรส	khrêuang bprung rót
Gewürz (n)	เครื่องเทศ	khrêuang thâyt
Soße (f)	ซอส	sós

Essig (m)	น้ำส้มสายชู	nám sôm săai choo
Anis (m)	เทียนสัตตบุษย์	thian-sàt-dtà-bùt
Basilikum (n)	ใบโหระพา	bai hŏh rá phaa
Nelke (f)	กานพลู	gaan-phloo
Ingwer (m)	ขิง	khĭng
Koriander (m)	ผักชีลา	pàk-chee-laa
Zimt (m)	อบเชย	òp-choie

Sesam (m)	งา	ngaa
Lorbeerblatt (n)	ใบกระวาน	bai grà-waan
Paprika (m)	พริกป่น	phrík bpòn
Kümmel (m)	เทียนตากบ	thian dtaa gòp
Safran (m)	หญ้าฝรั่น	yâa fà-ràn

51. Mahlzeiten

Essen (n)	อาหาร	aa-hăan
essen (vi, vt)	กิน	gin

Frühstück (n)	อาหารเช้า	aa-hăan cháo
frühstücken (vi)	ทานอาหารเช้า	thaan aa-hăan cháo
Mittagessen (n)	ขาวเที่ยง	khâao thîang
zu Mittag essen	ทานอาหารเที่ยง	thaan aa-hăan thîang
Abendessen (n)	อาหารเย็น	aa-hăan yen
zu Abend essen	ทานอาหารเย็น	thaan aa-hăan yen

Appetit (m)	ความอยากอาหาร	kwaam yàak aa hăan
Guten Appetit!	กินให้อร่อย!	gin hâi a-ròi

öffnen (vt)	เปิด	bpèrt
verschütten (vt)	ทำหก	tham hòk
verschüttet werden	ทำหกออกมา	tham hòk òrk maa
kochen (vi)	ต้ม	dtôm
kochen (Wasser ~)	ต้ม	dtôm
gekocht (Adj)	ต้ม	dtôm
kühlen (vt)	แช่เย็น	châe yen
abkühlen (vi)	แช่เย็น	châe yen

Geschmack (m)	รสชาติ	rót châat
Beigeschmack (m)	รส	rót

auf Diät sein	ลดน้ำหนัก	lót nám nàk
Diät (f)	อาหารพิเศษ	aa-hăan phí-sàyt
Vitamin (n)	วิตามิน	wí-dtaa-min
Kalorie (f)	แคลอรี่	khae-lor-rêe
Vegetarier (m)	คนกินเจ	khon gin jay
vegetarisch (Adj)	มังสวิรัติ	mang-sà-wí-rát

Fett (n)	ไขมัน	khăi man
Protein (n)	โปรตีน	bproh-dteen
Kohlenhydrat (n)	คาร์โบไฮเดรต	kaa-boh-hai-dràyt
Scheibchen (n)	แผ่น	phàen
Stück (ein ~ Kuchen)	ชิ้น	chín
Krümel (m)	เศษ	sàyt

52. Gedeck

Löffel (m)	ช้อน	chórn
Messer (n)	มีด	mêet
Gabel (f)	สอม	sôrm
Tasse (eine ~ Tee)	แก้ว	gâew
Teller (m)	จาน	jaan
Untertasse (f)	จานรอง	jaan rorng
Serviette (f)	ผ้าเช็ดปาก	phâa chét bpàak
Zahnstocher (m)	ไม้จิ้มฟัน	máai jîm fan

53. Restaurant

Restaurant (n)	ร้านอาหาร	ráan aa-hăan
Kaffeehaus (n)	ร้านกาแฟ	ráan gaa-fae
Bar (f)	ร้านเหล้า	ráan lâo
Teesalon (m)	รานน้ำชา	ráan nám chaa
Kellner (m)	คนเสิร์ฟชาย	khon sèrf chaai
Kellnerin (f)	คนเสิร์ฟหญิง	khon sèrf yĭng
Barmixer (m)	บาร์เทนเดอร์	baa-thayn-dêr
Speisekarte (f)	เมนู	may-noo
Weinkarte (f)	รายการไวน์	raai gaan wai
einen Tisch reservieren	จองโต๊ะ	jorng dtó
Gericht (n)	มื้ออาหาร	méu aa-hăan
bestellen (vt)	สั่ง	sàng
eine Bestellung aufgeben	สั่งอาหาร	sàng aa-hăan
Aperitif (m)	เครื่องดื่มเหล้า	khrêuang dèum lâo
	กอนอาหาร	gòrn aa-hăan
Vorspeise (f)	ของกินเล่น	khŏrng gin lâyn
Nachtisch (m)	ของหวาน	khŏrng wăan
Rechnung (f)	คิดเงิน	khít ngern
Rechnung bezahlen	จ่ายคาอาหาร	jàai khâa aa hăan
das Wechselgeld geben	ให้เงินทอน	hâi ngern thorn
Trinkgeld (n)	เงินทิป	ngern thíp

Familie, Verwandte und Freunde

54. Persönliche Informationen. Formulare

Vorname (m)	ชื่อ	chêu
Name (m)	นามสกุล	naam sà-gun
Geburtsdatum (n)	วันเกิด	wan gèrt
Geburtsort (m)	สถานที่เกิด	sà-thăan thêe gèrt
Nationalität (f)	สัญชาติ	săn-châat
Wohnort (m)	ที่อยู่อาศัย	thêe yòo aa-săi
Land (n)	ประเทศ	bprà-thâyt
Beruf (m)	อาชีพ	aa-chêep
Geschlecht (n)	เพศ	phâyt
Größe (f)	ความสูง	khwaam sŏong
Gewicht (n)	น้ำหนัก	nám nàk

55. Familienmitglieder. Verwandte

Mutter (f)	มารดา	maan-daa
Vater (m)	บิดา	bì-daa
Sohn (m)	ลูกชาย	lôok chaai
Tochter (f)	ลูกสาว	lôok săao
jüngste Tochter (f)	ลูกสาวคนเล็ก	lôok săao khon lék
jüngste Sohn (m)	ลูกชายคนเล็ก	lôok chaai khon lék
ältere Tochter (f)	ลูกสาวคนโต	lôok săao khon dtoh
älterer Sohn (m)	ลูกชายคนโต	lôok chaai khon dtoh
älterer Bruder (m)	พี่ชาย	phêe chaai
jüngerer Bruder (m)	น้องชาย	nórng chaai
ältere Schwester (f)	พี่สาว	phêe săao
jüngere Schwester (f)	น้องสาว	nórng săao
Cousin (m)	ลูกพี่ลูกน้อง	lôok phêe lôok nórng
Cousine (f)	ลูกพี่ลูกน้อง	lôok phêe lôok nórng
Mama (f)	แม่	mâe
Papa (m)	พ่อ	phôr
Eltern (pl)	พ่อแม่	phôr mâe
Kind (n)	เด็ก, ลูก	dèk, lôok
Kinder (pl)	เด็กๆ	dèk dèk
Großmutter (f)	ย่า, ยาย	yâa, yaai
Großvater (m)	ปู่, ตา	bpòo, dtaa
Enkel (m)	หลานชาย	lăan chaai
Enkelin (f)	หลานสาว	lăan săao

Enkelkinder (pl)	หลานๆ	lǎan
Onkel (m)	ลุง	lung
Tante (f)	ป้า	bpâa
Neffe (m)	หลานชาย	lǎan chaai
Nichte (f)	หลานสาว	lǎan sǎao

Schwiegermutter (f)	แม่ยาย	mâe yaai
Schwiegervater (m)	พ่อสามี	phôr sǎa-mee
Schwiegersohn (m)	ลูกเขย	lôok khǒie
Stiefmutter (f)	แม่เลี้ยง	mâe líang
Stiefvater (m)	พ่อเลี้ยง	phôr líang

Säugling (m)	ทารก	thaa-rók
Kleinkind (n)	เด็กเล็ก	dèk lék
Kleine (m)	เด็ก	dèk

Frau (f)	ภรรยา	phan-rá-yaa
Mann (m)	สามี	sǎa-mee
Ehemann (m)	สามี	sǎa-mee
Gemahlin (f)	ภรรยา	phan-rá-yaa

verheiratet (Ehemann)	แต่งงานแล้ว	dtàeng ngaan láew
verheiratet (Ehefrau)	แต่งงานแลว	dtàeng ngaan láew
ledig	เป็นโสด	bpen sòht
Junggeselle (m)	ชายโสด	chaai sòht
geschieden (Adj)	หย่าแลว	yàa láew
Witwe (f)	แม่หม้าย	mâe mâai
Witwer (m)	พ่อหม้าย	phôr mâai

Verwandte (m)	ญาติ	yâat
naher Verwandter (m)	ญาติใกล้ชิด	yâat glâi chít
entfernter Verwandter (m)	ญาติหางๆ	yâat hàang hàang
Verwandte (pl)	ญาติๆ	yâat

Waisenjunge (m)	เด็กชายกำพร้า	dèk chaai gam phráa
Waisenmädchen (f)	เด็กหญิงกำพรา	dèk yǐng gam phráa
Vormund (m)	ผู้ปกครอง	phôo bpòk khrorng
adoptieren (einen Jungen)	บุญธรรม	bun tham
adoptieren (ein Mädchen)	บุญธรรม	bun tham

56. Freunde. Arbeitskollegen

Freund (m)	เพื่อน	phêuan
Freundin (f)	เพื่อน	phêuan
Freundschaft (f)	มิตรภาพ	mít-dtrà-phâap
befreundet sein	เป็นเพื่อน	bpen phêuan

Freund (m)	เพื่อนสนิท	phêuan sà-nìt
Freundin (f)	เพื่อนสนิท	phêuan sà-nìt
Partner (m)	หุนสวน	hûn sùan

Chef (m)	หัวหน้า	hǔa-nâa
Vorgesetzte (m)	ผู้บังคับบัญชา	phôo bang-kháp ban-chaa
Besitzer (m)	เจ้าของ	jâo khǒrng

| Untergeordnete (m) | ลูกน้อง | lôok nórng |
| Kollege (m), Kollegin (f) | เพื่อนร่วมงาน | phêuan rûam ngaan |

Bekannte (m)	ผู้คุ้นเคย	phôo khún khoie
Reisegefährte (m)	เพื่อนร่วมทาง	pêuan rûam thaang
Mitschüler (m)	เพื่อนรุ่น	phêuan rûn

Nachbar (m)	เพื่อนบ้านผู้ชาย	phêuan bâan pôo chaai
Nachbarin (f)	เพื่อนบ้านผู้หญิง	phêuan bâan phôo yǐng
Nachbarn (pl)	เพื่อนบ้าน	phêuan bâan

57. Mann. Frau

Frau (f)	ผู้หญิง	phôo yǐng
Mädchen (n)	หญิงสาว	yǐng sǎao
Braut (f)	เจ้าสาว	jâo sǎao

schöne	สวย	sǔay
große	สูง	sǒong
schlanke	ผอม	phǒrm
kleine (~ Frau)	เตี้ย	dtîa

| Blondine (f) | ผมสีทอง | phǒm sěe thorng |
| Brünette (f) | ผมสีคล้ำ | phǒm sěe khlám |

Damen-	สตรี	sàt-dtree
Jungfrau (f)	บริสุทธิ์	bor-rí-sùt
schwangere	ตั้งครรภ์	dtâng khan

Mann (m)	ผู้ชาย	phôo chaai
Blonde (m)	ผมสีทอง	phǒm sěe thorng
Brünette (m)	ผมสีคล้ำ	phǒm sěe khlám
hoch	สูง	sǒong
klein	เตี้ย	dtîa

grob	หยาบคาย	yàap kaai
untersetzt	แข็งแรง	khǎeng raeng
robust	กำยำ	gam-yam
stark	แข็งแรง	khǎeng raeng
Kraft (f)	ความแข็งแรง	khwaam khǎeng raeng

dick	ท้วม	thúam
dunkelhäutig	ผิวดำ	phǐw dam
schlank	ผอม	phǒrm
elegant	สง่า	sà-ngàa

58. Alter

Alter (n)	อายุ	aa-yú
Jugend (f)	วัยเยาว์	wai yao
jung	หนุ่ม	nùm
jünger (~ als Sie)	อายุน้อยกว่า	aa-yú nói gwàa

älter (~ als ich)	อายุสูงกว่า	aa-yú sŏong gwàa
Junge (m)	ชายหนุ่ม	chaai nùm
Teenager (m)	วัยรุ่น	wai rûn
Bursche (m)	คนหนุ่ม	khon nùm

| Greis (m) | ชายชรา | chaai chá-raa |
| alte Frau (f) | หญิงชรา | yĭng chá-raa |

Erwachsene (m)	ผู้ใหญ่	phôo yài
in mittleren Jahren	วัยกลาง	wai glaang
älterer (Adj)	วัยชรา	wai chá-raa
alt (Adj)	แก่	gàe

Ruhestand (m)	การเกษียณอายุ	gaan gà-sĭan aa-yú
in Rente gehen	เกษียณ	gà-sĭan
Rentner (m)	ผู้เกษียณอายุ	phôo gà-sĭan aa-yú

59. Kinder

Kind (n)	เด็ก, ลูก	dèk, lôok
Kinder (pl)	เด็กๆ	dèk dèk
Zwillinge (pl)	แฝด	fàet

Wiege (f)	เปล	bplay
Rassel (f)	ของเล่นกุ๊งกิ๊ง	khŏrng lên gúng-gîng
Windel (f)	ผ้าอ้อม	phâa ôrm

Schnuller (m)	จุกนม	jùk-nom
Kinderwagen (m)	รถเข็นเด็ก	rót khĕn dèk
Kindergarten (m)	โรงเรียนอนุบาล	rohng rian a-nú-baan
Kinderfrau (f)	คนเฝ้าเด็ก	khon fâo dèk

Kindheit (f)	วัยเด็ก	wai dèk
Puppe (f)	ตุ๊กตา	dtúk-dtaa
Spielzeug (n)	ของเล่น	khŏrng lên
Baukasten (m)	ชุดของเล่นก่อสร้าง	chút khŏrng lên gòr sâang

wohlerzogen	มีกิริยามารยาทดี	mee gì-rí-yaa maa-rá-yâat dee
ungezogen	ไม่มีมารยาท	mâi mee maa-rá-yâat
verwöhnt	เสียคน	sĭa khon

| unartig sein | ซน | son |
| unartig | ซน | son |

| Unart (f) | ความเกเร | kwaam gay-ray |
| Schelm (m) | เด็กเกเร | dèk gay-ray |

| gehorsam | ที่เชื่อฟัง | thêe chêua fang |
| ungehorsam | ที่ไม่เชื่อฟัง | thêe mâi chêua fang |

fügsam	ที่เชื่อฟังผู้ใหญ่	thée chêua fang phôo yài
klug	ฉลาด	chà-làat
Wunderkind (n)	เด็กมีพรสวรรค์	dèk mee phon sà-wăn

60. Ehepaare. Familienleben

küssen (vt)	จูบ	jòop
sich küssen	จูบ	jòop
Familie (f)	ครอบครัว	khrôrp khrua
Familien-	ครอบครัว	khrôrp khrua
Paar (n)	ผัวเมีย	phǔa mia
Ehe (f)	การแต่งงาน	gaan dtàeng ngaan
Heim (n)	บ้าน	bâan
Dynastie (f)	วงศ์ตระกูล	wong dtrà-goon

Rendezvous (n)	การออกเดท	gaan òrk dàyt
Kuss (m)	การจูบ	gaan jòop

Liebe (f)	ความรัก	khwaam rák
lieben (vt)	รัก	rák
geliebt	ที่รัก	thêe rák

Zärtlichkeit (f)	ความละเมียดละไม	khwaam lá-mîat lá-mai
zärtlich	ละเมียดละไม	lá-mîat lá-mai
Treue (f)	ความซื่อ	khwaam sêu
treu (Adj)	ซื่อ	sêu
Fürsorge (f)	การดูแล	gaan doo lae
sorgsam	ชอบดูแล	chôrp doo lae

Frischvermählte (pl)	คู่แต่งงานใหม่	khôo dtàeng ngaan mài
Flitterwochen (pl)	ฮันนีมูน	han-nee-moon
heiraten (einen Mann ~)	แต่งงาน	dtàeng ngaan
heiraten (ein Frau ~)	แต่งงาน	dtàeng ngaan

Hochzeit (f)	การสมรส	gaan sŏm rót
goldene Hochzeit (f)	การสมรสครบรอบ50ปี	gaan sŏm rót khróp rôrp hâa-sìp bpee
Jahrestag (m)	วันครบรอบ	wan khróp rôrp

Geliebte (m)	คู่รัก	khôo rák
Geliebte (f)	เมียน้อย	mia nói

Ehebruch (m)	การคบชู้	gaan khóp chóo
Ehebruch begehen	คบชู้	khóp chóo
eifersüchtig	หึงหวง	hěung hǔang
eifersüchtig sein	หึง	hěung
Scheidung (f)	การหย่าร้าง	gaan yàa ráang
sich scheiden lassen	หย่า	yàa

streiten (vi)	ทะเลาะ	thá-lór
sich versöhnen	ประนีประนอม	bprà-nee-bprà-nom

zusammen (Adv)	ด้วยกัน	dûay gan
Sex (m)	เพศสัมพันธ์	phâyt sǎm-phan

Glück (n)	ความสุข	khwaam sùk
glücklich	มีความสุข	mee khwaam sùk
Unglück (n)	เหตุร้าย	hàyt ráai
unglücklich	ไม่มีความสุข	mâi mee khwaam sùk

Charakter. Empfindungen. Gefühle

61. Empfindungen. Gefühle

Gefühl (n)	ความรู้สึก	khwaam róo sèuk
Gefühle (pl)	ความรู้สึก	khwaam róo sèuk
fühlen (vt)	รู้สึก	róo sèuk
Hunger (m)	ความหิว	khwaam hĭw
hungrig sein	หิว	hĭw
Durst (m)	ความกระหาย	khwaam grà-hăai
Durst haben	กระหาย	grà-hăai
Schläfrigkeit (f)	ความง่วง	khwaam ngûang
schlafen wollen	ง่วง	ngûang
Müdigkeit (f)	ความเหนื่อย	khwaam nèuay
müde	เหนื่อย	nèuay
müde werden	เหนื่อย	nèuay
Laune (f)	อารมณ์	aa-rom
Langeweile (f)	ความเบื่อ	khwaam bèua
sich langweilen	เบื่อ	bèua
Zurückgezogenheit (n)	ความเหงา	khwaam ngăo
sich zurückziehen	ปลีกวิเวก	bplèek wí-wâyk
beunruhigen (vt)	ทำให้...เป็นห่วง	tham hâi...bpen hùang
sorgen (vi)	กังวล	gang-won
Besorgnis (f)	ความเป็นห่วง	khwaam bpen hùang
Angst (~ um …)	ความวิตกกังวล	khwaam wí-dtòk gang-won
besorgt (Adj)	เป็นห่วงใหญ่	bpen hùang yài
nervös sein	กระวนกระวาย	grà won grà waai
in Panik verfallen (vi)	ตื่นตระหนก	dtèun dtrà-nòk
Hoffnung (f)	ความหวัง	khwaam wăng
hoffen (vi)	หวัง	wăng
Sicherheit (f)	ความแน่ใจ	khwaam nâe jai
sicher	แน่ใจ	nâe jai
Unsicherheit (f)	ความไม่มั่นใจ	khwaam mâi mân jai
unsicher	ไม่มั่นใจ	mâi mân jai
betrunken	เมา	mao
nüchtern	ไม่เมา	mâi mao
schwach	อ่อนแอ	òrn ae
glücklich	มีความสุข	mee khwaam sùk
erschrecken (vt)	ทำให้...กลัว	tham hâi...glua
Wut (f)	ความโกรธเคือง	khwaam gròht kheuang
Rage (f)	ความเดือดดาล	khwaam dèuat daan
Depression (f)	ความหดหู่	khwaam hòt-hòo
Unbehagen (n)	อึดอัด	èut àt

Komfort (m)	สบาย	sà-baai
bedauern (vt)	เสียดาย	sĭa daai
Bedauern (n)	ความเสียดาย	khwaam sĭa daai
Missgeschick (n)	โชคราย	chôhk ráai
Kummer (m)	ความเศรา	khwaam sâo
Scham (f)	ความละอายใจ	khwaam lá-aai jai
Freude (f)	ความปิติ	khwaam bpì-dtì
Begeisterung (f)	ความกระตือรือร้น	khwaam grà-dteu-reu-rón
Enthusiast (m)	คนที่กระตือรือร้น	khon thêe grà-dteu-reu-rón
Begeisterung zeigen	แสดงความ	sà-daeng khwaam
	กระตือรือร้น	grà-dteu-reu-rón

62. Charakter. Persönlichkeit

Charakter (m)	นิสัย	ní-sǎi
Charakterfehler (m)	ขอเสีย	khôr sĭa
Verstand (m)	สติ	sà-dtì
Vernunft (f)	สติ	sà-dtì
Gewissen (n)	มโนธรรม	má-noh tham
Gewohnheit (f)	นิสัย	ní-sǎi
Fähigkeit (f)	ความสามารถ	khwaam sǎa-mâat
können (v mod)	สามารถ	sǎa-mâat
geduldig	อดทน	òt thon
ungeduldig	ใจรอนใจเร็ว	jai rórn jai reo
neugierig	อยากรูอยากเห็น	yàak róo yàak hěn
Neugier (f)	ความอยากรูอยากเห็น	khwaam yàak róo yàak hěn
Bescheidenheit (f)	ความถอมตน	khwaam thòrm dton
bescheiden	ถอมตน	thòrm dton
unbescheiden	หยาบโลน	yàap lohn
Faulheit (f)	ความขี้เกียจ	khwaam khêe gìat
faul	ขี้เกียจ	khêe gìat
Faulenzer (m)	คนขี้เกียจ	khon khêe gìat
Listigkeit (f)	ความเจ้าเล่ห์	khwaam jâo lây
listig	เจาเลห	jâo lây
Misstrauen (n)	ความหวาดระแวง	khwaam wàat rá-waeng
misstrauisch	เคลือบแคลง	khlêuap-khlaeng
Freigebigkeit (f)	ความเอื้อเฟื้อ	khwaam êua féua
freigebig	มีน้ำใจ	mee nám jai
talentiert	มีพรสวรรค์	mee phon sà-wǎn
Talent (n)	พรสวรรค	phon sà-wǎn
tapfer	กล้าหาญ	glâa hǎan
Tapferkeit (f)	ความกล้าหาญ	khwaam glâa hǎan
ehrlich	ซื่อสัตย	sêu sàt
Ehrlichkeit (f)	ความซื่อสัตย	khwaam sêu sàt
vorsichtig	ระมัดระวัง	rá mát rá-wang
tapfer	กลา	glâa

ernst	เอาจริงเอาจัง	ao jing ao jang
streng	เข้มงวด	khêm ngûat
entschlossen	เด็ดเดี่ยว	dèt dìeow
unentschlossen	ไม่เด็ดขาด	mâi dèt khàat
schüchtern	อาย	aai
Schüchternheit (f)	ความขวยอาย	khwaam khǔay aai
Vertrauen (n)	ความไว้ใจ	khwaam wái jai
vertrauen (vi)	ไว้เนื้อเชื่อใจ	wái néua chêua jai
vertrauensvoll	เชื่อใจ	chêua jai
aufrichtig (Adv)	อย่างจริงใจ	yàang jing jai
aufrichtig (Adj)	จริงใจ	jing jai
Aufrichtigkeit (f)	ความจริงใจ	khwaam jing jai
offen	เปิดเผย	bpèrt phǒie
still (Adj)	ใจเย็น	jai yen
freimütig	จริงใจ	jing jai
naiv	หลงเชื่อ	lǒng chêua
zerstreut	ใจลอย	jai loi
drollig, komisch	ตลก	dtà-lòk
Gier (f)	ความโลภ	khwaam lôhp
habgierig	โลภ	lôhp
geizig	ขี้เหนียว	khêe nǐeow
böse	เลว	leo
hartnäckig	ดื้อ	dêu
unangenehm	ไม่น่าพึงพอใจ	mâi nâa pheung phor jai
Egoist (m)	คนที่เห็นแก่ตัว	khon thêe hěn gàe dtua
egoistisch	เห็นแก่ตัว	hěn gàe dtua
Feigling (m)	คนขี้ขลาด	khon khêe khlàat
feige	ขี้ขลาด	khêe khlàat

63. Schlaf. Träume

schlafen (vi)	นอน	norn
Schlaf (m)	ความนอน	khwaam norn
Traum (m)	ความฝัน	khwaam fǎn
träumen (im Schlaf)	ฝัน	fǎn
verschlafen	งวง	ngûang
Bett (n)	เตียง	dtiang
Matratze (f)	ฟูกนอน	fôok norn
Decke (f)	ผ้าห่ม	phâa hòm
Kissen (n)	หมอน	mǒrn
Laken (n)	ผ้าปูที่นอน	phâa bpoo thêe norn
Schlaflosigkeit (f)	อาการนอนไม่หลับ	aa-gaan norn mâi làp
schlaflos	นอนไม่หลับ	norn mâi làp
Schlafmittel (n)	ยานอนหลับ	yaa-norn-làp
Schlafmittel nehmen	กินยานอนหลับ	gin yaa-norn-làp
schlafen wollen	งวง	ngûang

gähnen (vi)	หาว	hăao
schlafen gehen	ไปนอน	bpai norn
das Bett machen	ปูที่นอน	bpoo thêe norn
einschlafen (vi)	หลับ	làp

Alptraum (m)	ฝันร้าย	făn ráai
Schnarchen (n)	การกรน	gaan-kron
schnarchen (vi)	กรน	gron

Wecker (m)	นาฬิกาปลุก	naa-lí-gaa bplùk
aufwecken (vt)	ปลุก	bplùk
erwachen (vi)	ตื่น	dtèun
aufstehen (vi)	ลุกขึ้น	lúk khêun
sich waschen	ล้างหน้าล้างตา	láang nâa láang dtaa

64. Humor. Lachen. Freude

Humor (m)	อารมณ์ขัน	aa-rom khăn
Sinn (m) für Humor	อารมณ์	aa-rom
sich amüsieren	เริงรื่น	rerng rêun
froh (Adj)	เริงรื่น	rerng rêun
Fröhlichkeit (f)	ความรื่นเริง	khwaam rêun-rerng

Lächeln (n)	รอยยิ้ม	roi yím
lächeln (vi)	ยิ้ม	yím
auflachen (vi)	เริ่มหัวเราะ	rêrm hŭa rór
lachen (vi)	หัวเราะ	hŭa rór
Lachen (n)	การหัวเราะ	gaan hŭa rór

Anekdote, Witz (m)	เรื่องขำขัน	rêuang khăm khăn
lächerlich	ตลก	dtà-lòk
komisch	ขบขัน	khòp khăn

Witz machen	ล้อเล่น	lór lên
Spaß (m)	ตลก	dtà-lòk
Freude (f)	ความสุขสันต์	khwaam sùk-săn
sich freuen	โมทนา	moh-thá-naa
froh (Adj)	ยินดี	yin dee

65. Diskussion, Unterhaltung. Teil 1

Kommunikation (f)	การสื่อสาร	gaan sèu săan
kommunizieren (vi)	สื่อสาร	sèu săan

Konversation (f)	การสนทนา	gaan sŏn-thá-naa
Dialog (m)	บทสนทนา	bòt sŏn-thá-naa
Diskussion (f)	การหารือ	gaan hăa-reu
Streitgespräch (n)	การโต้แย้ง	gaan dtôh yáeng
streiten (vi)	โต้แย้ง	dtôh yáeng

Gesprächspartner (m)	คู่สนทนา	khôo sŏn-tá-naa
Thema (n)	หัวข้อ	hŭa khôr

Gesichtspunkt (m)	แง่คิด	ngâe khít
Meinung (f)	ความคิดเห็น	khwaam khít hĕn
Rede (f)	สุนทรพจน์	sŭn tha ra phót

Besprechung (f)	การหารือ	gaan hăa-reu
besprechen (vt)	หารือ	hăa-reu
Gespräch (n)	การสนทนา	gaan sŏn-thá-naa
Gespräche führen	คุยกัน	khui gan
Treffen (n)	การพบกัน	gaan phóp gan
sich treffen	พบ	phóp

Sprichwort (n)	สุภาษิต	sù-phaa-sìt
Redensart (f)	คำกล่าว	kham glàao
Rätsel (n)	ปริศนา	bprìt-sà-năa
ein Rätsel aufgeben	ถามปริศนา	thăam bprìt-sà-năa
Parole (f)	รหัสผ่าน	rá-hàt phàan
Geheimnis (n)	ความลับ	khwaam láp

Eid (m), Schwur (m)	คำสาบาน	kham săa-baan
schwören (vi, vt)	สาบาน	săa baan
Versprechen (n)	คำสัญญา	kham săn-yaa
versprechen (vt)	สัญญา	săn-yaa

Rat (m)	คำแนะนำ	kham náe nam
raten (vt)	แนะนำ	náe nam
einen Rat befolgen	ทำตามคำแนะนำ	tham dtaam kham náe nam
gehorchen (jemandem ~)	เชื่อฟัง	chêua fang

Neuigkeit (f)	ข่าว	khàao
Sensation (f)	ข่าวดัง	khàao dang
Informationen (pl)	ข้อมูล	khôr moon
Schlussfolgerung (f)	ข้อสรุป	khôr sà-rùp
Stimme (f)	เสียง	sĭang
Kompliment (n)	คำชมเชย	kham chom choie
freundlich	ใจดี	jai dee

Wort (n)	คำ	kham
Phrase (f)	วลี	wá-lee
Antwort (f)	คำตอบ	kham dtòrp

| Wahrheit (f) | ความจริง | khwaam jing |
| Lüge (f) | การโกหก | gaan goh-hòk |

Gedanke (m)	ความคิด	khwaam khít
Idee (f)	ความคิด	khwaam khít
Phantasie (f)	จินตนาการ	jin-dtà-naa gaan

66. Diskussion, Unterhaltung. Teil 2

angesehen (Adj)	ที่นับถือ	thêe náp thĕu
respektieren (vt)	นับถือ	náp thĕu
Respekt (m)	ความนับถือ	khwaam náp thĕu
Sehr geehrter ...	ทาน	thâan
bekannt machen	แนะนำ	náe nam

kennenlernen (vt)	รู้จัก	róo jàk
Absicht (f)	ความตั้งใจ	khwaam dtâng jai
beabsichtigen (vt)	ตั้งใจ	dtâng jai
Wunsch (m)	การขอพร	gaan khŏr phon
wünschen (vt)	ขอ	khŏr
Staunen (n)	ความประหลาดใจ	khwaam bprà-làat jai
erstaunen (vt)	ทำให้...ประหลาดใจ	tham hâi...bprà-làat jai
staunen (vi)	ประหลาดใจ	bprà-làat jai
geben (vt)	ให้	hâi
nehmen (vt)	รับ	ráp
herausgeben (vt)	ให้คืน	hâi kheun
zurückgeben (vt)	เอาคืน	ao kheun
sich entschuldigen	ขอโทษ	khŏr thôht
Entschuldigung (f)	คำขอโทษ	kham khŏr thôht
verzeihen (vt)	ให้อภัย	hâi a-phai
sprechen (vi)	คุยกัน	khui gan
hören (vt), zuhören (vi)	ฟัง	fang
sich anhören	ฟังจนจบ	fang jon jòp
verstehen (vt)	เข้าใจ	khâo jai
zeigen (vt)	แสดง	sà-daeng
ansehen (vt)	ดู	doo
rufen (vt)	เรียก	rîak
belästigen (vt)	รบกวน	róp guan
stören (vt)	รบกวน	róp guan
übergeben (vt)	ส่ง	sòng
Bitte (f)	ข้อร้องขอ	khôr rórng khŏr
bitten (vt)	ร้องขอ	rórng khŏr
Verlangen (n)	ขอเรียกร้อง	khŏr rîak rórng
verlangen (vt)	เรียกร้อง	rîak rórng
necken (vt)	แซว	saew
spotten (vi)	ล้อเลียน	lór lian
Spott (m)	ขอล้อเลียน	khŏr lór lian
Spitzname (m)	ชื่อเล่น	chêu lên
Andeutung (f)	การพูดเป็นนัย	gaan phôot bpen nai
andeuten (vt)	พูดเป็นนัย	phôot bpen nai
meinen (vt)	หมายความว่า	măai khwaam wâa
Beschreibung (f)	คำพรรณนา	kham phan-ná-naa
beschreiben (vt)	พรรณนา	phan-ná-naa
Lob (n)	คำชม	kham chom
loben (vt)	ชม	chom
Enttäuschung (f)	ความผิดหวัง	khwaam phìt wăng
enttäuschen (vt)	ทำให้...ผิดหวัง	tham hâi...phìt wăng
enttäuscht sein	ผิดหวัง	phìt wăng
Vermutung (f)	ข้อสมมุติ	khôr sŏm mút
vermuten (vt)	สมมุติ	sŏm mút

| Warnung (f) | คำเตือน | kham dteuan |
| warnen (vt) | เตือน | dteuan |

67. Diskussion, Unterhaltung. Teil 3

| überreden (vt) | เกลี้ยกล่อม | glîak-glôrm |
| beruhigen (vt) | ทำให้...สงบ | tham hâi...sà-ngòp |

Schweigen (n)	ความเงียบ	khwaam ngîap
schweigen (vi)	เงียบ	ngîap
flüstern (vt)	กระซิบ	grà síp
Flüstern (n)	เสียงกระซิบ	sǐang grà síp

offen (Adv)	พูดตรงๆ	phôot dtrorng dtrorng
meiner Meinung nach ...	ในสายตาของ	nai sǎai dtaa-kǒrng
	ผม/ฉัน...	phǒm/chǎn...

Detail (n)	รายละเอียด	raai lá-ìat
ausführlich (Adj)	โดยละเอียด	doi lá-ìat
ausführlich (Adv)	อยางละเอียด	yàang lá-ìat

| Tipp (m) | คำบอกใบ้ | kham bòrk bâi |
| einen Tipp geben | บอกใบ | bòrk bâi |

Blick (m)	การมอง	gaan morng
anblicken (vt)	มอง	morng
starr (z.B. -en Blick)	จอง	jôrng
blinzeln (mit den Augen)	กระพริบตา	grà phríp dtaa
zwinkern (mit den Augen)	ขยิบตา	khà-yìp dtaa
nicken (vi)	พยักหนา	phá-yák nâa

Seufzer (m)	การถอนหายใจ	gaan thǒrn hǎai jai
aufseufzen (vi)	ถอนหายใจ	thǒrn hǎai-jai
zusammenzucken (vi)	สั้น	sàn
Geste (f)	อิริยาบถ	i-rí-yaa-bòt
berühren (vt)	สัมผัส	sǎm-phàt
ergreifen (vt)	จับ	jàp
klopfen (vt)	แตะ	dtàe

Vorsicht!	ระวัง!	rá-wang
Wirklich?	จริงหรือ?	jing rěu
Sind Sie sicher?	คุณแน่ใจหรือ?	khun nâe jai rěu
Viel Glück!	ขอให้โชคดี!	khǒr hâi chôhk dee
Klar!	ฉันเขาใจ!	chǎn khâo jai
Schade!	นาเสียดาย!	nâa sǐa-daai

68. Zustimmung. Ablehnung

Einverständnis (n)	การยินยอม	gaan yin yorm
zustimmen (vi)	ยินยอม	yin yorm
Billigung (f)	คำอนุมัติ	kham a-nú-mát
billigen (vt)	อนุมัติ	a-nú-mát

Absage (f)	คำปฏิเสธ	kham bpà-dtì-sàyt
sich weigern	ปฏิเสธ	bpà-dtì-sàyt

Ausgezeichnet!	เยี่ยม!	yîam
Ganz recht!	ดีเลย!	dee loie
Gut! Okay!	โอเค!	oh-khay

verboten (Adj)	ไม่ได้รับอนุญาต	mâi dâai ráp a-nú-yâat
Es ist verboten	ห้าม	hâam
Es ist unmöglich	มันเป็นไปไม่ได้	man bpen bpai mâi dâai
falsch	ไม่ถูกต้อง	mâi thòok dtôrng

ablehnen (vt)	ปฏิเสธ	bpà-dtì-sàyt
unterstützen (vt)	สนับสนุน	sà-nàp-sà-nǔn
akzeptieren (vt)	ยอมรับ	yorm ráp

bestätigen (vt)	ยืนยัน	yeun yan
Bestätigung (f)	คำยืนยัน	kham yeun yan
Erlaubnis (f)	คำอนุญาต	kham a-nú-yâat
erlauben (vt)	อนุญาต	a-nú-yâat
Entscheidung (f)	การตัดสินใจ	gaan dtàt sǐn jai
schweigen (nicht antworten)	ไม่พูดอะไร	mâi phôot a-rai

Bedingung (f)	เงื่อนไข	ngêuan khǎi
Ausrede (f)	ข้ออ้าง	khôr âang
Lob (n)	คำชม	kham chom
loben (vt)	ชม	chom

69. Erfolg. Alles Gute. Misserfolg

Erfolg (m)	ความสำเร็จ	khwaam sǎm-rèt
erfolgreich (Adv)	ให้เป็นผลสำเร็จ	hâi bpen phǒn sǎm-rèt
erfolgreich (Adj)	ที่สำเร็จ	thêe sǎm-rèt

Glück (Glücksfall)	โชค	chôhk
Viel Glück!	ขอให้โชคดี!	khǒr hâi chôhk dee
Glücks- (z.B. -tag)	มีโชค	mee chôhk
glücklich (Adj)	มีโชคดี	mee chôhk dee

Misserfolg (m)	ความล้มเหลว	khwaam lóm lěo
Missgeschick (n)	โชคร้าย	chôhk ráai
Unglück (n)	โชคร้าย	chôhk ráai
missglückt (Adj)	ไม่ประสบ ความสำเร็จ	mâi bprà-sòp khwaam sǎm-rèt
Katastrophe (f)	ความล้มเหลว	khwaam lóm lěo

Stolz (m)	ความภาคภูมิใจ	khwaam phâak phoom jai
stolz	ภูมิใจ	phoom jai
stolz sein	ภูมิใจ	phoom jai

Sieger (m)	ผู้ชนะ	phôo chá-ná
siegen (vi)	ชนะ	chá-ná
verlieren (Spiel usw.)	แพ้	pháe
Versuch (m)	ความพยายาม	khwaam phá-yaa-yaam

versuchen (vt)	พยายาม	phá-yaa-yaam
Chance (f)	โอกาส	oh-gàat

70. Streit. Negative Gefühle

Schrei (m)	เสียงตะโกน	sĭang dtà-gohn
schreien (vi)	ตะโกน	dtà-gohn
beginnen zu schreien	เริ่มตะโกน	rêrm dtà-gohn

Zank (m)	การทะเลาะ	gaan thá-lór
sich zanken	ทะเลาะ	thá-lór
Riesenkrach (m)	ความทะเลาะ	khwaam thá-lór
Krach haben	ตีโพยตีพาย	dtee phoi dtee phaai
Konflikt (m)	ความขัดแยง	khwaam khàt yáeng
Missverständnis (n)	การเขาใจผิด	gaan khâo jai phìt

Kränkung (f)	คำดูถูก	kham doo thòok
kränken (vt)	ดูถูก	doo thòok
gekränkt (Adj)	โดนดูถูก	dohn doo thòok
Beleidigung (f)	ความเคียดแคน	khwaam khîat-kháen
beleidigen (vt)	ลวงเกิน	lûang gern
sich beleidigt fühlen	ถือสา	thĕu săa

Empörung (f)	ความโกรธแคน	khwaam gròht kháen
sich empören	ขุนเคือง	khùn kheuang
Klage (f)	คำรอง	kham rórng
klagen (vi)	บน	bòn

Entschuldigung (f)	คำขอโทษ	kham khŏr thôht
sich entschuldigen	ขอโทษ	khŏr thôht
um Entschuldigung bitten	ขออภัย	khŏr a-phai

Kritik (f)	คำวิจารณ์	kham wí-jaan
kritisieren (vt)	วิจารณ	wí-jaan
Anklage (f)	การกลาวหา	gaan glàao hăa
anklagen (vt)	กลาวหา	glàao hăa

Rache (f)	การแกแคน	gaan gâe kháen
rächen (vt)	แกแคน	gâe kháen
sich rächen	แกแคน	gâe kháen

Verachtung (f)	ความดูหมิ่น	khwaam doo mìn
verachten (vt)	ดูหมิ่น	doo mìn
Hass (m)	ความเกลียดชัง	khwaam glìat chang
hassen (vt)	เกลียด	glìat

nervös	กระวนกระวาย	grà won grà waai
nervös sein	กระวนกระวาย	grà won grà waai
verärgert	โกรธ	gròht
ärgern (vt)	ทำให...โกรธ	tham hâi...gròht

Erniedrigung (f)	ความเสียดเย้ย	khwaam sìat yóie
erniedrigen (vt)	ฉีกหนา	chèek nâa
sich erniedrigen	ฉีกหนาตนเอง	chèek nâa dton ayng

Schock (m)	ความตกตะลึง	khwaam dtòk dtà-leung
schockieren (vt)	ทำให้...ตกตะลึง	tham hâi...dtòk dtà-leung

Ärger (m)	ปัญหา	bpan-hǎa
unangenehm	ไม่น่าพึงพอใจ	mâi nâa pheung phor jai

Angst (f)	ความกลัว	khwaam glua
furchtbar (z.B. -e Sturm)	แย	yâe
schrecklich	น่ากลัว	nâa glua
Entsetzen (n)	ความกลัว	khwaam glua
entsetzlich	แยมาก	yâe mâak

zittern (vi)	เริ่มตัวสั่น	rêrm dtua sàn
weinen (vi)	ร้องไห้	rórng hâi
anfangen zu weinen	เริ่มร้องไห้	rêrm rórng hâi
Träne (f)	น้ำตา	nám dtaa

Schuld (f)	ความผิด	khwaam phìt
Schuldgefühl (n)	ผิด	phìt
Schmach (f)	เสียเกียรติ	sǐa gìat
Protest (m)	การประท้วง	gaan bprà-thúang
Stress (m)	ความว้าวุ่นใจ	khwaam wáa-wûn-jai

stören (vt)	รบกวน	róp guan
sich ärgern	โกรธจัด	gròht jàt
ärgerlich	โกรธ	gròht
abbrechen (vi)	ยุติ	yút-dtì
schelten (vi)	ดุดา	dù dàa

erschrecken (vi)	ตกใจ	dtòk jai
schlagen (vt)	ตี	dtee
sich prügeln	สู	sôo

beilegen (Konflikt usw.)	ยุติ	yút-dtì
unzufrieden	ไม่พอใจ	mâi phor jai
wütend	โกรธจัด	gròht jàt

Das ist nicht gut!	มันไม่ค่อยดี	man mâi khôi dee
Das ist schlecht!	มันไม่ดีเลย	man mâi dee loie

Medizin

71. Krankheiten

Krankheit (f)	โรค	rôhk
krank sein	ป่วย	bpùay
Gesundheit (f)	สุขภาพ	sùk-khà-phâap
Schnupfen (m)	น้ำมูกไหล	nám môok lǎi
Angina (f)	ตอมทอนซิลอักเสบ	dtòm thorn-sin àk-sàyp
Erkältung (f)	หวัด	wàt
sich erkälten	เป็นหวัด	bpen wàt
Bronchitis (f)	โรคหลอดลมอักเสบ	rôhk lòrt lom àk-sàyp
Lungenentzündung (f)	โรคปอดบวม	rôhk bpòrt-buam
Grippe (f)	ไขหวัดใหญ่	khâi wàt yài
kurzsichtig	สายตาสั้น	sǎai dtaa sân
weitsichtig	สายตายาว	sǎai dtaa yaao
Schielen (n)	ตาเหล	dtaa lày
schielend (Adj)	เป็นตาเหล่	bpen dtaa kǎy rěu lày
grauer Star (m)	ตอกระจก	dtôr grà-jòk
Glaukom (n)	ตอหิน	dtôr hǐn
Schlaganfall (m)	โรคหลอดเลือดสมอง	rôhk lòrt lêuat sà-mǒrng
Infarkt (m)	อาการหัวใจวาย	aa-gaan hǔa jai waai
Herzinfarkt (m)	กล้ามเนื้อหัวใจตาย	glâam néua hǔa jai dtaai
	เหตุขาดเลือด	hàyt khàat lêuat
Lähmung (f)	อัมพาต	am-má-phâat
lähmen (vt)	ทำให้เป็นอัมพาต	tham hâi bpen am-má-phâat
Allergie (f)	ภูมิแพ้	phoom pháe
Asthma (n)	โรคหืด	rôhk hèut
Diabetes (m)	โรคเบาหวาน	rôhk bao wǎan
Zahnschmerz (m)	อาการปวดฟัน	aa-gaan bpùat fan
Karies (f)	ฟันผุ	fan phù
Durchfall (m)	อาการท้องเสีย	aa-gaan thórng sǐa
Verstopfung (f)	อาการทองผูก	aa-gaan thórng phòok
Magenverstimmung (f)	อาการปวดทอง	aa-gaan bpùat thórng
Vergiftung (f)	ภาวะอาหารเป็นพิษ	phaa-wá aa hǎan bpen pít
Vergiftung bekommen	กินอาหารเป็นพิษ	gin aa hǎan bpen phít
Arthritis (f)	โรคข้ออักเสบ	rôhk khôr àk-sàyp
Rachitis (f)	โรคกระดูกออน	rôhk grà-dòok òrn
Rheumatismus (m)	โรครูมาติก	rôhk roo-maa-dtik
Atherosklerose (f)	ภาวะหลอดเลือดแข็ง	phaa-wá lòrt lêuat khǎeng
Gastritis (f)	โรคกระเพาะอาหาร	rôhk grà-phór aa-hǎan
Blinddarmentzündung (f)	ไส้ติ่งอักเสบ	sâi dtìng àk-sàyp

Cholezystitis (f)	โรคถุงน้ำดีอักเสบ	rôhk thǔng nám dee àk-sàyp
Geschwür (n)	แผลเปื่อย	phlǎe bpèuay

Masern (pl)	โรคหัด	rôhk hàt
Röteln (pl)	โรคหัดเยอรมัน	rôhk hàt yer-rá-man
Gelbsucht (f)	โรคดีซาน	rôhk dee sâan
Hepatitis (f)	โรคตับอักเสบ	rôhk dtàp àk-sàyp

Schizophrenie (f)	โรคจิตเภท	rôhk jìt-dtà-phâyt
Tollwut (f)	โรคพิษสุนัขบ้า	rôhk phít sù-nák bâa
Neurose (f)	โรคประสาท	rôhk bprà-sàat
Gehirnerschütterung (f)	สมองกระทบ กระเทือน	sà-mǒrng grà-thóp grà-theuan

Krebs (m)	มะเร็ง	má-reng
Sklerose (f)	กูราแข็งตัวของ เนื้อเยื่อรางกาย	gaan kǎeng dtua kǒng néua yêua râang gaai
multiple Sklerose (f)	โรคปลอกประสาท เสื่อมแข็ง	rôhk bplòk bprà-sàat sèuam kǎeng

Alkoholismus (m)	โรคพิษสุราเรื้อรัง	rôhk phít sù-raa réua rang
Alkoholiker (m)	คนขี้เหลา	khon khêe lâo
Syphilis (f)	โรคซิฟิลิส	rôhk sí-fí-lít
AIDS	โรคเอดส	rôhk àyt

Tumor (m)	เนื้องอก	néua ngôk
bösartig	ราย	ráai
gutartig	ไม่ราย	mâi ráai

Fieber (n)	ไข้	khâi
Malaria (f)	ไข้มาลาเรีย	kâi maa-laa-ria
Gangrän (f, n)	เนื้อตายเน่า	néua dtaai nâo
Seekrankheit (f)	ภาวะเมาคลื่น	phaa-wá mao khlêun
Epilepsie (f)	โรคลมบาหมู	rôhk lom bâa-mǒo

Epidemie (f)	โรคระบาด	rôhk rá-bàat
Typhus (m)	โรครากสาดใหญ่	rôhk râak-sàat yài
Tuberkulose (f)	วัณโรค	wan-ná-rôhk
Cholera (f)	อหิวาตกโรค	a-hì-wâat-gà-rôhk
Pest (f)	กาฬโรค	gaan-lá-rôhk

72. Symptome. Behandlungen. Teil 1

Symptom (n)	อาการ	aa-gaan
Temperatur (f)	อุณหภูมิ	un-hà-phoom
Fieber (n)	อุณหภูมิสูง	un-hà-phoom sǒong
Puls (m)	ชีพจร	chêep-phá-jon

Schwindel (m)	อาการเวียนหัว	aa-gaan wian hǔa
heiß (Stirne usw.)	รอน	rórn
Schüttelfrost (m)	หนาวสั่น	nǎao sàn
blass (z.B. -es Gesicht)	หนาเซียว	nâa sieow
Husten (m)	การไอ	gaan ai
husten (vi)	ไอ	ai

niesen (vi)	จาม	jaam
Ohnmacht (f)	การเป็นลม	gaan bpen lom
ohnmächtig werden	เป็นลม	bpen lom

blauer Fleck (m)	ฟกช้ำ	fók chám
Beule (f)	บวม	buam
sich stoßen	ชน	chon
Prellung (f)	รอยฟกช้ำ	roi fók chám
sich stoßen	ได้รอยช้ำ	dâai roi chám

hinken (vi)	กะโผลกกะเผลก	gà-phlòhk-gà-phlàyk
Verrenkung (f)	ขอหลุด	khôr lùt
ausrenken (vt)	ทำขอหลุด	tham khôr lùt
Fraktur (f)	กระดูกหัก	grà-dòok hàk
brechen (Arm usw.)	หักกระดูก	hàk grà-dòok

Schnittwunde (f)	รอยบาด	roi bàat
sich schneiden	ทำบาด	tham bàat
Blutung (f)	การเลือดไหล	gaan lêuat lăi

| Verbrennung (f) | แผลไฟไหม้ | phlăe fai mâi |
| sich verbrennen | ได้รับแผลไฟไหม้ | dâai ráp phlăe fai mâi |

stechen (vt)	ตำ	dtam
sich stechen	ตำตัวเอง	dtam dtua ayng
verletzen (vt)	ทำให้บาดเจ็บ	tham hâi bàat jèp
Verletzung (f)	การบาดเจ็บ	gaan bàat jèp
Wunde (f)	แผล	phlăe
Trauma (n)	แผลบาดเจ็บ	phlăe bàat jèp

irrereden (vi)	คลุ้มคลั่ง	khlúm khlâng
stottern (vi)	พูดตะกุกตะกัก	phôot dtà-gùk-dtà-gàk
Sonnenstich (m)	โรคลมแดด	rôhk lom dàet

73. Symptome. Behandlungen. Teil 2

| Schmerz (m) | ความเจ็บปวด | khwaam jèp bpùat |
| Splitter (m) | เสี้ยน | sîan |

Schweiß (m)	เหงื่อ	ngèua
schwitzen (vi)	เหงื่อออก	ngèua òrk
Erbrechen (n)	การอาเจียน	gaan aa-jian
Krämpfe (pl)	การชัก	gaan chák

schwanger	ตั้งครรภ์	dtâng khan
geboren sein	เกิด	gèrt
Geburt (f)	การคลอด	gaan khlôrt
gebären (vt)	คลอดบุตร	khlôrt bùt
Abtreibung (f)	การแทงบุตร	gaan tháeng bùt

Atem (m)	การหายใจ	gaan hăai-jai
Atemzug (m)	การหายใจเข้า	gaan hăai-jai khâo
Ausatmung (f)	การหายใจออก	gaan hăai-jai òrk
ausatmen (vt)	หายใจออก	hăai-jai òrk

einatmen (vt)	หายใจเข้า	hăai-jai khâo
Invalide (m)	คนพิการ	khon phí-gaan
Krüppel (m)	พิการ	phí-gaan
Drogenabhängiger (m)	ผู้ติดยาเสพติด	phôo dtìt yaa-sàyp-dtìt
taub	หูหนวก	hŏo nùak
stumm	เป็นใบ้	bpen bâi
taubstumm	หูหนวกเป็นใบ้	hŏo nùak bpen bâi
verrückt (Adj)	บ้า	bâa
Irre (m)	คนบ้า	khon bâa
Irre (f)	คนบ้า	khon bâa
den Verstand verlieren	เสียสติ	sĭa sà-dtì
Gen (n)	ยีน	yeun
Immunität (f)	ภูมิคุ้มกัน	phoom khúm gan
erblich	เป็นกรรมพันธุ์	bpen gam-má-phan
angeboren	แต่กำเนิด	dtàe gam-nèrt
Virus (m, n)	เชื้อไวรัส	chéua wai-rát
Mikrobe (f)	จุลินทรีย์	jù-lin-see
Bakterie (f)	แบคทีเรีย	bàek-tee-ria
Infektion (f)	การติดเชื้อ	gaan dtìt chéua

74. Symptome. Behandlungen. Teil 3

Krankenhaus (n)	โรงพยาบาล	rohng phá-yaa-baan
Patient (m)	ผู้ป่วย	phôo bpùay
Diagnose (f)	การวินิจฉัยโรค	gaan wí-nít-chǎi rôhk
Heilung (f)	การรักษา	gaan rák-sǎa
Behandlung (f)	การรักษา ทางการแพทย์	gaan rák-sǎa thaang gaan phâet
Behandlung bekommen	รับการรักษา	ráp gaan rák-sǎa
behandeln (vt)	รักษา	rák-sǎa
pflegen (Kranke)	รักษา	rák-sǎa
Pflege (f)	การดูแลรักษา	gaan doo lae rák-sǎa
Operation (f)	การผ่าตัด	gaan phàa dtàt
verbinden (vt)	พันแผล	phan phlǎe
Verband (m)	การพันแผล	gaan phan phlǎe
Impfung (f)	การฉีดวัคซีน	gaan chèet wák-seen
impfen (vt)	ฉีดวัคซีน	chèet wák-seen
Spritze (f)	การฉีดยา	gaan chèet yaa
eine Spritze geben	ฉีดยา	chèet yaa
Anfall (m)	มีอาการเฉียบพลัน	mee aa-gaan chìap phlan
Amputation (f)	การตัดอวัยวะออก	gaan dtàt a-wai-wá òrk
amputieren (vt)	ตัด	dtàt
Koma (n)	อาการโคม่า	aa-gaan khoh-mâa
im Koma liegen	อยู่ในอาการโคม่า	yòo nai aa-gaan khoh-mâa
Reanimation (f)	หน่วยอภิบาล	nùay à-phí-baan
genesen von ... (vi)	ฟื้นตัว	féun dtua

Zustand (m)	อาการ	aa-gaan
Bewusstsein (n)	สติสัมปชัญญะ	sà-dtì săm-bpà-chan-yá
Gedächtnis (n)	ความทรงจำ	khwaam song jam

ziehen (einen Zahn ~)	ถอน	thŏrn
Plombe (f)	การอุด	gaan ùt
plombieren (vt)	อุด	ùt

| Hypnose (f) | การสะกดจิต | gaan sà-gòt jìt |
| hypnotisieren (vt) | สะกดจิต | sà-gòt jìt |

75. Ärzte

Arzt (m)	แพทย์	phâet
Krankenschwester (f)	พยาบาล	phá-yaa-baan
Privatarzt (m)	แพทย์ส่วนตัว	phâet sùan dtua

Zahnarzt (m)	ทันตแพทย์	than-dtà phâet
Augenarzt (m)	จักษุแพทย์	jàk-sù phâet
Internist (m)	อายุรแพทย์	aa-yú-rá-phâet
Chirurg (m)	ศัลยแพทย์	săn-yá-phâet

Psychiater (m)	จิตแพทย์	jìt-dtà-phâet
Kinderarzt (m)	กุมารแพทย์	gù-maan phâet
Psychologe (m)	นักจิตวิทยา	nák jìt wít-thá-yaa
Frauenarzt (m)	นรีแพทย์	ná-ree phâet
Kardiologe (m)	หทัยแพทย์	hà-thai phâet

76. Medizin. Medikamente. Accessoires

Arznei (f)	ยา	yaa
Heilmittel (n)	ยา	yaa
verschreiben (vt)	จ่ายยา	jàai yaa
Rezept (n)	ใบสั่งยา	bai sàng yaa

Tablette (f)	ยาเม็ด	yaa mét
Salbe (f)	ยาทา	yaa thaa
Ampulle (f)	หลอดยา	lòrt yaa
Mixtur (f)	ยาส่วนผสม	yaa sùan phà-sŏm
Sirup (m)	น้ำเชื่อม	nám chêuam
Pille (f)	ยาเม็ด	yaa mét
Pulver (n)	ยาผง	yaa phŏng

Verband (m)	ผ้าพันแผล	phâa phan phlăe
Watte (f)	สำลี	săm-lee
Jod (n)	ไอโอดีน	ai oh-deen

Pflaster (n)	พลาสเตอร์	phláat-dtêr
Pipette (f)	ที่หยอดตา	thêe yòrt dtaa
Thermometer (n)	ปรอท	bpa -ròrt
Spritze (f)	เข็มฉีดยา	khĕm chèet-yaa
Rollstuhl (m)	รถเข็นคนพิการ	rót khĕn khon phí-gaan

Krücken (pl)	ไม้ค้ำยัน	máai khám yan
Betäubungsmittel (n)	ยาแก้ปวด	yaa gâe bpùat
Abführmittel (n)	ยาระบาย	yaa rá-baai
Spiritus (m)	เอธานอล	ay-thaa-norn
Heilkraut (n)	สมุนไพร	sà-mŭn phrai
	ทางการแพทย์	thaang gaan phâet
Kräuter- (z.B. Kräutertee)	สมุนไพร	sà-mŭn phrai

77. Rauchen. Tabakwaren

Tabak (m)	ยาสูบ	yaa sòop
Zigarette (f)	บุหรี่	bù rèe
Zigarre (f)	ซิการ์	sí-gâa
Pfeife (f)	ไปป์	bpai
Packung (f)	ซอง	sorng

Streichhölzer (pl)	ไม้ขีด	máai khèet
Streichholzschachtel (f)	กล่องไม้ขีด	glòrng máai khèet
Feuerzeug (n)	ไฟแช็ก	fai cháek
Aschenbecher (m)	ที่เขี่ยบุหรี่	thêe khìa bù rèe
Zigarettenetui (n)	กล่องใส่บุหรี่	glòrng sài bù rèe

| Mundstück (n) | ที่ต่อบุหรี่ | thêe dtòr bù rèe |
| Filter (n) | ตัวกรองบุหรี่ | dtua grorng bù rèe |

rauchen (vi, vt)	สูบ	sòop
anrauchen (vt)	จุดบุหรี่	jùt bù rèe
Rauchen (n)	การสูบบุหรี่	gaan sòop bù rèe
Raucher (m)	ผู้สูบบุหรี่	pôo sòop bù rèe

Stummel (m)	ก้นบุหรี่	gôn bù rèe
Rauch (m)	ควันบุหรี่	khwan bù rèe
Asche (f)	ขี้บุหรี่	khêe bù rèe

LEBENSRAUM DES MENSCHEN

Stadt

78. Stadt. Leben in der Stadt

Stadt (f)	เมือง	meuang
Hauptstadt (f)	เมืองหลวง	meuang lŭang
Dorf (n)	หมู่บ้าน	mòo bâan
Stadtplan (m)	แผนที่เมือง	phăen thêe meuang
Stadtzentrum (n)	ใจกลางเมือง	jai glaang-meuang
Vorort (m)	ชานเมือง	chaan meuang
Vorort-	ชานเมือง	chaan meuang
Stadtrand (m)	รอบนอกเมือง	rôrp nôrk meuang
Umgebung (f)	เขตรอบเมือง	khàyt rôrp-meuang
Stadtviertel (n)	บล็อกผังเมือง	blòrk phăng meuang
Wohnblock (m)	บล็อกที่อยู่อาศัย	blòrk thêe yòo aa-săi
Straßenverkehr (m)	การจราจร	gaan jà-raa-jon
Ampel (f)	ไฟจราจร	fai jà-raa-jon
Stadtverkehr (m)	ขนส่งมวลชน	khŏn sòng muan chon
Straßenkreuzung (f)	สี่แยก	sèe yâek
Übergang (m)	ทางม้าลาย	thaang máa laai
Fußgängerunterführung (f)	อุโมงค์คนเดิน	u-mohng kon dern
überqueren (vt)	ข้าม	khâam
Fußgänger (m)	คนเดินเท้า	khon dern tháo
Gehweg (m)	ทางเท้า	thaang tháo
Brücke (f)	สะพาน	sà-phaan
Kai (m)	ทางเลียบแม่น้ำ	thaang lîap mâe náam
Springbrunnen (m)	น้ำพุ	nám phú
Allee (f)	ทางเลียบสวน	thaang lîap sŭan
Park (m)	สวน	sŭan
Boulevard (m)	ถนนกว้าง	thà-nŏn gwâang
Platz (m)	จัตุรัส	jàt-dtù-ràt
Avenue (f)	ถนนใหญ่	thà-nŏn yài
Straße (f)	ถนน	thà-nŏn
Gasse (f)	ซอย	soi
Sackgasse (f)	ทางตัน	thaang dtan
Haus (n)	บ้าน	bâan
Gebäude (n)	อาคาร	aa-khaan
Wolkenkratzer (m)	ตึกระฟ้า	dtèuk rá-fáa
Fassade (f)	ด้านหน้าอาคาร	dâan-nâa aa-khaan
Dach (n)	หลังคา	lăng khaa

Fenster (n)	หน้าต่าง	nâa dtàang
Bogen (m)	ซุ้มประตู	súm bprà-dtoo
Säule (f)	เสา	sǎo
Ecke (f)	มุม	mum

Schaufenster (n)	หน้าต่างร้านค้า	nâa dtàang ráan kháa
Firmenschild (n)	ป้ายร้าน	bpâai ráan
Anschlag (m)	โปสเตอร์	bpòht-dtêr
Werbeposter (m)	ป้ายโฆษณา	bpâai khôht-sà-naa
Werbeschild (n)	กระดานปิดประกาศโฆษณา	grà-daan bpìt bprà-gàat khôht-sà-naa

Müll (m)	ขยะ	khà-yà
Mülleimer (m)	ถังขยะ	thǎng khà-yà
Abfall wegwerfen	ทิ้งขยะ	thíng khà-yà
Mülldeponie (f)	ที่ทิ้งขยะ	thêe thíng khà-yà

Telefonzelle (f)	ตู้โทรศัพท์	dtôo thoh-rá-sàp
Straßenlaterne (f)	เสาโคม	sǎo khohm
Bank (Park-)	ม้านั่ง	máa nâng

Polizist (m)	เจ้าหน้าที่ตำรวจ	jâo nâa-thêe dtam-rùat
Polizei (f)	ตำรวจ	dtam-rùat
Bettler (m)	ขอทาน	khǒr thaan
Obdachlose (m)	คนไร้บ้าน	khon rái bâan

79. Innerstädtische Einrichtungen

Laden (m)	ร้านค้า	ráan kháa
Apotheke (f)	ร้านขายยา	ráan khǎai yaa
Optik (f)	ร้านตัดแว่น	ráan dtàt wâen
Einkaufszentrum (n)	ศูนย์การค้า	sǒon gaan kháa
Supermarkt (m)	ซูเปอร์มาร์เก็ต	soo-bper-maa-gèt

Bäckerei (f)	ร้านขนมปัง	ráan khà-nǒm bpang
Bäcker (m)	คนอบขนมปัง	khon òp khà-nǒm bpang
Konditorei (f)	ร้านขนม	ráan khà-nǒm
Lebensmittelladen (m)	ร้านขายของชำ	ráan khǎai khǒng cham
Metzgerei (f)	ร้านขายเนื้อ	ráan khǎai néua

Gemüseladen (m)	ร้านขายผัก	ráan khǎai phàk
Markt (m)	ตลาด	dtà-làat

Kaffeehaus (n)	ร้านกาแฟ	ráan gaa-fae
Restaurant (n)	ร้านอาหาร	ráan aa-hǎan
Bierstube (f)	บาร์	baa
Pizzeria (f)	ร้านพิซซ่า	ráan phís-sâa

Friseursalon (m)	ร้านทำผม	ráan tham phǒm
Post (f)	โรงไปรษณีย์	rohng bprai-sà-nee
chemische Reinigung (f)	ร้านซักแห้ง	ráan sák hâeng
Fotostudio (n)	ห้องถ่ายภาพ	hôrng thàai phâap
Schuhgeschäft (n)	ร้านขายรองเท้า	ráan khǎai rorng táo
Buchhandlung (f)	ร้านขายหนังสือ	ráan khǎai nǎng-sěu

Sportgeschäft (n)	ร้านขายอุปกรณ์กีฬา	ráan khǎai u-bpà-gon gee-laa
Kleiderreparatur (f)	ร้านซ่อมเสื้อผ้า	ráan sôrm sêua phâa
Bekleidungsverleih (m)	ร้านเช่าเสื้อออกงาน	ráan châo sêua òrk ngaan
Videothek (f)	รานเช่าวิดีโอ	ráan châo wí-dee-oh

Zirkus (m)	โรงละครสัตว์	rohng lá-khon sàt
Zoo (m)	สวนสัตว์	sǔan sàt
Kino (n)	โรงภาพยนตร์	rohng phâap-phá-yon
Museum (n)	พิพิธภัณฑ์	phí-phítha phan
Bibliothek (f)	ห้องสมุด	hôrng sà-mùt

Theater (n)	โรงละคร	rohng lá-khon
Opernhaus (n)	โรงอุปรากร	rohng ù-bpà-raa-gon
Nachtklub (m)	ไนท์คลับ	nai-khláp
Kasino (n)	คาสิโน	khaa-sì-noh

Moschee (f)	สุเหร่า	sù-rào
Synagoge (f)	โบสถ์ยิว	bòht yiw
Kathedrale (f)	อาสนวิหาร	aa sǒn wí-hǎan
Tempel (m)	วิหาร	wí-hǎan
Kirche (f)	โบสถ์	bòht

Institut (n)	วิทยาลัย	wít-thá-yaa-lai
Universität (f)	มหาวิทยาลัย	má-hǎa wít-thá-yaa-lai
Schule (f)	โรงเรียน	rohng rian

Präfektur (f)	ศาลากลางจังหวัด	sǎa-laa glaang jang-wàt
Rathaus (n)	ศาลาเทศบาล	sǎa-laa thâyt-sà-baan
Hotel (n)	โรงแรม	rohng raem
Bank (f)	ธนาคาร	thá-naa-khaan

Botschaft (f)	สถานทูต	sà-thǎan thôot
Reisebüro (n)	บริษัททัวร์	bor-rí-sàt thua
Informationsbüro (n)	สำนักงาน	sǎm-nák ngaan
	ศูนย์ข้อมูล	sǒon khôr moon
Wechselstube (f)	รานแลกเงิน	ráan lâek ngern

| U-Bahn (f) | รถไฟใต้ดิน | rót fai dtâi din |
| Krankenhaus (n) | โรงพยาบาล | rohng phá-yaa-baan |

| Tankstelle (f) | ปั๊มน้ำมัน | bpám náam man |
| Parkplatz (m) | ลานจอดรถ | laan jòrt rót |

80. Schilder

Firmenschild (n)	ป้ายร้าน	bpâai ráan
Aufschrift (f)	ป้ายเตือน	bpâai dteuan
Plakat (n)	โปสเตอร์	bpòht-dtêr
Wegweiser (m)	ป้ายบอกทาง	bpâai bòrk thaang
Pfeil (m)	ลูกศร	lôok sǒn

Vorsicht (f)	คำเตือน	kham dteuan
Warnung (f)	ป้ายเตือน	bpâai dteuan
warnen (vt)	เตือน	dteuan

freier Tag (m)	วันหยุด	wan yùt
Fahrplan (m)	ตารางเวลา	dtaa-raang way-laa
Öffnungszeiten (pl)	เวลาทำการ	way-laa tham gaan
HERZLICH WILLKOMMEN!	ยินดีต้อนรับ!	yin dee dtôrn ráp
EINGANG	ทางเข้า	thaang khâo
AUSGANG	ทางออก	thaang òrk
DRÜCKEN	ผลัก	phlàk
ZIEHEN	ดึง	deung
GEÖFFNET	เปิด	bpèrt
GESCHLOSSEN	ปิด	bpìt
DAMEN, FRAUEN	หญิง	yǐng
HERREN, MÄNNER	ชาย	chaai
AUSVERKAUF	ลดราคา	lót raa-khaa
REDUZIERT	ขายของลดราคา	khǎai khǒrng lót raa-khaa
NEU!	ใหม่!	mài
GRATIS	ฟรี	free
ACHTUNG!	โปรดทราบ!	bpròht sâap
ZIMMER BELEGT	ไม่มีห้องว่าง	mâi mee hôrng wâang
RESERVIERT	จองแล้ว	jorng láew
VERWALTUNG	สำนักงาน	sǎm-nák ngaan
NUR FÜR PERSONAL	เฉพาะพนักงาน	chà-phór phá-nák ngaan
VORSICHT BISSIGER HUND	ระวังสุนัข!	rá-wang sù-nák
RAUCHEN VERBOTEN!	ห้ามสูบบุหรี่	hâam sòop bù rèe
BITTE NICHT BERÜHREN	ห้ามแตะ!	hâam dtàe
GEFÄHRLICH	อันตราย	an-dtà-raai
VORSICHT!	อันตราย	an-dtà-raai
HOCHSPANNUNG	ไฟฟ้าแรงสูง	fai fáa raeng sǒong
BADEN VERBOTEN	ห้ามวายน้ำ!	hâam wâai náam
AUßER BETRIEB	เสีย	sǐa
LEICHTENTZÜNDLICH	อันตรายติดไฟ	an-dtà-raai dtìt fai
VERBOTEN	ห้าม .	hâam
DURCHGANG VERBOTEN	ห้ามผ่าน!	hâam phàan
FRISCH GESTRICHEN	สีพื้นเปียก	sěe phéun bpìak

81. Innerstädtischer Transport

Bus (m)	รถเมล์	rót may
Straßenbahn (f)	รถราง	rót raang
Obus (m)	รถโดยสารประจำ ทางไฟฟ้า	rót doi sǎan bprà-jam thaang fai fáa
Linie (f)	เส้นทาง	sên thaang
Nummer (f)	หมายเลข	mǎai lâyk
mit ... fahren	ไปด้วย	bpai dûay
einsteigen (vi)	ขึ้น	khêun

aussteigen (aus dem Bus)	ลง	long
Haltestelle (f)	ป้าย	bpâai
nächste Haltestelle (f)	ป้ายถัดไป	bpâai thàt bpai
Endhaltestelle (f)	ป้ายสุดทาย	bpâai sùt tháai
Fahrplan (m)	ตารางเวลา	dtaa-raang way-laa
warten (vi, vt)	รอ	ror

| Fahrkarte (f) | ตั๋ว | dtǔa |
| Fahrpreis (m) | คาตั๋ว | khâa dtǔa |

Kassierer (m)	คนขายตั๋ว	khon khǎai dtǔa
Fahrkartenkontrolle (f)	การตรวจตั๋ว	gaan dtrùat dtǔa
Fahrkartenkontrolleur (m)	พนักงานตรวจตั๋ว	phá-nák ngaan dtrùat dtǔa

sich verspäten	ไปสาย	bpai sǎai
versäumen (Zug usw.)	พลาด	phlâat
sich beeilen	รีบเร่ง	rêep râyng

Taxi (n)	แท็กซี่	tháek-sêe
Taxifahrer (m)	คนขับแท็กซี่	khon khàp tháek-sêe
mit dem Taxi	โดยแท็กซี่	doi tháek-sêe
Taxistand (m)	ป้ายจอดแท็กซี่	bpâai jòrt tháek sêe
ein Taxi rufen	เรียกแท็กซี่	rîak tháek sêe
ein Taxi nehmen	ขึ้นรถแท็กซี่	khêun rót tháek-sêe

Straßenverkehr (m)	การจราจร	gaan jà-raa-jon
Stau (m)	การจราจรติดขัด	gaan jà-raa-jon dtìt khàt
Hauptverkehrszeit (f)	ชั่วโมงเร่งดวน	chûa mohng râyng dùan
parken (vi)	จอด	jòrt
parken (vt)	จอด	jòrt
Parkplatz (m)	ลานจอดรถ	laan jòrt rót

U-Bahn (f)	รถไฟใต้ดิน	rót fai dtâi din
Station (f)	สถานี	sà-thǎa-nee
mit der U-Bahn fahren	ขึ้นรถไฟใต้ดิน	khêun rót fai dtâi din
Zug (m)	รถไฟ	rót fai
Bahnhof (m)	สถานีรถไฟ	sà-thǎa-nee rót fai

82. Sehenswürdigkeiten

Denkmal (n)	อนุสาวรีย์	a-nú-sǎa-wá-ree
Festung (f)	ป้อม	bpôrm
Palast (m)	วัง	wang
Schloss (n)	ปราสาท	bpraa-sàat
Turm (m)	หอ	hǒr
Mausoleum (n)	สุสาน	sù-sǎan

Architektur (f)	สถาปัตยกรรม	sà-thǎa-bpàt-dtà-yá-gam
mittelalterlich	ยุคกลาง	yúk glaang
alt (antik)	โบราณ	boh-raan
national	แห่งชาติ	hàeng châat
berühmt	ที่มีชื่อเสียง	thêe mee chêu-sǐang
Tourist (m)	นักท่องเที่ยว	nák thôrng thîeow
Fremdenführer (m)	มัคคุเทศก์	mák-khú-thâyt

Ausflug (m)	ทัศนศึกษา	thát-sà-ná-sèuk-săa
zeigen (vt)	แสดง	sà-daeng
erzählen (vt)	เล่า	lâo

finden (vt)	หาพบ	hăa phóp
sich verlieren	หลงทาง	lŏng thaang
Karte (U-Bahn ~)	แผนที่	phăen thêe
Karte (Stadt-)	แผนที่	phăen thêe

Souvenir (n)	ของที่ระลึก	khŏrng thêe rá-léuk
Souvenirladen (m)	ร้านขาย ของที่ระลึก	ráan khăai khŏrng thêe rá-léuk
fotografieren (vt)	ถ่ายภาพ	thàai phâap
sich fotografieren	ได้รับการ ถ่ายภาพให้	dâai ráp gaan thàai phâap hâi

83. Shopping

kaufen (vt)	ซื้อ	séu
Einkauf (m)	ของซื้อ	khŏrng séu
einkaufen gehen	ไปซื้อของ	bpai séu khŏrng
Einkaufen (n)	การชอปปิง	gaan chóp bping

| offen sein (Laden) | เปิด | bpèrt |
| zu sein | ปิด | bpìt |

Schuhe (pl)	รองเท้า	rorng tháo
Kleidung (f)	เสื้อผ้า	sêua phâa
Kosmetik (f)	เครื่องสำอาง	khrêuang săm-aang
Lebensmittel (pl)	อาหาร	aa-hăan
Geschenk (n)	ของขวัญ	khŏrng khwăn

| Verkäufer (m) | พนักงานขาย | phá-nák ngaan khăai |
| Verkäuferin (f) | พนักงานขาย | phá-nák ngaan khăai |

Kasse (f)	ที่จ่ายเงิน	thêe jàai ngern
Spiegel (m)	กระจก	grà-jòk
Ladentisch (m)	เค้าน์เตอร์	khao-dtêr
Umkleidekabine (f)	ห้องลองเสื้อผ้า	hôrng lorng sêua phâa

anprobieren (vt)	ลอง	lorng
passen (Schuhe, Kleid)	เหมาะ	mò
gefallen (vi)	ชอบ	chôrp

Preis (m)	ราคา	raa-khaa
Preisschild (n)	ป้ายราคา	bpâai raa-khaa
kosten (vt)	ราคา	raa-khaa
Wie viel?	ราคาเท่าไหร่?	raa-khaa thâo rài
Rabatt (m)	ลดราคา	lót raa-khaa

preiswert	ไม่แพง	mâi phaeng
billig	ถูก	thòok
teuer	แพง	phaeng
Das ist teuer	มันราคาแพง	man raa-khaa phaeng

Verleih (m)	การเช่า	gaan châo
leihen, mieten (ein Auto usw.)	เช่า	châo
Kredit (m), Darlehen (n)	สินเชื่อ	sĭn chêua
auf Kredit	ซื้อเงินเชื่อ	séu ngern chêua

84. Geld

Geld (n)	เงิน	ngern
Austausch (m)	การแลกเปลี่ยนสกุลเงิน	gaan lâek bplìan sà-gun ngern
Kurs (m)	อัตราแลกเปลี่ยนสกุลเงิน	àt-dtraa lâek bplìan sà-gun ngern
Geldautomat (m)	เอทีเอ็ม	ay-thee-em
Münze (f)	เหรียญ	rĭan
Dollar (m)	ดอลลาร์	dorn-lâa
Euro (m)	ยูโร	yoo-roh
Lira (f)	ลีราอิตาลี	lee-raa ì-dtaa-lee
Mark (f)	มาร์ค	mâak
Franken (m)	ฟรังค์	frang
Pfund Sterling (n)	ปอนด์สเตอร์ลิง	bporn sà-dtêr-ling
Yen (m)	เยน	yayn
Schulden (pl)	หนี้	nêe
Schuldner (m)	ลูกหนี้	lôok nêe
leihen (vt)	ให้ยืม	hâi yeum
leihen, borgen (Geld usw.)	ขอยืม	khŏr yeum
Bank (f)	ธนาคาร	thá-naa-khaan
Konto (n)	บัญชี	ban-chee
einzahlen (vt)	ฝาก	fàak
auf ein Konto einzahlen	ฝากเงินเข้าบัญชี	fàak ngern khâo ban-chee
abheben (vt)	ถอน	thŏrn
Kreditkarte (f)	บัตรเครดิต	bàt khray-dìt
Bargeld (n)	เงินสด	ngern sòt
Scheck (m)	เช็ค	chék
einen Scheck schreiben	เขียนเช็ค	khĭan chék
Scheckbuch (n)	สมุดเช็ค	sà-mùt chék
Geldtasche (f)	กระเป๋าเงิน	grà-bpăo ngern
Geldbeutel (m)	กระเป๋าสตางค์	grà-bpăo sà-dtaang
Safe (m)	ตู้เซฟ	dtôo sâyf
Erbe (m)	ทายาท	thaa-yâat
Erbschaft (f)	มรดก	mor-rá-dòrk
Vermögen (n)	เงินจำนวนมาก	ngern jam-nuan mâak
Pacht (f)	สัญญาเช่า	săn-yaa châo
Miete (f)	ค่าเช่า	kâa châo
mieten (vt)	เช่า	châo
Preis (m)	ราคา	raa-khaa
Kosten (pl)	ราคา	raa-khaa

Summe (f)	จำนวนเงินรวม	jam-nuan ngern ruam
ausgeben (vt)	จ่าย	jàai
Ausgaben (pl)	ค่าจ่าย	khâa jàai
sparen (vt)	ประหยัด	bprà-yàt
sparsam	ประหยัด	bprà-yàt
zahlen (vt)	จ่าย	jàai
Lohn (m)	การจ่ายเงิน	gaan jàai ngern
Wechselgeld (n)	เงินทอน	ngern thorn
Steuer (f)	ภาษี	phaa-sĕe
Geldstrafe (f)	ค่าปรับ	khâa bpràp
bestrafen (vt)	ปรับ	bpràp

85. Post. Postdienst

Post (Postamt)	โรงไปรษณีย์	rohng bprai-sà-nee
Post (Postsendungen)	จดหมาย	jòt măai
Briefträger (m)	บุรุษไปรษณีย์	bù-rùt bprai-sà-nee
Öffnungszeiten (pl)	เวลาทำการ	way-laa tham gaan
Brief (m)	จดหมาย	jòt măai
Einschreibebrief (m)	จดหมายลงทะเบียน	jòt măai long thá-bian
Postkarte (f)	ไปรษณียบัตร	bprai-sà-nee-yá-bàt
Telegramm (n)	โทรเลข	thoh-rá-lâyk
Postpaket (n)	พัสดุ	phát-sà-dù
Geldanweisung (f)	การโอนเงิน	gaan ohn ngern
bekommen (vt)	รับ	ráp
abschicken (vt)	ฝาก	fàak
Absendung (f)	การฝาก	gaan fàak
Postanschrift (f)	ที่อยู่	thêe yòo
Postleitzahl (f)	รหัสไปรษณีย์	rá-hàt bprai-sà-nee
Absender (m)	ผู้ฝาก	phôo fàak
Empfänger (m)	ผู้รับ	phôo ráp
Vorname (m)	ชื่อ	chêu
Nachname (m)	นามสกุล	naam sà-gun
Tarif (m)	อัตราค่าส่งไปรษณีย	àt-dtraa khâa sòng bprai-sà-nee
Standard- (Tarif)	มาตรฐาน	mâat-dtrà-thăan
Spar- (-tarif)	ประหยัด	bprà-yàt
Gewicht (n)	น้ำหนัก	nám nàk
abwiegen (vt)	มีน้ำหนัก	mee nám nàk
Briefumschlag (m)	ซอง	sorng
Briefmarke (f)	แสตมป์ไปรษณีย์	sà-dtaem bprai-sà-nee
Briefmarke aufkleben	แสตมป์ตราประทับบนซอง	sà-dtaem dtraa bprà-tháp bon song

Wohnung. Haus. Zuhause

86. Haus. Wohnen

Haus (n)	บ้าน	bâan
zu Hause	ที่บาน	thêe bâan
Hof (m)	สนาม	sà-năam
Zaun (m)	รั้ว	rúa
Ziegel (m)	อิฐ	ìt
Ziegel-	อิฐ	ìt
Stein (m)	หิน	hĭn
Stein-	หิน	hĭn
Beton (m)	คอนกรีต	khorn-grèet
Beton-	คอนกรีต	khorn-grèet
neu	ใหม่	mài
alt	เก่า	gào
baufällig	เสื่อมสภาพ	sèuam sà-phâap
modern	ทันสมัย	than sà-măi
mehrstöckig	ที่มีหลายชั้น	thêe mee lăai chán
hoch	สูง	sŏong
Stock (m)	ชั้น	chán
einstöckig	ชั้นเดียว	chán dieow
Erdgeschoß (n)	ชั้นลาง	chán lâang
oberster Stock (m)	ชั้นบนสุด	chán bon sùt
Dach (n)	หลังคา	lăng khaa
Schlot (m)	ปลองควัน	bplòrng khwan
Dachziegel (m)	กระเบื้องหลังคา	grà-bêuang lăng khaa
Dachziegel-	กูระเบื้อง	grà-bêuang
Dachboden (m)	หองใตหลังคา	hôrng dtâi lăng-khaa
Fenster (n)	หน้าตาง	nâa dtàang
Glas (n)	แกว	gâew
Fensterbrett (n)	ชั้นติดผนัง ใตหนาตาง	chán dtìt phà-năng dtâi nâa dtàang
Fensterläden (pl)	ชัตเตอร์	chát-dtêr
Wand (f)	ฝาผนัง	făa phà-năng
Balkon (m)	ระเบียง	rá-biang
Regenfallrohr (n)	รางน้ำ	raang náam
nach oben	ชั้นบน	chán bon
hinaufgehen (vi)	ขึ้นไปขางบน	khêun bpai khâang bon
herabsteigen (vi)	ลง	long
umziehen (vi)	ยายไป	yáai bpai

87. Haus. Eingang. Lift

Eingang (m)	ทางเข้า	thaang khâo
Treppe (f)	บันได	ban-dai
Stufen (pl)	ขั้นบันได	khân ban-dai
Geländer (n)	ราวบันได	raao ban-dai
Halle (f)	หองโถง	hôrng thŏhng
Briefkasten (m)	ตู้จดหมาย	dtôo jòt mǎai
Müllkasten (m)	ถังขยะ	thǎng khà-yà
Müllschlucker (m)	ชองทิ้งขยะ	chôrng thíng khà-yà
Aufzug (m)	ลิฟต์	líf
Lastenaufzug (m)	ลิฟตขนของ	líf khǒn khǒrng
Aufzugkabine (f)	กูรงลิฟต์	grorng líf
Aufzug nehmen	ขึ้นลิฟต	khêun líf
Wohnung (f)	อพาร์ตเมนต์	a-phâat-mayn
Mieter (pl)	ผูอาศัย	phôo aa-sǎi
Nachbar (m)	เพื่อนบาน	phêuan bâan
Nachbarin (f)	เพื่อนบาน	phêuan bâan
Nachbarn (pl)	เพื่อนบาน	phêuan bâan

88. Haus. Elektrizität

Elektrizität (f)	ไฟฟ้า	fai fáa
Glühbirne (f)	หลอดไฟฟ้า	lòrt fai fáa
Schalter (m)	ปุ่มปิดเปิดไฟ	bpùm bpìt bpèrt fai
Sicherung (f)	ฟิวส	fiw
Draht (m)	สายไฟฟ้า	sǎai fai fáa
Leitung (f)	การเดินสายไฟ	gaan dern sǎai fai
Stromzähler (m)	มิเตอรวัดไฟฟ้า	mí-dtêr wát fai fáa
Zählerstand (m)	คามิเตอร	khâa mí-dtêr

89. Haus. Türen. Schlösser

Tür (f)	ประตู	bprà-dtoo
Tor (der Villa usw.)	ประตูรั้ว	bprà-dtoo rúa
Griff (m)	ลูกบิดประตู	lôok bìt bprà-dtoo
aufschließen (vt)	ไข	khǎi
öffnen (vt)	เปิด	bpèrt
schließen (vt)	ปิด	bpìt
Schlüssel (m)	ลูกกุญแจ	lôok gun-jae
Bündel (n)	พวง	phuang
knarren (vi)	ออดแอ๊ด	órt-áet
Knarren (n)	เสียงออดแอ๊ด	sǐang órt-áet
Türscharnier (n)	บานพับ	baan pháp
Fußmatte (f)	ที่เช็ดเทา	thêe chét tháo
Schloss (n)	แมกุญแจ	mâe gun-jae

Schlüsselloch (n)	รูกุญแจ	roo gun-jae
Türriegel (m)	ไม้ที่วางขวาง	máai thêe waang khwǎang
kleiner Türriegel (m)	กลอนประตู	glorn bprà-dtoo
Vorhängeschloss (n)	ดอกกุญแจ	dòrk gun-jae

klingeln (vi)	กดออด	gòt òrt
Klingel (Laut)	เสียงดัง	sǐang dang
Türklingel (f)	กระดิ่งประตู	grà-dìng bprà-dtoo
Knopf (m)	ปุ่มออดหน้าประตู	bpùm òrt nâa bprà-dtoo
Klopfen (n)	เสียงเคาะ	sǐang khór
anklopfen (vi)	เคาะ	khór

Code (m)	รหัส	rá-hàt
Zahlenschloss (n)	กุญแจรหัส	gun-jae rá-hàt
Sprechanlage (f)	อินเตอรคอม	in-dtêr-khom
Nummer (f)	เลข	lâyk
Türschild (n)	ป้ายหน้าประตู	bpâai nâa bprà-dtoo
Türspion (m)	ช่องตาแมว	chôrng dtaa maew

90. Landhaus

Dorf (n)	หมู่บ้าน	mòo bâan
Gemüsegarten (m)	สวนผัก	sǔan phàk
Zaun (m)	รั้ว	rúa
Lattenzaun (m)	รั้วปักดิน	rúa bpàk din
Zauntür (f)	ประตูรั้วเล็กๆ	bprà-dtoo rúa lék lék

Speicher (m)	ยุ้งฉาง	yúng chǎang
Keller (m)	ห้องใต้ดิน	hôrng dtâi din
Schuppen (m)	โรงนา	rohng naa
Brunnen (m)	บ่อน้ำ	bòr náam

Ofen (m)	เตา	dtao
heizen (Ofen ~)	จุดไฟ	jùt fai
Holz (n)	ฟืน	feun
Holzscheit (n)	ท่อน	thôrn

Veranda (f)	เฉลียงหน้าบ้าน	chà-lǐang nâa bâan
Terrasse (f)	ระเบียง	rá-biang
Außentreppe (f)	บันไดทางเข้าบ้าน	ban-dai thaang khâo bâan
Schaukel (f)	ชิงช้า	ching cháa

91. Villa. Schloss

Landhaus (n)	บ้านสไตล์คันทรี่	bâan sà-dtai khan trêe
Villa (f)	คฤหาสน์	khá-réu-hàat
Flügel (m)	สวน	sùan

Garten (m)	สวน	sǔan
Park (m)	สวน	sǔan
Orangerie (f)	เรือนกระจกเขตร้อน	reuan grà-jòk khàyt rórn
pflegen (Garten usw.)	ดูแล	doo lae

Schwimmbad (n)	สระว่ายน้ำ	sà wâai náam
Kraftraum (m)	โรงยิม	rohng-yim
Tennisplatz (m)	สนามเทนนิส	sà-nǎam then-nít
Heimkinoraum (m)	หองฉายหนัง	hôrng chǎai nǎng
Garage (f)	โรงรถ	rohng rót
Privateigentum (n)	ทรัพย์สินส่วนบุคคล	sáp sǐn sùan bùk-khon
Privatgrundstück (n)	ที่ดินส่วนบุคคล	thêe din sùan bùk-khon
Warnung (f)	คำเตือน	kham dteuan
Warnschild (n)	ป้ายเตือน	bpâai dteuan
Bewachung (f)	ผู้รักษา	phôo rák-sǎa
	ความปลอดภัย	khwaam bplòrt phai
Wächter (m)	ยาม	yaam
Alarmanlage (f)	สัญญาณกันขโมย	sǎn-yaan gan khà-moi

92. Burg. Palast

Schloss (n)	ปราสาท	bpraa-sàat
Palast (m)	วัง	wang
Festung (f)	ป้อม	bpôrm
Mauer (f)	กำแพง	gam-phaeng
Turm (m)	หอ	hǒr
Bergfried (m)	หอกลาง	hǒr klaang
Fallgatter (n)	ประตูชักรอก	bprà-dtoo chák rôrk
Tunnel (n)	ทางใต้ดิน	taang dtâi din
Graben (m)	ดูเมือง	khoo meuang
Kette (f)	โซ่	sôh
Schießscharte (f)	ช่องยิงธนู	chôrng ying thá-noo
großartig, prächtig	ภัทร	phát
majestätisch	โอ่โถง	òh thǒhng
unnahbar	ที่ไม่สวมารถ	thêe mâi sǎa-mâat
	เจาะเขาไปถึง	jòr khǎo bpai thěung
mittelalterlich	ยุคกลาง	yúk glaang

93. Wohnung

Wohnung (f)	อพาร์ตเมนต์	a-phâat-mayn
Zimmer (n)	หอง	hôrng
Schlafzimmer (n)	หองนอน	hôrng norn
Esszimmer (n)	หองรับประทาน	hôrng ráp bprà-thaan
	อาหาร	aa-hǎan
Wohnzimmer (n)	หองนั่งเล่น	hôrng nâng lên
Arbeitszimmer (n)	หองทำงาน	hôrng tham ngaan
Vorzimmer (n)	หองเข้า	hôrng khâo
Badezimmer (n)	หองน้ำ	hôrng náam
Toilette (f)	หองสวม	hôrng sûam

Decke (f)   เพดาน   phay-daan
Fußboden (m)   พื้น   phéun
Ecke (f)   มุม   mum

94. Wohnung. Saubermachen

aufräumen (vt)   ทำความสะอาด   tham khwaam sà-àat
weglegen (vt)   เก็บ   gèp

Staub (m)   ฝุ่น   fùn
staubig   มีฝุ่นเยอะ   mee fùn yúh
Staub abwischen   ปัดกวาด   bpàt gwàat
Staubsauger (m)   เครื่องดูดฝุ่น   khrêuang dòot fùn
Staub saugen   ดูดฝุ่น   dòot fùn

kehren, fegen (vt)   กวาด   gwàat
Kehricht (m, n)   ฝุ่นกวาด   fùn gwàat
Ordnung (f)   ความสะอาด   khwaam sà-àat
Unordnung (f)   ความไม่เป็นระเบียบ khwaam mâi bpen rá-bìap

Schrubber (m)   ไม้ถูพื้น   mái thǒo phéun
Lappen (m)   ผ้าเช็ดพื้น   phâa chét phéun
Besen (m)   ไม้กวาดสัน   máai gwàat sân
Kehrichtschaufel (f) ที่ตักผง   têe dtàk phǒng

95. Möbel. Innenausstattung

Möbel (n)   เครื่องเรือน   khrêuang reuan
Tisch (m)   โต๊ะ   dtó
Stuhl (m)   เก้าอี้   gâo-êe
Bett (n)   เตียง   dtiang
Sofa (n)   โซฟา   soh-faa
Sessel (m)   เก้าอี้เท้าแขน   gâo-êe tháo khǎen

Bücherschrank (m)   ตู้หนังสือ   dtôo năng-sěu
Regal (n)   ชั้นวาง   chán waang

Schrank (m)   ตู้เสื้อผ้า   dtôo sêua phâa
Hakenleiste (f)   ที่แขวนเสื้อ   thêe khwǎen sêua
Kleiderständer (m)   ไม้แขวนเสื้อ   mái khwǎen sêua

Kommode (f)   ตู้ลิ้นชัก   dtôo lín chák
Couchtisch (m)   โต๊ะกาแฟ   dtó gaa-fae

Spiegel (m)   กระจก   grà-jòk
Teppich (m)   พรม   phrom
Matte (kleiner Teppich) พรมเช็ดเท้า   phrom chét tháo

Kamin (m)   เตาผิง   dtao phǐng
Kerze (f)   เทียน   thian
Kerzenleuchter (m)   เชิงเทียน   cherng thian
Vorhänge (pl)   ผ้าแขวน   phâa khwǎen

87

| Tapete (f) | วอลเปเปอร์ | worn-bpay-bper |
| Jalousie (f) | บานเกล็ดหน้าต่าง | baan glèt nâa dtàang |

Tischlampe (f)	โคมไฟตั้งโต๊ะ	khohm fai dtâng dtó
Leuchte (f)	ไฟติดผนัง	fai dtìt phà-năng
Stehlampe (f)	โคมไฟตั้งพื้น	khohm fai dtâng phéun
Kronleuchter (m)	โคมระย้า	khohm rá-yáa

Bein (Tischbein usw.)	ขา	khăa
Armlehne (f)	ที่พักแขน	thêe phák khăen
Lehne (f)	พนักพิง	phá-nák phing
Schublade (f)	ลิ้นชัก	lín chák

96. Bettwäsche

Bettwäsche (f)	ชุดผ้าปูที่นอน	chút phâa bpoo thêe norn
Kissen (n)	หมอน	mŏrn
Kissenbezug (m)	ปลอกหมอน	bplòk mŏrn
Bettdecke (f)	ผ้าห่วย	phâa phŭay
Laken (n)	ผ้าปู	phâa bpoo
Tagesdecke (f)	ผ้าคลุมเตียง	phâa khlum dtiang

97. Küche

Küche (f)	ห้องครัว	hôrng khrua
Gas (n)	แก๊ส	gáet
Gasherd (m)	เตาแก๊ส	dtao gàet
Elektroherd (m)	เตาไฟฟ้า	dtao fai-fáa
Backofen (m)	เตาอบ	dtao òp
Mikrowellenherd (m)	เตาอบไมโครเวฟ	dtao òp mai-khroh-we p

Kühlschrank (m)	ตู้เย็น	dtôo yen
Tiefkühltruhe (f)	ตู้แช่แข็ง	dtôo châe khăeng
Geschirrspülmaschine (f)	เครื่องล้างจาน	khrêuang láang jaan

Fleischwolf (m)	เครื่องบดเนื้อ	khrêuang bòt néua
Saftpresse (f)	เครื่องคั้น	khrêuang khán
	น้ำผลไม้	náam phŏn-lá-mái
Toaster (m)	เครื่องปิ้ง	khrêuang bpîng
	ขนมปัง	khà-nŏm bpang
Mixer (m)	เครื่องปั่น	khrêuang bpàn

Kaffeemaschine (f)	เครื่องชงกาแฟ	khrêuang chong gaa-fae
Kaffeekanne (f)	หม้อกาแฟ	môr gaa-fae
Kaffeemühle (f)	เครื่องบดกาแฟ	khrêuang bòt gaa-fae

Wasserkessel (m)	กาน้ำ	gaa náam
Teekanne (f)	กาน้ำชา	gaa náam chaa
Deckel (m)	ฝา	făa
Teesieb (n)	ที่กรองชา	thêe grorng chaa
Löffel (m)	ช้อน	chórn
Teelöffel (m)	ช้อนชา	chórn chaa

Esslöffel (m)	ช้อนซุป	chórn súp
Gabel (f)	สอม	sôrm
Messer (n)	มีด	mêet

Geschirr (n)	ถ้วยชาม	thûay chaam
Teller (m)	จาน	jaan
Untertasse (f)	จานรอง	jaan rorng

Schnapsglas (n)	แก้วช็อต	gâew chórt
Glas (n)	แก้ว	gâew
Tasse (f)	ถ้วย	thûay

Zuckerdose (f)	โถน้ำตาล	thŏh náam dtaan
Salzstreuer (m)	กระปุกเกลือ	grà-bpùk gleua
Pfefferstreuer (m)	กระปุกพริกไท	grà-bpùk phrík thai
Butterdose (f)	ที่ใส่เนย	thêe sài noie

Kochtopf (m)	หม้อต้ม	môr dtôm
Pfanne (f)	กระทะ	grà-thá
Schöpflöffel (m)	กระบวย	grà-buay
Durchschlag (m)	กระชอน	grà chorn
Tablett (n)	ถาด	thàat

Flasche (f)	ขวด	khùat
Glas (Einmachglas)	ขวดโหล	khùat lŏh
Dose (f)	กระป๋อง	grà-bpŏrng

Flaschenöffner (m)	ที่เปิดขวด	thêe bpèrt khùat
Dosenöffner (m)	ที่เปิดกระป๋อง	thêe bpèrt grà-bpŏrng
Korkenzieher (m)	ที่เปิดจุก	thêe bpèrt jùk
Filter (n)	ที่กรอง	thêe grorng
filtern (vt)	กรอง	grorng

| Müll (m) | ขยะ | khà-yà |
| Mülleimer, Treteimer (m) | ถังขยะ | thăng khà-yà |

98. Bad

Badezimmer (n)	ห้องน้ำ	hôrng náam
Wasser (n)	น้ำ	nám
Wasserhahn (m)	ก็อกน้ำ	gòk náam
Warmwasser (n)	น้ำร้อน	nám rórn
Kaltwasser (n)	น้ำเย็น	nám yen

Zahnpasta (f)	ยาสีฟัน	yaa sěe fan
Zähne putzen	แปรงฟัน	bpraeng fan
Zahnbürste (f)	แปรงสีฟัน	bpraeng sěe fan

sich rasieren	โกน	gohn
Rasierschaum (m)	โฟมโกนหนวด	fohm gohn nùat
Rasierer (m)	มีดโกน	mêet gohn

| waschen (vt) | ล้าง | láang |
| sich waschen | อาบ | àap |

| Dusche (f) | ฝักบัว | fàk bua |
| sich duschen | อาบน้ำฝักบัว | àap náam fàk bua |

Badewanne (f)	อ่างอาบน้ำ	àang àap náam
Klosettbecken (n)	โถชักโครก	thǒh chák khrôhk
Waschbecken (n)	อางลางหนา	àang láang-nâa

| Seife (f) | สบู่ | sà-bòo |
| Seifenschale (f) | ที่ใส่สบู่ | thêe sài sà-bòo |

Schwamm (m)	ฟองน้ำ	forng náam
Shampoo (n)	แชมพู	chaem-phoo
Handtuch (n)	ผ้าเช็ดตัว	phâa chét dtua
Bademantel (m)	เสื้อคลุมอาบน้ำ	sêua khlum àap náam

Wäsche (f)	การซักผ้า	gaan sák phâa
Waschmaschine (f)	เครื่องซักผ้า	khrêuang sák phâa
waschen (vt)	ซักผ้า	sák phâa
Waschpulver (n)	ผงซักฟอก	phǒng sák-fôrk

99. Haushaltsgeräte

Fernseher (m)	ทีวี	thee-wee
Tonbandgerät (n)	เครื่องบันทึกเทป	khrêuang ban-théuk thâyp
Videorekorder (m)	เครื่องบันทึกวิดีโอ	khrêuang ban-théuk wí-dee-oh
Empfänger (m)	วิทยุ	wít-thá-yú
Player (m)	เครื่องเล่น	khrêuang lên

Videoprojektor (m)	โปรเจ็คเตอร์	bproh-jèk-dtêr
Heimkino (n)	เครื่องฉายภาพยนตร์ที่บ้าน	khhrêuang chǎai phâap-phá yon thêe bâan
DVD-Player (m)	เครื่องเล่น DVD	khrêuang lên dee-wee-dee
Verstärker (m)	เครื่องขยายเสียง	khrêuang khà-yǎai sǐang
Spielkonsole (f)	เครื่องเกมคอนโซล	khrêuang gaym khorn sohn

Videokamera (f)	กล้องถ่ายวิดีโอ	glôrng thàai wí-dee-oh
Kamera (f)	กล้องถายรูป	glôrng thàai rôop
Digitalkamera (f)	กล้องดิจิตอล	glôrng dì-jì-dton
Staubsauger (m)	เครื่องดูดฝุ่น	khrêuang dòot fùn
Bügeleisen (n)	เตารีด	dtao rêet
Bügelbrett (n)	กระดานรองรีด	grà-daan rorng rêet

Telefon (n)	โทรศัพท์	thoh-rá-sàp
Mobiltelefon (n)	มือถือ	meu thěu
Schreibmaschine (f)	เครื่องพิมพ์ดีด	khrêuang phim dèet
Nähmaschine (f)	จักรเย็บผ้า	jàk yép phâa

Mikrophon (n)	ไมโครโฟน	mai-khroh-fohn
Kopfhörer (m)	หูฟัง	hǒo fang
Fernbedienung (f)	รีโมตทีวี	ree môht thee wee
CD (f)	CD	see-dee
Kassette (f)	เทป	thâyp
Schallplatte (f)	จานเสียง	jaan sǐang

100. Reparaturen. Renovierung

Renovierung (f)	การซ่อมแซม	gaan sôrm saem
renovieren (vt)	ซ่อมแซม	sôrm saem
reparieren (vt)	ซ่อมแซม	sôrm saem
in Ordnung bringen	สะสาง	sà-sǎang
noch einmal machen	ทำใหม่	tham mài
Farbe (f)	สี	sěe
streichen (vt)	ทาสี	thaa sěe
Anstreicher (m)	ช่างทาสีบ้าน	châang thaa sěe bâan
Pinsel (m)	แปรงทาสี	bpraeng thaa sěe
Kalkfarbe (f)	สารฟอกขาว	sǎan fôrk khǎao
weißen (vt)	ฟอกขาว	fôrk khǎao
Tapete (f)	วอลเปเปอร์	worn-bpay-bper
tapezieren (vt)	ติดวอลเปเปอร์	dtìt wor lá-bpay-bper
Lack (z.B. Parkettlack)	น้ำมันชักเงา	náam man chák ngao
lackieren (vt)	เคลือบ	khlêuap

101. Rohrleitungen

Wasser (n)	น้ำ	nám
Warmwasser (n)	น้ำร้อน	nám rórn
Kaltwasser (n)	น้ำเย็น	nám yen
Wasserhahn (m)	ก๊อกน้ำ	gòk náam
Tropfen (m)	หยด	yòt
tropfen (vi)	ตก	dtòk
durchsickern (vi)	รั่ว	rûa
Leck (n)	การรั่ว	gaan rûa
Lache (f)	หลมน้ำ	lòm nám
Rohr (n)	ท่อ	thôr
Ventil (n)	วาลว	waao
sich verstopfen	อุดตัน	ùt dtan
Werkzeuge (pl)	เครื่องมือ	khrêuang meu
Engländer (m)	ประแจคอม้า	bprà-jae kor máa
abdrehen (vt)	คลายเกลียวออก	khlaai glieow òrk
zudrehen (vt)	ขันให้แน่น	khǎn hâi nâen
reinigen (Rohre ~)	แก้การอุดตัน	gâe gaan ùt dtan
Klempner (m)	ช่างประปา	châang bprà-bpaa
Keller (m)	ชั้นใต้ดิน	chán dtâi din
Kanalisation (f)	ระบบท่อน้ำทิ้ง	rá-bòp thôr náam thíng

102. Feuer. Brand

Feuer (n)	ไฟไหม้	fai mâi
Flamme (f)	เปลวไฟ	bpleo fai

Funke (m)	ประกายไฟ	bprà-gaai fai
Rauch (m)	ควัน	khwan
Fackel (f)	คบเพลิง	khóp phlerng
Lagerfeuer (n)	กองไฟ	gorng fai
Benzin (n)	น้ำมันเชื้อเพลิง	nám man chéua phlerng
Kerosin (n)	น้ำมันกูด	nám man gáat
brennbar	ติดไฟได้	dtìt fai dâai
explosiv	ที่ระเบิดได้	thêe rá-bèrt dâai
RAUCHEN VERBOTEN!	ห้ามสูบบุหรี่	hâam sòop bù rèe
Sicherheit (f)	ความปลอดภัย	khwaam bplòrt phai
Gefahr (f)	อันตราย	an-dtà-raai
gefährlich	อันตราย	an-dtà-raai
sich entflammen	ติดไฟ	dtìt fai
Explosion (f)	การระเบิด	gaan rá-bèrt
in Brand stecken	เผา	phǎo
Brandstifter (m)	ผู้ลอบวางเพลิง	phôo lôp waang phlerng
Brandstiftung (f)	การลอบวางเพลิง	gaan lôp waang phlerng
flammen (vi)	ไฟลุกโชน	fai lúk-chohn
brennen (vi)	ไหม้	mâi
verbrennen (vi)	เผาให้ราบ	phǎo hâi râap
die Feuerwehr rufen	เรียกนักดับเพลิง	rîak nák dàp phlerng
Feuerwehrmann (m)	นักดับเพลิง	nák dàp phlerng
Feuerwehrauto (n)	รถดับเพลิง	rót dàp phlerng
Feuerwehr (f)	สถานีดับเพลิง	sà-thǎa-nee dàp phlerng
Drehleiter (f)	บันไดรถดับเพลิง	ban-dai rót dàp phlerng
Feuerwehrschlauch (m)	ท่อดับเพลิง	thôr dàp phlerng
Feuerlöscher (m)	ที่ดับเพลิง	thêe dàp phlerng
Helm (m)	หมวกนิรภัย	mùak ní-rá-phai
Sirene (f)	สัญญาณเตือนภัย	sǎn-yaan dteuan phai
schreien (vi)	ร้อง,	rórng
um Hilfe rufen	ขอช่วย	khǒr chûay
Retter (m)	นักกู้ภัย	nák gôo phai
retten (vt)	ช่วยชีวิต	chûay chee-wít
ankommen (vi)	มา	maa
löschen (vt)	ดับเพลิง	dàp phlerng
Wasser (n)	น้ำ	nám
Sand (m)	ทราย	saai
Trümmer (pl)	ซาก	sâak
zusammenbrechen (vi)	ถล่ม	thà-lòm
einfallen (vi)	ถล่มทลาย	thà-lòm thá-laai
einstürzen (Decke)	ถลม	thà-lòm
Bruchstück (n)	ส่วนสะเก็ด	sùan sà-gèt
Asche (f)	ขี้เถ้า	khêe thâo
ersticken (vi)	ขาดอากาศตาย	khàat aa-gàat dtaai
ums Leben kommen	เสียชีวิต	sǐa chee-wít

AKTIVITÄTEN DES MENSCHEN

Beruf. Geschäft. Teil 1

103. Büro. Arbeiten im Büro

Büro (Firmensitz)	สำนักงาน	sǎm-nák ngaan
Büro (~ des Direktors)	หองทำงาน	hôrng tham ngaan
Rezeption (f)	แผนกตอนรับ	phà-nàek dtôrn ráp
Sekretär (m)	เลขา	lay-khǎa
Sekretärin (f)	เลขา	lay-khǎa
Direktor (m)	ผู้อำนวยการ	phôo am-nuay gaan
Manager (m)	ผู้จัดการ	phôo jàt gaan
Buchhalter (m)	คนทำบัญชี	khon tham ban-chee
Mitarbeiter (m)	พนักงาน	phá-nák ngaan
Möbel (n)	เครื่องเรือน	khrêuang reuan
Tisch (m)	โต๊ะ	dtó
Schreibtischstuhl (m)	เก้าอี้สำนักงาน	gâo-êe sǎm-nák ngaan
Rollcontainer (m)	ตู้มีลิ้นชัก	dtôo mee lín chák
Kleiderständer (m)	ไมแขวนเสื้อ	mái khwǎen sêua
Computer (m)	คอมพิวเตอร์	khorm-phiw-dtêr
Drucker (m)	เครื่องพิมพ	khrêuang phim
Fax (n)	เครื่องโทรสาร	khrêuang thoh-rá-sǎan
Kopierer (m)	เครื่องอัดสำเนา	khrêuang àt sǎm-nao
Papier (n)	กระดาษ	grà-dàat
Büromaterial (n)	เครื่องใช้สำนักงาน	khrêuang chái sǎm-nák ngaan
Mousepad (n)	แผนรองเมาส์	phàen rorng mao
Blatt (n) Papier	ใบ	bai
Ordner (m)	แฟ้ม	fáem
Katalog (m)	บัญชีรายชื่อ	ban-chee raai chêu
Adressbuch (n)	สมุดโทรศัพท	sà-mùt thoh-rá-sàp
Dokumentation (f)	เอกสาร	àyk sǎan
Broschüre (f)	โบรชัวร์	broh-chua
Flugblatt (n)	ใบปลิว	bai bpliw
Muster (n)	ตัวอยาง	dtua yàang
Training (n)	การประชุมฝึกอบรม	gaan bprà-chum fèuk òp-rom
Meeting (n)	การประชุม	gaan bprà-chum
Mittagspause (f)	การพักเที่ยง	gaan phák thîang
eine Kopie machen	ทำสำเนา	tham sǎm-nao
vervielfältigen (vt)	ทำสำเนาหลายฉบับ	tham sǎm-nao lǎai chà-bàp
ein Fax bekommen	รับโทรสาร	ráp thoh-rá-sǎan

ein Fax senden	ส่งโทรสาร	sòng thoh-rá-săan
anrufen (vt)	โทรศัพท์	thoh-rá-sàp
antworten (vi)	รับสาย	ráp săai
verbinden (vt)	โอนสาย	ohn săai
ausmachen (vt)	นัด	nát
demonstrieren (vt)	สาธิต	săa-thít
fehlen (am Arbeitsplatz ~)	ขาด	khàat
Abwesenheit (f)	การขาด	gaan khàat

104. Geschäftsabläufe. Teil 1

Geschäft (n) (z.B. ~ in Wolle)	ธุรกิจ	thú-rá gìt
Angelegenheit (f)	อาชีพ	aa-chêep
Firma (f)	บริษัท	bor-rí-sàt
Gesellschaft (f)	บริษัท	bor-rí-sàt
Konzern (m)	บริษัท	bor-rí-sàt
Unternehmen (n)	บริษัท	bor-rí-sàt
Agentur (f)	สำนักงาน	săm-nák ngaan
Vereinbarung (f)	ข้อตกลง	khôr dtòk long
Vertrag (m)	สัญญา	săn-yaa
Geschäft (Transaktion)	ข้อตกลง	khôr dtòk long
Auftrag (Bestellung)	การสั่ง	gaan sàng
Bedingung (f)	เงื่อนไข	ngêuan khăi
en gros (im Großen)	ขายส่ง	khăai sòng
Großhandels-	ขายส่ง	khăai sòng
Großhandel (m)	การขายส่ง	gaan khăai sòng
Einzelhandels-	ขายปลีก	khăai bplèek
Einzelhandel (m)	การขายปลีก	gaan khăai bplèek
Konkurrent (m)	คู่แข่ง	khôo khàeng
Konkurrenz (f)	การแข่งขัน	gaan khàeng khăn
konkurrieren (vi)	แข่งขัน	khàeng khăn
Partner (m)	พันธมิตร	phan-thá-mít
Partnerschaft (f)	ห้างหุ้นส่วน	hâang hûn sùan
Krise (f)	วิกฤติ	wí-grìt
Bankrott (m)	การล้มละลาย	gaan lóm lá-laai
Bankrott machen	ล้มละลาย	lóm lá-laai
Schwierigkeit (f)	ความยากลำบาก	khwaam yâak lam-bàak
Problem (n)	ปัญหา	bpan-hăa
Katastrophe (f)	ความหายนะ	khwaam hăa-yá-ná
Wirtschaft (f)	เศรษฐกิจ	sàyt-thà-gìt
wirtschaftlich	ทางเศรษฐกิจ	thaang sàyt-thà-gìt
Rezession (f)	เศรษฐกิจถดถอย	sàyt-thà-gìt thòt thŏi
Ziel (n)	เป้าหมาย	bpâo măai
Aufgabe (f)	งาน	ngaan
handeln (Handel treiben)	แลกเปลี่ยน	lâek bplìan

Netz (Verkaufs-)	เครือข่าย	khreua khàai
Lager (n)	คลังสินค้า	khlang sĭn kháa
Sortiment (n)	ประเภทสินค้า ตางๆ	bprà-phâyt sĭn kháa dtàang dtàang

führende Unternehmen (n)	ผู้นำ	phôo nam
groß (-e Firma)	ขนาดใหญ่	khà-nàat yài
Monopol (n)	การผูกขาด	gaan phòok khàat

Theorie (f)	ทฤษฎี	thrít-sà-dee
Praxis (f)	การดำเนินกูร	gaan dam-nern gaan
Erfahrung (f)	ประสบการณ	bprà-sòp gaan
Tendenz (f)	แนวโน้ม	naew nóhm
Entwicklung (f)	การพัฒนา	gaan phát-thá-naa

105. Geschäftsabläufe. Teil 2

| Vorteil (m) | กำไร | gam-rai |
| vorteilhaft | กำไร | gam-rai |

Delegation (f)	คณะผู้แทน	khá-ná phôo thaen
Lohn (m)	เงินเดือน	ngern deuan
korrigieren (vt)	แก้ไข	gâe khăi
Dienstreise (f)	การเดินทางไป ทำธุรกิจ	gaan dern taang bpai tham thú-rá gìt
Kommission (f)	คณะ	khá-ná

kontrollieren (vt)	ควบคุม	khûap khum
Konferenz (f)	งานประชุม	ngaan bprà-chum
Lizenz (f)	ใบอนุญาต	bai a-nú-yâat
zuverlässig	พึ่งพาได	phêung phaa dâai

Initiative (f)	การริเริ่ม	gaan rí-rêrm
Norm (f)	มาตรฐาน	mâat-dtrà-thăan
Umstand (m)	ภาวะ	phaa-wá
Pflicht (f)	หน้าที่	nâa thêe

Unternehmen (n)	องค์การ	ong gaan
Organisation (Prozess)	การจัด	gaan jàt
organisiert (Adj)	ที่ถูกจัด	thêe thòok jàt
Abschaffung (f)	การยกเลิก	gaan yók lêrk
abschaffen (vt)	ยกเลิก	yók lêrk
Bericht (m)	รายงาน	raai ngaan

Patent (n)	สิทธิบัตร	sìt-thí bàt
patentieren (vt)	จดสิทธิบัตร	jòt sìt-thí bàt
planen (vt)	วางแผน	waang phăen

Prämie (f)	โบนัส	boh-nát
professionell	ทางวิชาชีพ	thaang wí-chaa chêep
Prozedur (f)	กระบวนการ	grà-buan gaan

| prüfen (Vertrag ~) | ปรึกษาหารือ | bprèuk-săa hăa-reu |
| Berechnung (f) | การนับ | gaan náp |

| Ruf (m) | ความมีหน้ามีตา | khwaam mee nâa mee dtaa |
| Risiko (n) | ความเสี่ยง | khwaam sìang |

leiten (vt)	บริหาร	bor-rí-hǎan
Informationen (pl)	ขอมูล	khôr moon
Eigentum (n)	ทรัพย์สิน	sáp sǐn
Bund (m)	สหภาพ	sà-hà phâap

Lebensversicherung (f)	การประกันชีวิต	gaan bprà-gan chee-wít
versichern (vt)	ประกันภัย	bprà-gan phai
Versicherung (f)	การประกันภัย	gaan bprà-gan phai

Auktion (f)	กูรขายเลหลัง	gaan khǎai lay-lǎng
benachrichtigen (vt)	แจง	jâeng
Verwaltung (f)	การบริหาร	gaan bor-rí-hǎan
Dienst (m)	บริการ	bor-rí-gaan

Forum (n)	การประชุมฟอรั่ม	gaan bprà-chum for-râm
funktionieren (vi)	ดำเนินการ	dam-nern gaan
Etappe (f)	ขั้น	khân
juristisch	ทางกฎหมาย	thaang gòt mǎai
Jurist (m)	ทนายความ	thá-naai khwaam

106. Fertigung. Arbeiten

Werk (n)	โรงงาน	rohng ngaan
Fabrik (f)	โรงงาน	rohng ngaan
Werkstatt (f)	ห้องทำงาน	hôrng tham ngaan
Betrieb (m)	ที่ผลิต	thêe phà-lìt

Industrie (f)	อุตสาหกรรม	út-saa há-gam
Industrie-	ทางอุตสาหกรรม	thaang ùt-sǎa-hà-gam
Schwerindustrie (f)	อุตสาหกรรมหนัก	ùt-sǎa-hà-gam nàk
Leichtindustrie (f)	อุตสาหกรรมเบา	ùt-sǎa-hà-gam bao

Produktion (f)	ผลิตภัณฑ์	phà-lìt-dtà-phan
produzieren (vt)	ผลิต	phà-lìt
Rohstoff (m)	วัตถุดิบ	wát-thù dìp

Vorarbeiter (m), Meister (m)	คนคุมงาน	khon khum ngaan
Arbeitsteam (n)	ทีมคนงาน	theem khon ngaan
Arbeiter (m)	คนงาน	khon ngaan

Arbeitstag (m)	วันทำงาน	wan tham ngaan
Pause (f)	หยุดพัก	yùt phák
Versammlung (f)	การประชุม	gaan bprà-chum
besprechen (vt)	หารือ	hǎa-reu
Plan (m)	แผน	phǎen
den Plan erfüllen	ทำตามแผน	tham dtaam phǎen
Arbeitsertrag (m)	อัตราผลลัพธ์	àt-dtraa phǒn láp
Qualität (f)	คุณภาพ	khun-ná-phâap
Prüfung, Kontrolle (f)	การควบคุม	gaan khûap khum
Gütekontrolle (f)	การควบคุมคุณภาพ	gaan khûap khum khun-ná-phâap

Arbeitsplatzsicherheit (f)	ความปลอดภัย ในที่ทำงาน	khwaam bplòrt phai nai thêe tham ngaan
Disziplin (f)	วินัย	wí-nai
Übertretung (f)	การละเมิด	gaan lá-mêrt
übertreten (vt)	ละเมิด	lá-mêrt

Streik (m)	การประท้วงหยุดงาน	gaan bprà-thúang yùt ngaan
Streikender (m)	ผู้ประท้วงหยุดงาน	phôo bprà-thúang yùt ngaan
streiken (vi)	ประท้วงหยุดงาน	bprà-thúang yùt ngaan
Gewerkschaft (f)	สหภาพแรงงาน	sà-hà-phâap raeng ngaan

erfinden (vt)	ประดิษฐ์	bprà-dìt
Erfindung (f)	สิ่งประดิษฐ์	sìng bprà-dìt
Erforschung (f)	การวิจัย	gaan wí-jai
verbessern (vt)	ทำให้ดีขึ้น	tham hâi dee khêun
Technologie (f)	เทคโนโลยี	thék-noh-loh-yee
technische Zeichnung (f)	ภาพรางทางเทคนิค	phâap-râang thaang thék-nìk

Ladung (f)	ของบรรทุก	khŏrng ban-thúk
Ladearbeiter (m)	คนงานยกของ	khon ngaan yók khŏrng
laden (vt)	บรรทุก	ban-thúk
Beladung (f)	การบรรทุก	gaan ban-thúk
entladen (vt)	ขนออก	khŏn òrk
Entladung (f)	การขนออก	gaan khŏn òrk

Transport (m)	การขนส่ง	gaan khŏn sòng
Transportunternehmen (n)	บริษัทขนส่ง	bor-rí-sàt khŏn sòng
transportieren (vt)	ขนส่ง	khŏn sòng

Güterwagen (m)	ตู้รถไฟรถ	dtôo rót fai
Zisterne (f)	ถัง	thăng
Lastkraftwagen (m)	รถบรรทุก	rót ban-thúk

Werkzeugmaschine (f)	เครื่องมือกล	khrêuang meu gon
Mechanismus (m)	กลไก	gon-gai

Industrieabfälle (pl)	ของเสียจากโรงงาน	khŏrng sĭa jàak rohng ngaan
Verpacken (n)	การทำหีบห่อ	gaan tham hèep hòr
verpacken (vt)	แพ็คหีบห่อ	pháek hèep hòr

107. Vertrag. Zustimmung

Vertrag (m), Auftrag (m)	สัญญา	săn-yaa
Vereinbarung (f)	ขอตกลง	khôr dtòk long
Anhang (m)	ภาคผนวก	phâak phà-nùak

einen Vertrag abschließen	ลงนามในสัญญา	long naam nai săn-yaa
Unterschrift (f)	ลายมือชื่อ	laai meu chêu
unterschreiben (vt)	ลงนาม	long naam
Stempel (m)	ตราประทับ	dtraa bprà-tháp

Vertragsgegenstand (m)	หัวข้อของสัญญา	hŭa khôr khŏrng săn-yaa
Punkt (m)	ขอ	khôr
Parteien (pl)	ฝ่าย	fàai

rechtmäßige Anschrift (f)	ที่อยู่ตามกฎหมาย	thêe yòo dtaam gòt mǎai
Vertrag brechen	การละเมิดสัญญา	gaan lá-mêrt sǎn-yaa
Verpflichtung (f)	พันธสัญญา	phan-thá-sǎn-yaa
Verantwortlichkeit (f)	ความรับผิดชอบ	khwaam ráp phìt chôp
Force majeure (f)	เหตุสุดวิสัย	hàyt sùt wí-sǎi
Streit (m)	ความขัดแย้ง	khwaam khàt yáeng
Strafsanktionen (pl)	บทลงโทษ	bòt long thôht

108. Import & Export

Import (m)	การนำเข้า	gaan nam khâo
Importeur (m)	ผู้นำเข้า	phôo nam khâo
importieren (vt)	นำเข้า	nam khâo
Import-	นำเข้า	nam khâo

Export (m)	การส่งออก	gaan sòng òrk
Exporteur (m)	ผู้ส่งออก	phôo sòng òrk
exportieren (vt)	ส่งออก	sòng òrk
Export-	ส่งออก	sòng òrk

| Waren (pl) | สินค้า | sǐn kháa |
| Partie (f), Ladung (f) | สินค้าที่ส่งไป | sǐn kháa thêe sòng bpai |

Gewicht (n)	น้ำหนัก	nám nàk
Volumen (n)	ปริมาณ	bpà-rí-maan
Kubikmeter (m)	ลูกบาศก์เมตร	lôok bàat máyt

Hersteller (m)	ผู้ผลิต	phôo phà-lìt
Transportunternehmen (n)	บริษัทขนส่ง	bor-rí-sàt khǒn sòng
Container (m)	ตู้คอนเทนเนอร์	dtôo khorn thay ná-ner

Grenze (f)	ชายแดน	chaai daen
Zollamt (n)	ด่านศุลกากร	dàan sǔn-lá-gaa-gon
Zoll (m)	ภาษีศุลกากร	phaa-sěe sǔn-lá-gaa-gon
Zollbeamter (m)	เจ้าหน้าที่ศุลกากร	jâo nâa-thêe sǔn-lá-gaa-gon
Schmuggel (m)	การลักลอบ	gaan lák-lôrp
Schmuggelware (f)	สินค้าที่ผิดกฎหมาย	sǐn kháa thêe phìt gòt mǎai

109. Finanzen

Aktie (f)	หุ้น	hûn
Obligation (f)	ตราสารหนี้	dtraa sǎan nêe
Wechsel (m)	ตัวสัญญาใช้เงิน	dtǔa sǎn-yaa chái ngern

| Börse (f) | ตลาดหลักทรัพย์ | dtà-làat làk sáp |
| Aktienkurs (m) | ราคาหุ้น | raa-khaa hûn |

billiger werden	ถูกลง	thòok long
teuer werden	แพงขึ้น	phaeng khêun
Anteil (m)	ปันผล	bpan phǒn
Mehrheitsbeteiligung (f)	ส่วนได้เสียที่มีอำนาจควบคุม	sùan dâai sǐa têe mee am-nâat khûap khum

Investitionen (pl)	การลงทุน	gaan long thun
investieren (vt)	ลงทุน	long thun
Prozent (n)	เปอร์เซ็นต์	bper-sen
Zinsen (pl)	ดอกเบี้ย	dòrk bîa

Gewinn (m)	กำไร	gam-rai
gewinnbringend	ได้กำไร	dâai gam-rai
Steuer (f)	ภาษี	phaa-sěe

Währung (f)	สกุลเงิน	sà-gun ngern
Landes-	แหงชาติ	hàeng châat
Geldumtausch (m)	การแลกเปลี่ยน	gaan lâek bplìan

| Buchhalter (m) | นักบัญชี | nák ban-chee |
| Buchhaltung (f) | การทำบัญชี | gaan tham ban-chee |

Bankrott (m)	การล้มละลาย	gaan lóm lá-laai
Zusammenbruch (m)	การพังพินาศ	gaan phang phí-nâat
Pleite (f)	ความพินาศ	khwaam phí-nâat
pleite gehen	ลมละลาย	lóm lá-laai
Inflation (f)	เงินเฟ้อ	ngern fér
Abwertung (f)	การลดค่าเงิน	gaan lót khâa ngern

Kapital (n)	เงินทุน	ngern thun
Einkommen (n)	รายได้	raai dâai
Umsatz (m)	การหมุนเวียน	gaan mǔn wian
Mittel (Reserven)	ทรัพยากร	sáp-pá-yaa-gon
Geldmittel (pl)	แหลงเงินทุน	làeng ngern thun

| Gemeinkosten (pl) | ค่าใช้จ่าย | khâa chái jàai |
| reduzieren (vt) | ลด | lót |

110. Marketing

Marketing (n)	การตลาด	gaan dtà-làat
Markt (m)	ตลาด	dtà-làat
Marktsegment (n)	สวนตลาด	sùan dtà-làat
Produkt (n)	ผลิตภัณฑ์	phà-lìt-dtà-phan
Waren (pl)	สินค้า	sĭn kháa

Schutzmarke (f)	ยี่ห้อ	yêe hôr
Handelsmarke (f)	เครื่องหมายการค้า	khrêuang măai gaan kháa
Firmenzeichen (n)	โลโก้	loh-gôh
Logo (n)	โลโก	loh-gôh

Nachfrage (f)	อุปสงค์	u-bpà-sŏng
Angebot (n)	อุปทาน	u-bpà-thaan
Bedürfnis (n)	ความต้องการ	khwaam dtôrng gaan
Verbraucher (m)	ผู้บริโภค	phôo bor-rí-phôhk

Analyse (f)	การวิเคราะห์	gaan wí-khrór
analysieren (vt)	วิเคราะห์	wí-khrór
Positionierung (f)	การวางตำแหน่ง ผลิตภัณฑ์	gaan waang dtam-nàeng phà-lìt-dtà-phan

positionieren (vt)	วางตำแหน่ง ผลิตภัณฑ์	waang dtam-nàeng phà-lìt-dtà-phan
Preis (m)	ราคา	raa-khaa
Preispolitik (f)	นโยบาย การตั้งราคา	ná-yoh-baai gaan dtâng raa-khaa
Preisbildung (f)	การตั้งราคา	gaan dtâng raa-khaa

111. Werbung

Werbung (f)	การโฆษณา	gaan khôht-sà-naa
werben (vt)	โฆษณา	khôht-sà-naa
Budget (n)	งบประมาณ	ngóp bprà-maan
Werbeanzeige (f)	การโฆษณา	gaan khôht-sà-naa
Fernsehwerbung (f)	การโฆษณา ทางทีวี	gaan khôht-sà-naa thaang thee wee
Radiowerbung (f)	การโฆษณา ทางวิทยุ	gaan khôht-sà-naa thaang wít-thá-yú
Außenwerbung (f)	การโฆษณา แบบกลางแจ้ง	gaan khôht-sà-naa bàep glaang jâeng
Massenmedien (pl)	สื่อสารมวลชน	sèu săan muan chon
Zeitschrift (f)	หนังสือรายคาบ	năng-sĕu raai khâap
Image (n)	ภาพลักษณ์	phâap-lák
Losung (f)	คำขวัญ	kham khwăn
Motto (n)	คติพจน์	khá-dtì phót
Kampagne (f)	การรณรงค์	gaan ron-ná-rorng
Werbekampagne (f)	การรณรงค์ โฆษณา	gaan ron-ná-rorng khôht-sà-naa
Zielgruppe (f)	กลุ่มเป้าหมาย	glùm bpâo-măai
Visitenkarte (f)	นามบัตร	naam bàt
Flugblatt (n)	ใบปลิว	bai bpliw
Broschüre (f)	โบรชัวร์	broh-chua
Faltblatt (n)	แผนพับ	phàen pháp
Informationsblatt (n)	จดหมายข่าว	jòt măai khàao
Firmenschild (n)	ป้ายร้าน	bpâai ráan
Plakat (n)	โปสเตอร์	bpòht-dtêr
Werbeschild (n)	กระดานปิดประกาศ โฆษณา	grà-daan bpìt bprà-gàat khôht-sà-naa

112. Bankgeschäft

Bank (f)	ธนาคาร	thá-naa-khaan
Filiale (f)	สาขา	săa-khăa
Berater (m)	พนักงาน ธนาคาร	phá-nák ngaan thá-naa-khaan
Leiter (m)	ผู้จัดการ	phôo jàt gaan

Konto (n)	บัญชีธนาคาร	ban-chee thá-naa-kaan
Kontonummer (f)	หมายเลขบัญชี	mǎai lâyk ban-chee
Kontokorrent (n)	กระแสรายวัน	grà-sǎe raai wan
Sparkonto (n)	บัญชีออมทรัพย์	ban-chee orm sáp

ein Konto eröffnen	เปิดบัญชี	bpèrt ban-chee
das Konto schließen	ปิดบัญชี	bpìt ban-chee
einzahlen (vt)	ฝากเงินเข้าบัญชี	fàak ngern khâo ban-chee
abheben (vt)	ถอน	thǒrn

Einzahlung (f)	การฝาก	gaan fàak
eine Einzahlung machen	ฝาก	fàak
Überweisung (f)	การโอนเงิน	gaan ohn ngern
überweisen (vt)	โอนเงิน	ohn ngern

| Summe (f) | จำนวนเงินรวม | jam-nuan ngern ruam |
| Wieviel? | เท่าไหร่? | thâo rài |

| Unterschrift (f) | ลายมือชื่อ | laai meu chêu |
| unterschreiben (vt) | ลงนาม | long naam |

Kreditkarte (f)	บัตรเครดิต	bàt khray-dìt
Code (m)	รหัส	rá-hàt
Kreditkartennummer (f)	หมายเลขบัตรเครดิต	mǎai lâyk bàt khray-dìt
Geldautomat (m)	เอทีเอ็ม	ay-thee-em

Scheck (m)	เช็ค	chék
einen Scheck schreiben	เขียนเช็ค	khǐan chék
Scheckbuch (n)	สมุดเช็ค	sà-mùt chék

Darlehen (m)	เงินกู้	ngern gôo
ein Darlehen beantragen	ขอสินเชื่อ	khǒr sǐn chêua
ein Darlehen aufnehmen	กู้เงิน	gôo ngern
ein Darlehen geben	ให้กู้เงิน	hâi gôo ngern
Sicherheit (f)	การรับประกัน	gaan ráp bprà-gan

113. Telefon. Telefongespräche

Telefon (n)	โทรศัพท์	thoh-rá-sàp
Mobiltelefon (n)	มือถือ	meu thěu
Anrufbeantworter (m)	เครื่องพูดตอบ	khrêuang phôot dtòp

| anrufen (vt) | โทรศัพท์ | thoh-rá-sàp |
| Anruf (m) | การโทรศัพท์ | gaan thoh-rá-sàp |

eine Nummer wählen	หมุนหมายเลขโทรศัพท์	mǔn mǎai lâyk thoh-rá-sàp
Hallo!	สวัสดี!	sà-wàt-dee
fragen (vt)	ถาม	thǎam
antworten (vi)	รับสาย	ráp sǎai

hören (vt)	ได้ยิน	dâai yin
gut (~ aussehen)	ดี	dee
schlecht (Adv)	ไม่ดี	mâi dee
Störungen (pl)	เสียงรบกวน	sǐang róp guan

Hörer (m)	ตัวรับสัญญาณ	dtua ráp săn-yaan
den Hörer abnehmen	รับสาย	ráp săi
auflegen (den Hörer ~)	วางสาย	waang săai

besetzt	ไม่ว่าง	mâi wâang
läuten (vi)	ดัง	dang
Telefonbuch (n)	สมุดโทรศัพท์	sà-mùt thoh-rá-sàp

Orts-	ในประเทศ	nai bprà-thâyt
Ortsgespräch (n)	โทรในประเทศ	thoh nai bprà-thâyt
Auslands-	ตางประเทศ	dtàang bprà-thâyt
Auslandsgespräch (n)	โทรตางประเทศ	thoh dtàang bprà-thâyt
Fern-	ระยะไกล	rá-yá glai
Ferngespräch (n)	โทรระยะไกล	thoh-rá-yá glai

114. Mobiltelefon

Mobiltelefon (n)	มือถือ	meu thěu
Display (n)	หน้าจอ	nâa jor
Knopf (m)	ปุ่ม	bpùm
SIM-Karte (f)	ชิมการ์ด	sím gàat

Batterie (f)	แบตเตอรี่	bàet-dter-rêe
leer sein (Batterie)	หมด	mòt
Ladegerät (n)	ที่ชาร์จ	thêe châat

Menü (n)	เมนู	may-noo
Einstellungen (pl)	การตั้งค่า	gaan dtâng khâa
Melodie (f)	เสียงเพลง	sĭang phlayng
auswählen (vt)	เลือก	lêuak

Rechner (m)	เครื่องคิดเลข	khrêuang khít lâyk
Anrufbeantworter (m)	ขอความเสียง	khôr khwaam sĭang
Wecker (m)	นาฬิกาปลุก	naa-lí-gaa bplùk
Kontakte (pl)	รายชื่อผู้ติดต่อ	raai chêu phôo dtìt dtòr

| SMS-Nachricht (f) | SMS | es-e-mes |
| Teilnehmer (m) | ผู้สมัครรับบริการ | phôo sà-màk ráp bor-rí-gaan |

115. Bürobedarf

| Kugelschreiber (m) | ปากกาลูกลื่น | bpàak gaa lôok lêun |
| Federhalter (m) | ปากกาหมึกซึม | bpàak gaa mèuk seum |

Bleistift (m)	ดินสอ	din-sŏr
Faserschreiber (m)	ปากกาเน้น	bpàak gaa náyn
Filzstift (m)	ปากกาเมจิค	bpàak gaa may jìk

Notizblock (m)	สมุดจด	sà-mùt jòt
Terminkalender (m)	สมุดบันทึกรายวัน	sà-mùt ban-théuk raai wan
Lineal (n)	ไม้บรรทัด	máai ban-thát
Rechner (m)	เครื่องคิดเลข	khrêuang khít lâyk

Radiergummi (m)	ยางลบ	yaang lóp
Reißzwecke (f)	เป๊ก	bpáyk
Heftklammer (f)	ลวดหนีบกระดาษ	lûat nèep grà-dàat
Klebstoff (m)	กาว	gaao
Hefter (m)	ที่เย็บกระดาษ	thêe yép grà-dàat
Locher (m)	ที่เจาะรูกระดาษ	thêe jòr roo grà-dàat
Bleistiftspitzer (m)	ที่เหลาดินสอ	thêe lǎo din-sǒr

116. Verschiedene Dokumente

Bericht (m)	รายการ	raal gaan
Abkommen (n)	ขอตกลง	khôr dtòk long
Anmeldeformular (n)	ใบสมัคร	bai sà-màk
Original-	แท้	tháe
Namensschild (n)	ป้ายชื่อ	bpâai chêu
Visitenkarte (f)	นามบัตร	naam bàt
Zertifikat (n)	ใบรับรอง	bai ráp rorng
Scheck (m)	เช็ค	chék
Rechnung (im Restaurant)	คิดเงิน	khít ngern
Verfassung (f)	รัฐธรรมนูญ	rát-thà-tham-má-noon
Vertrag (m)	สัญญา	sǎn-yaa
Kopie (f)	สำเนา	sǎm-nao
Kopie (~ des Vertrages)	ฉบับ	chà-bàp
Zolldeklaration (f)	แบบฟอร์มการเสีย	bàep form gaan sǐa
	ภาษีศุลกากร	phaa-sěe sǔn-lá-gaa-gon
Dokument (n)	เอกสาร	àyk sǎan
Führerschein (m)	ใบอนุญาตขับขี่	bai a-nú-yâat khàp khèe
Anlage (f)	ภาคผนวก	phâak phà-nùak
Fragebogen (m)	แบบฟอร์ม	bàep form
Ausweis (m)	บัตรประจำตัว	bàt bprà-jam dtua
Anfrage (f)	คำรองขอ	kham rórng khǒr
Einladungskarte (f)	บัตรเชิญ	bàt chern
Rechnung (von Firma)	ใบกำกับสินค้า	bai gam-gàp sǐn kháa
Gesetz (n)	กฎหมาย	gòt mǎai
Brief (m)	จดหมาย	jòt mǎai
Briefbogen (n)	แบบฟอร์ม	bàep form
Liste (schwarze ~)	รายชื่อ	raai chêu
Manuskript (n)	ตนฉบับ	dtôn chà-bàp
Informationsblatt (n)	จุดหมายขาว	jòt mǎai khàao
Zettel (m)	ขอความสั้นๆ	khôr khwaam sân sân
Passierschein (m)	บัตรผ่าน	bàt phàan
Pass (m)	หนังสือเดินทาง	nǎng-sěu dern-thaang
Erlaubnis (f)	ใบอนุญาต	bai a-nú-yâat
Lebenslauf (m)	ประวัติยอ	bprà-wàt yôr
Schuldschein (m)	รายการหนี้	raai gaan nêe
Quittung (f)	ใบเสร็จ	bai sèt
Kassenzettel (m)	ใบเสร็จ	bai sèt

Bericht (m)	รายงาน	raai ngaan
vorzeigen (vt)	แสดง	sà-daeng
unterschreiben (vt)	ลงนาม	long naam
Unterschrift (f)	ลายมือชื่อ	laai meu chêu
Stempel (m)	ตราประทับ	dtraa bprà-tháp
Text (m)	ชุดความ	khôr khwaam
Eintrittskarte (f)	ตัว	dtǔa

| streichen (vt) | ขีดฆ่า | khèet khâa |
| ausfüllen (vt) | กรอก | gròrk |

| Frachtbrief (m) | รายการสินค้าขนส่ง | raai gaan sǐn kháa khǒn sòng |
| Testament (n) | พินัยกรรม | phí-nai-gam |

117. Geschäftsarten

Buchführung (f)	บริการทำบัญชี	bor-rí-gaan tham ban-chee
Werbung (f)	การโฆษณา	gaan khôht-sà-naa
Werbeagentur (f)	บริษัทโฆษณา	bor-rí-sàt khôht-sà-naa
Klimaanlagen (pl)	เครื่องปรับอากาศ	khrêuang bpràp-aa-gàat
Fluggesellschaft (f)	สายการบิน	sǎai gaan bin

Spirituosen (pl)	เครื่องดื่มแอลกอฮอล์	khrêuang dèum aen-gor-hor
Antiquitäten (pl)	ของเก่า	khǒrng gào
Kunstgalerie (f)	หอศิลป์	hǒr sǐn
Rechnungsprüfung (f)	บริการตรวจ สอบบัญชี	bor-rí-gaan dtrùat sòrp ban-chee

Bankwesen (n)	การธนาคาร	gaan thá-naa-khaan
Bar (f)	บาร์	baa
Schönheitssalon (m)	ช่างเสริมสวย	châang sěrm sǔay
Buchhandlung (f)	ร้านขายหนังสือ	ráan khǎai nǎng-sěu
Bierbrauerei (f)	โรงงานต้มเหล้า	rohng ngaan dtôm lâu
Bürogebäude (n)	ศูนย์ธุรกิจ	sǒon thú-rá gìt
Business-Schule (f)	โรงเรียนธุรกิจ	rohng rian thú-rá gìt

Kasino (n)	คาสิโน	khaa-sì-noh
Bau (m)	การก่อสร้าง	gaan gòr sâang
Beratung (f)	การปรึกษา	gaan bprèuk-sǎa

Stomatologie (f)	คลินิกทันตกรรม	khlí-nìk than-ta-gam
Design (n)	การออกแบบ	gaan òrk bàep
Apotheke (f)	ร้านขายยา	ráan khǎai yaa
chemische Reinigung (f)	ร้านซักแห้ง	ráan sák hâeng
Personalagentur (f)	สำนักงาน จัดหางาน	sǎm-nák ngaan jàt hǎa ngaan

Finanzdienstleistungen (pl)	บริการด้านการเงิน	bor-rí-gaan dâan gaan ngern
Nahrungsmittel (pl)	ผลิตภัณฑ์อาหาร	phà-lìt-dtà-phan aa hǎan
Bestattungsinstitut (n)	บริษัทรับจัดงานศพ	bor-rí-sàt ráp jàt ngaan sòp
Möbel (n)	เครื่องเรือน	khrêuang reuan
Kleidung (f)	เสื้อผ้า	sêua phâa
Hotel (n)	โรงแรม	rohng raem
Eis (n)	ไอศกรีม	ai-sà-greem

Industrie (f)	อุตสาหกรรม	út-saa há-gam
Versicherung (f)	การประกัน	gaan bprà-gan
Internet (n)	อินเทอร์เน็ต	in-thêr-nét
Investitionen (pl)	การลงทุน	gaan long thun
Juwelier (m)	ช่างทำเครื่องเพชรพลอย	châang tham khrêuang phét phloi
Juwelierwaren (pl)	เครื่องเพชรพลอย	khrêuang phét phloi
Wäscherei (f)	โรงซักรีดผ้า	rohng sák rêet phâa
Rechtsberatung (f)	คนที่ปรึกษาทางกฎหมาย	khon thêe bprèuk-săa thaang gòt măai
Leichtindustrie (f)	อุตสาหกรรมเบา	ùt-săa-hà-gam bao
Zeitschrift (f)	นิตยสาร	nít-dtà-yá-săan
Versandhandel (m)	การขายสินค้าทางไปรษณีย์	gaan khăai sĭn kháa thaang bprai-sà-nee
Medizin (f)	การแพทย์	gaan phâet
Kino (Filmtheater)	โรงภาพยนตร์	rohng phâap-phá-yon
Museum (n)	พิพิธภัณฑ์	phí-phítha phan
Nachrichtenagentur (f)	สำนักข่าว	săm-nák khàao
Zeitung (f)	หนังสือพิมพ์	năng-sěu phim
Nachtklub (m)	ไนท์คลับ	nai-khláp
Erdöl (n)	น้ำมัน	nám man
Kurierdienst (m)	บริการจัดส่ง	bor-rí-gaan jàt sòng
Pharmaindustrie (f)	เภสัชกรรม	phay-sàt-cha -gam
Druckindustrie (f)	สิ่งพิมพ์	sìng phim
Verlag (m)	สำนักพิมพ์	săm-nák phim
Rundfunk (m)	วิทยุ	wít-thá-yú
Immobilien (pl)	อสังหาริมทรัพย์	a-săng-hăa-rim-má-sáp
Restaurant (n)	ร้านอาหาร	ráan aa-hăan
Sicherheitsagentur (f)	บริษัทรักษาความปลอดภัย	bor-rí-sàt rák-săa khwaam bplòrt phai
Sport (m)	กีฬา	gee-laa
Börse (f)	ตลาดหลักทรัพย์	dtà-làat làk sáp
Laden (m)	ร้านค้า	ráan kháa
Supermarkt (m)	ซูเปอร์มาร์เก็ต	soo-bper-maa-gèt
Schwimmbad (n)	สระว่ายน้ำ	sà wâai náam
Atelier (n)	ร้านตัดเสื้อ	ráan dtàt sêua
Fernsehen (n)	โทรทัศน์	thoh-rá-thát
Theater (n)	โรงละคร	rohng lá-khon
Handel (m)	การค้าขาย	gaan kháa kăai
Transporte (pl)	การขนส่ง	gaan khŏn sòng
Reisen (pl)	การท่องเที่ยว	gaan thôrng thîeow
Tierarzt (m)	สัตวแพทย์	sàt phâet
Warenlager (n)	โกดังเก็บสินค้า	goh-dang gèp sĭn kháa
Müllabfuhr (f)	การเก็บขยะ	gaan gèp khà-yà

Arbeit. Geschäft. Teil 2

118. Show. Ausstellung

Ausstellung (f)	งานแสดง	ngaan sà-daeng
Handelsausstellung (f)	งานแสดงสินค้า	ngaan sà-daeng sĭn kháa
Teilnahme (f)	การเข้าร่วม	gaan khâo rûam
teilnehmen (vi)	เขาร่วมใน	khâo rûam nai
Teilnehmer (m)	ผู้เขารวม	phôo khâo rûam
Direktor (m)	ผู้อำนวยการ	phôo am-nuay gaan
Messeverwaltung (f)	สำนักงานผู้จัด	săm-nák ngaan phôo jàt
Organisator (m)	ผู้จัด	phôo jàt
veranstalten (vt)	จัด	jàt
Anmeldeformular (n)	แบบฟอร์มลงทะเบียน	bàep form long thá-bian
ausfüllen (vt)	กรอก	gròrk
Details (pl)	รายละเอียด	raai lá-ìat
Information (f)	ขอมูล	khôr moon
Preis (m)	ราคา	raa-khaa
einschließlich	รวมถึง	ruam thĕung
einschließen (vt)	รวม	ruam
zahlen (vt)	จ่าย	jàai
Anmeldegebühr (f)	คาลงทะเบียน	khâa long thá-bian
Eingang (m)	ทางเข้า	thaang khâo
Pavillon (m)	ศาลา	săa-laa
registrieren (vt)	ลงทะเบียน	long thá-bian
Namensschild (n)	ป้ายชื่อ	bpâai chêu
Stand (m)	บูธแสดงสินค้า	bòot sà-daeng sĭn kháa
reservieren (vt)	จอง	jorng
Vitrine (f)	ตู้โชว์สินค้า	dtôo choh sĭn kháa
Strahler (m)	ไฟรวมแสงบนเวที	fai ruam săeng bon way-thee
Design (n)	การออกแบบ	gaan òrk bàep
stellen (vt)	วาง	waang
gelegen sein	ถูกตั้ง	thòok dtâng
Distributor (m)	ผู้จัดจำหน่าย	phôo jàt jam-nàai
Lieferant (m)	ผู้จัดหา	phôo jàt hăa
liefern (vt)	จัดหา	jàt hăa
Land (n)	ประเทศ	bprà-thâyt
ausländisch	ตางชาติ	dtàang châat
Produkt (n)	ผลิตภัณฑ์	phà-lìt-dtà-phan
Assoziation (f)	สมาคม	sà-maa khom
Konferenzraum (m)	หองประชุม	hôrng bprà-chum

| Kongress (m) | การประชุม | gaan bprà-chum |
| Wettbewerb (m) | การแข่งขัน | gaan khàeng khǎn |

Besucher (m)	ผู้เข้าร่วม	phôo khâo rûam
besuchen (vt)	เข้าร่วม	khâo rûam
Auftraggeber (m)	ลูกค้า	lôok kháa

119. Massenmedien

Zeitung (f)	หนังสือพิมพ์	nǎng-sěu phim
Zeitschrift (f)	นิตยสาร	nít-dtà-yá-sǎan
Presse (f)	สื่อสิ่งพิมพ์	sèu sìng phim
Rundfunk (m)	วิทยุ	wít-thá-yú
Rundfunkstation (f)	สถานีวิทยุ	sà-thǎa-nee wít-thá-yú
Fernsehen (n)	โทรทัศน์	thoh-rá-thát

Moderator (m)	ผู้ประกาศข่าว	phôo bprà-gàat khàao
Sprecher (m)	ผู้ประกาศข่าว	phôo bprà-gàat khàao
Kommentator (m)	ผู้อธิบาย	phôo à-thí-baai

Journalist (m)	นักข่าว	nák khàao
Korrespondent (m)	ผู้รายงานข่าว	phôo raai ngaan khàao
Bildberichterstatter (m)	ช่างภาพ หนังสือพิมพ์	châang phâap nǎng-sěu phim
Reporter (m)	ผู้รายงาน	phôo raai ngaan

| Redakteur (m) | บรรณาธิการ | ban-naa-thí-gaan |
| Chefredakteur (m) | หัวหน้าบรรณาธิการ | hǔa nâa ban-naa-thí-gaan |

abonnieren (vt)	รับ	ráp
Abonnement (n)	การรับ	gaan ráp
Abonnent (m)	ผู้รับ	phôo ráp
lesen (vi, vt)	อ่าน	àan
Leser (m)	ผู้อ่าน	phôo àan

Auflage (f)	การเผยแพร่	gaan phǒie-phrâe
monatlich (Adj)	รายเดือน	raai deuan
wöchentlich (Adj)	รายสัปดาห์	raai sàp-daa
Ausgabe (Zeitschrift)	ฉบับ	chà-bàp
neueste (~ Ausgabe)	ใหม่	mài

Titel (m)	ข่าวพาดหัว	khàao phâat hǔa
Notiz (f)	บทความสั้นๆ	bòt khwaam sân sân
Rubrik (f)	คอลัมน์	khor lam
Artikel (m)	บทความ	bòt khwaam
Seite (f)	หน้า	nâa

Reportage (f)	การรายงานข่าว	gaan raai ngaan khàao
Ereignis (n)	เหตุการณ์	hàyt gaan
Sensation (f)	ข่าวดัง	khàao dang
Skandal (m)	เรื่องอื้อฉาว	rêuang êu chǎao
skandalös	อื้อฉาว	êu chǎao
groß (-er Skandal)	ใหญ่	yài
Sendung (f)	รายการ	raai gaan

Interview (n)	การสัมภาษณ์	gaan sǎm-phâat
Live-Übertragung (f)	ถ่ายทอดสด	thàai thôrt sòt
Kanal (m)	ช่อง	chôrng

120. Landwirtschaft

Landwirtschaft (f)	เกษตรกูรรม	gà-sàyt-dtra -gam
Bauer (m)	ชาวนาผู้ชาย	chaao naa phôo chaai
Bäuerin (f)	ชาวนาผู้หญิง	chaao naa phôo yǐng
Farmer (m)	ชาวนา	chaao naa

| Traktor (m) | รถแทร็คเตอร์ | rót tráek-dtêr |
| Mähdrescher (m) | เครื่องเก็บเกี่ยว | khrêuang gèp gìeow |

Pflug (m)	คันไถ	khan thǎi
pflügen (vt)	ไถ	thǎi
Acker (m)	ที่ดินที่ไถพรวน	thêe din thêe thǎi phruan
Furche (f)	ร่องดิน	rôrng din

säen (vt)	หว่าน	wàan
Sämaschine (f)	เครื่องหว่านเมล็ด	khrêuang wàan má-lét
Saat (f)	การหว่าน	gaan wàan

| Sense (f) | เคียว | khieow |
| mähen (vt) | ถาง | thǎang |

| Schaufel (f) | พลั่ว | phlûa |
| graben (vt) | ขุด | khùt |

Hacke (f)	จอบ	jòrp
jäten (vt)	ถาก	thàak
Unkraut (n)	วัชพืช	wát-chá-phêut

Gießkanne (f)	กระป๋องรดน้ำ	grà-bpǒrng rót náam
gießen (vt)	รดน้ำ	rót náam
Bewässerung (f)	การรดน้ำ	gaan rót nám

| Heugabel (f) | ส้อมเสียบ | sôrm sìap |
| Rechen (m) | คราด | khrâat |

Dünger (m)	ปุ๋ย	bpǔi
düngen (vt)	ใส่ปุ๋ย	sài bpǔi
Mist (m)	ปุ๋ยคอก	bpǔi khôrk

Feld (n)	ทุ่งนา	thûng naa
Wiese (f)	ทุ่งหญ้า	thûng yâa
Gemüsegarten (m)	สวนผัก	sǔan phàk
Obstgarten (m)	สวนผลไม้	sǔan phǒn-lá-máai

weiden (vt)	เล็มหญ้า	lem yâa
Hirt (m)	คนเลี้ยงสัตว์	khon líang sàt
Weide (f)	ทุ่งเลี้ยงสัตว์	thûng líang sàt
Viehzucht (f)	การขยายพันธุ์สัตว์	gaan khà-yǎai phan sàt
Schafzucht (f)	การขยายพันธุ์แกะ	gaan khà-yǎai phan gàe

Plantage (f)	ที่เพาะปลูก	thêe phór bplòok
Beet (n)	แถว	thǎe
Treibhaus (n)	เรือนกระจกร้อน	reuan grà-jòk rón

| Dürre (f) | ภัยแล้ง | phai láeng |
| dürr, trocken | แล้ง | láeng |

Getreide (n)	ธัญพืช	than-yá-phêut
Getreidepflanzen (pl)	ผลผลิตธัญพืช	phǒn phà-lìt than-yá-phêut
ernten (vt)	เก็บเกี่ยว	gèp gìeow

Müller (m)	เจ้าของโรงโม่	jâo khǒrng rohng môh
Mühle (f)	โรงสี	rohng sěe
mahlen (vt)	โม่	môh
Mehl (n)	แป้ง	bpâeng
Stroh (n)	ฟาง	faang

121. Gebäude. Bauabwicklung

Baustelle (f)	สถานที่ก่อสร้าง	sà-thǎan thêe gòr sâang
bauen (vt)	สร้าง	sâang
Bauarbeiter (m)	คนงานก่อสร้าง	khon ngaan gòr sâang

Projekt (n)	โครงการ	khrohng gaan
Architekt (m)	สถาปนิก	sà-thǎa-bpà-ník
Arbeiter (m)	คนงาน	khon ngaan

Fundament (n)	รากฐาน	râak thǎan
Dach (n)	หลังคา	lǎng khaa
Pfahl (m)	เสาเข็ม	sǎo khěm
Wand (f)	กำแพง	gam-phaeng

| Bewehrungsstahl (m) | เหล็กเส้นเสริมแรง | lèk sên sěrm raeng |
| Gerüst (n) | นั่งร้าน | nâng ráan |

Beton (m)	คอนกรีต	khorn-grèet
Granit (m)	หินแกรนิต	hǐn grae-nít
Stein (m)	หิน	hǐn
Ziegel (m)	อิฐ	ìt

Sand (m)	ทราย	saai
Zement (m)	ปูนซีเมนต์	bpoon see-mayn
Putz (m)	พลาสเตอร์	phláat-dtêr
verputzen (vt)	ฉาบ	chàap

Farbe (f)	สี	sěe
färben (vt)	ทาสี	thaa sěe
Fass (n), Tonne (f)	ถัง	thǎng

Kran (m)	ปั้นจั่น	bpân jàn
aufheben (vt)	ยก	yók
herunterlassen (vt)	ลด	lót
Planierraupe (f)	รถดันดิน	rót dan din
Bagger (m)	รถขุด	rót khùt

Baggerschaufel (f)	ช้อนขุด	chórn khùt
graben (vt)	ขุด	khùt
Schutzhelm (m)	หมวกนิรภัย	mùak ní-rá-phai

122. Wissenschaft. Forschung. Wissenschaftler

Wissenschaft (f)	วิทยาศาสตร์	wít-thá-yaa sàat
wissenschaftlich	ทางวิทยาศาสตร์	thaang wít-thá-yaa sàat
Wissenschaftler (m)	นักวิทยาศาสตร	nák wít-thá-yaa sàat
Theorie (f)	ทฤษฎี	thrít-sà-dee

Axiom (n)	สัจพจน์	sàt-jà-phót
Analyse (f)	การวิเคราะห์	gaan wí-khrór
analysieren (vt)	วิเคราะห์	wí-khrór
Argument (n)	ขอโต้แย้ง	khôr dtôh yáeng
Substanz (f)	สาร	sǎan

Hypothese (f)	สมมติฐาน	sǒm-mút thǎan
Dilemma (n)	โจทย์	jòht
Dissertation (f)	ปริญญานิพนธ์	bpà-rin-yaa ní-phon
Dogma (n)	หลัก	làk

Doktrin (f)	หลักคำสอน	làk kham sǒrn
Forschung (f)	การวิจัย	gaan wí-jai
forschen (vi)	วิจัย	wí-jai
Kontrolle (f)	การควบคุม	gaan khûap khum
Labor (n)	หองทดลอง	hôrng thót lorng

Methode (f)	วิธี	wí-thee
Molekül (n)	โมเลกูล	moh-lay-gun
Monitoring (n)	การเฝ้าสังเกต	gaan fâo sǎng-gàyt
Entdeckung (f)	การคนพบ	gaan khón phóp

Postulat (n)	สัจพจน์	sàt-jà-phót
Prinzip (n)	หลักการ	làk gaan
Prognose (f)	การคาดการณ์	gaan khâat gaan
prognostizieren (vt)	คาดการณ	khâat gaan

Synthese (f)	การสังเคราะห์	gaan sǎng-khrór
Tendenz (f)	แนวโน้ม	naew nóhm
Theorem (n)	ทฤษฎีบท	thrít-sà-dee bòt

| Lehre (Doktrin) | คำสอน | kham sǒrn |
| Tatsache (f) | ขอเท็จจริง | khôr thét jing |

| Expedition (f) | การสำรวจ | gaan sǎm-rùat |
| Experiment (n) | การทดลอง | gaan thót lorng |

Akademiemitglied (n)	นักวิชาการ	nák wí-chaa gaan
Bachelor (m)	บัณฑิต	ban-dìt
Doktor (m)	ดุษฎีบัณฑิต	dùt-sà-dee ban-dìt
Dozent (m)	รองศาสตราจารย์	rorng sàat-sà-dtraa-jaan
Magister (m)	มหาบัณฑิต	má-hǎa ban-dìt
Professor (m)	ศาสตราจารย์	sàat-sà-dtraa-jaan

Berufe und Tätigkeiten

123. Arbeitsuche. Kündigung

Arbeit (f), Stelle (f)	งาน	ngaan
Belegschaft (f)	พนักงาน	phá-nák ngaan
Personal (n)	พนักงาน	phá-nák ngaan
Karriere (f)	อาชีพ	aa-chêep
Perspektive (f)	โอกาส	oh-gàat
Können (n)	ทักษะ	thák-sà
Auswahl (f)	การคัดเลือก	gaan khát lêuak
Personalagentur (f)	สำนักงาน	săm-nák ngaan
	จัดหางาน	jàt hăa ngaan
Lebenslauf (m)	ประวัติย่อ	bprà-wàt yôr
Vorstellungsgespräch (n)	สัมภาษณ์งาน	săm-phâat ngaan
Vakanz (f)	ตำแหน่งว่าง	dtam-nàeng wâang
Gehalt (n)	เงินเดือน	ngern deuan
festes Gehalt (n)	เงินเดือน	ngern deuan
Arbeitslohn (m)	คาแรง	khâa raeng
Stellung (f)	ตำแหน่ง	dtam-nàeng
Pflicht (f)	หน้าที่	nâa thêe
Aufgabenspektrum (n)	หน้าที่	nâa thêe
beschäftigt	ไม่ว่าง	mâi wâang
kündigen (vt)	ไล่ออก	lâi òrk
Kündigung (f)	การไล่ออก	gaan lâi òrk
Arbeitslosigkeit (f)	การว่างงาน	gaan wâang ngaan
Arbeitslose (m)	คนว่างงาน	khon wâang ngaan
Rente (f), Ruhestand (m)	การเกษียณอายุ	gaan gà-sĭan aa-yú
in Rente gehen	เกษียณ	gà-sĭan

124. Geschäftsleute

Direktor (m)	ผู้อำนวยการ	phôo am-nuay gaan
Leiter (m)	ผู้จัดการ	phôo jàt gaan
Boss (m)	หัวหน้า	hŭa-nâa
Vorgesetzte (m)	ผู้บังคับบัญชา	phôo bang-kháp ban-chaa
Vorgesetzten (pl)	คณะผู้บังคับ	khá-ná phôo bang-kháp
	บัญชา	ban-chaa
Präsident (m)	ประธานาธิปดี	bprà-thaa-naa-thí-bor-dee
Vorsitzende (m)	ประธาน	bprà-thaan
Stellvertreter (m)	รอง	rorng

Helfer (m)	ผู้ช่วย	phôo chûay
Sekretär (m)	เลขา	lay-khǎa
Privatsekretär (m)	ผู้ช่วยส่วนบุคคล	phôo chûay sùan bùk-khon

| Geschäftsmann (m) | นักธุรกิจ | nák thú-rá-gìt |
| Unternehmer (m) | ผู้ประกอบการ | phôo bprà-gòp gaan |

| Gründer (m) | ผู้ก่อตั้ง | phôo gòr dtâng |
| gründen (vt) | ก่อตั้ง | gòr dtâng |

Gründungsmitglied (n)	ผู้ก่อตั้ง	phôo gòr dtâng
Partner (m)	หุ้นส่วน	hûn sùan
Aktionär (m)	ผู้ถือหุ้น	phôo thěu hûn

| Millionär (m) | เศรษฐีเงินล้าน | sàyt-thěe ngern láan |
| Milliardär (m) | มหาเศรษฐี | má-hǎa sàyt-thěe |

| Besitzer (m) | เจ้าของ | jâo khǒrng |
| Landbesitzer (m) | เจ้าของที่ดิน | jâo khǒrng thêe din |

| Kunde (m) | ลูกค้า | lôok kháa |
| Stammkunde (m) | ลูกค้าประจำ | lôok kháa bprà-jam |

| Käufer (m) | ลูกค้า | lôok kháa |
| Besucher (m) | ผู้เข้าร่วม | phôo khâo rûam |

Fachmann (m)	ผู้เป็นมืออาชีพ	phôo bpen meu aa-chêep
Experte (m)	ผู้เชี่ยวชาญ	phôo chîeow-chaan
Spezialist (m)	ผู้ชำนาญ เฉพาะทาง	phôo cham-naan chà-phó thaang

| Bankier (m) | พนักงาน ธนาคาร | phá-nák ngaan thá-naa-khaan |
| Makler (m) | นายหน้า | naai nâa |

Kassierer (m)	แคชเชียร์	khâet chia
Buchhalter (m)	นักบัญชี	nák ban-chee
Wächter (m)	ยาม	yaam

| Investor (m) | ผู้ลงทุน | phôo long thun |
| Schuldner (m) | ลูกหนี้ | lôok nêe |

| Gläubiger (m) | เจ้าหนี้ | jâo nêe |
| Kreditnehmer (m) | ผู้ยืม | phôo yeum |

| Importeur (m) | ผู้นำเข้า | phôo nam khâo |
| Exporteur (m) | ผู้ส่งออก | phôo sòng òrk |

Hersteller (m)	ผู้ผลิต	phôo phà-lìt
Distributor (m)	ผู้จัดจำหน่าย	phôo jàt jam-nàai
Vermittler (m)	คนกลาง	khon glaang

Berater (m)	ที่ปรึกษา	thêe bprèuk-sǎa
Vertreter (m)	พนักงานขาย	phá-nák ngaan khǎai
Agent (m)	ตัวแทน	dtua thaen
Versicherungsagent (m)	ตัวแทนประกัน	dtua thaen bprà-gan

125. Dienstleistungsberufe

Koch (m)	ดูแครัว	khon khrua
Chefkoch (m)	กุ๊ก	gúk
Bäcker (m)	ช่างอบขนมปัง	châang òp khà-nŏm bpang
Barmixer (m)	บาร์เทนเดอร์	baa-thayn-dêr
Kellner (m)	พนักงานเสิร์ฟชาย	phá-nák ngaan sèrf chaai
Kellnerin (f)	พนักงานเสิร์ฟหญิง	phá-nák ngaan sèrf yĭng
Rechtsanwalt (m)	ทนายความ	thá-naai khwaam
Jurist (m)	นักกฎหมาย	nák gòt măai
Notar (m)	พนักงานจดทะเบียน	phá-nák ngaan jòt thá-bian
Elektriker (m)	ช่างไฟฟ้า	châang fai-fáa
Klempner (m)	ช่างประปา	châang bprà-bpaa
Zimmermann (m)	ช่างไม้	châang máai
Masseur (m)	หมอนวดชาย	mŏr nûat chaai
Masseurin (f)	หมอนวดหญิง	mŏr nûat yĭng
Arzt (m)	แพทย์	phâet
Taxifahrer (m)	คนขับแท็กซี่	khon khàp tháek-sêe
Fahrer (m)	คนขับ	khon khàp
Ausfahrer (m)	คนส่งของ	khon sòng khŏrng
Zimmermädchen (n)	แม่บ้าน	mâe bâan
Wächter (m)	ยาม	yaam
Flugbegleiterin (f)	พนักงวนต้อนรับบนเครื่องบิน	phá-nák ngaan dtôrn ráp bon khrêuang bin
Lehrer (m)	อาจารย์	aa-jaan
Bibliothekar (m)	บรรณารักษ์	ban-naa-rák
Übersetzer (m)	นักแปล	nák bplae
Dolmetscher (m)	ล่าม	lâam
Fremdenführer (m)	มัคคุเทศก์	mák-khú-thâyt
Friseur (m)	ช่างทำผม	châang tham phŏm
Briefträger (m)	บุรุษไปรษณีย์	bù-rùt bprai-sà-nee
Verkäufer (m)	คนขายของ	khon khăai khŏrng
Gärtner (m)	ชาวสวน	chaao sŭan
Diener (m)	คนใช้	khon chái
Magd (f)	สาวใช้	săao chái
Putzfrau (f)	คนทำความสะอาด	khon tham khwaam sà-àat

126. Militärdienst und Ränge

einfacher Soldat (m)	พลทหาร	phon-thá-hăan
Feldwebel (m)	สิบเอก	sìp àyk
Leutnant (m)	ร้อยโท	rói thoh
Hauptmann (m)	ร้อยเอก	rói àyk
Major (m)	พลตรี	phon-dtree

Oberst (m)	พันเอก	phan àyk
General (m)	นายพล	naai phon
Marschall (m)	จอมพล	jorm phon
Admiral (m)	พลเรือเอก	phon reua àyk

Militärperson (f)	ทางทหาร	thaang thá-hǎan
Soldat (m)	ทหาร	thá-hǎan
Offizier (m)	นายทหาร	naai thá-hǎan
Kommandeur (m)	ผู้บัญชาการ	phôo ban-chaa gaan

Grenzsoldat (m)	ยามเฝ้าชายแดน	yaam fâo chaai daen
Funker (m)	พลวิทยุ	phon wít-thá-yú
Aufklärer (m)	ทหารพราน	thá-hǎan phraan
Pionier (m)	ทหารช่าง	thá-hǎan châang
Schütze (m)	พลแมนปืน	phon mâen bpeun
Steuermann (m)	ตนหน	dtôn hǒn

127. Beamte. Priester

| König (m) | กษัตริย์ | gà-sàt |
| Königin (f) | ราชินี | raa-chí-nee |

| Prinz (m) | เจ้าชาย | jâo chaai |
| Prinzessin (f) | เจาหญิง | jâo yǐng |

| Zar (m) | ชาร์ | saa |
| Zarin (f) | ชารีนา | saa-ree-naa |

Präsident (m)	ประธานาธิบดี	bprà-thaa-naa-thí-bor-dee
Minister (m)	รัฐมนตรี	rát-thà-mon-dtree
Ministerpräsident (m)	นายกรัฐมนตรี	naa-yók rát-thà-mon-dtree
Senator (m)	สมาชิกวุฒิสภา	sà-maa-chík wút-thí sà-phaa

Diplomat (m)	นักการทูต	nák gaan thôot
Konsul (m)	กงสุล	gong-sǔn
Botschafter (m)	เอกอัครราชทูต	àyk-gà-àk-krá-râat-chá-tôot
Ratgeber (m)	เจ้าหน้าที่การทูต	jâo nâa-thêe gaan thôot

Beamte (m)	ข้าราชการ	khâa râat-chá-gaan
Präfekt (m)	เจ้าหน้าที่	jâo nâa-thêe
Bürgermeister (m)	นายกเทศมนตรี	naa-yók thâyt-sà-mon-dtree

| Richter (m) | ผู้พิพากษา | phôo phí-phâak-sǎa |
| Staatsanwalt (m) | อัยการ | ai-yá-gaan |

| Missionar (m) | ผู้สอนศาสนา | phôo sǒrn sàat-sà-nǎa |
| Mönch (m) | พระ | phrá |

| Abt (m) | เจ้าอาวาส | jâo aa-wâat |
| Rabbiner (m) | พระในศาสนายิว | phrá nai sàat-sà-nǎa yiw |

Wesir (m)	วีซีร์	wee see
Schah (n)	กษัตริย์อิหร่าน	gà-sàt i-ràan
Scheich (m)	หัวหน้าเผ่าอาหรับ	hǔa nâa phào aa-ràp

128. Landwirtschaftliche Berufe

Bienenzüchter (m)	คนเลี้ยงผึ้ง	khon líang phêung
Hirt (m)	คนเลี้ยงปศุสัตว์	khon líang bpà-sù-sàt
Agronom (m)	นักปฐพีวิทยา	nák bpà-tà-phee wít-thá-yaa
Viehzüchter (m)	ผู้ขยายพันธุ์สัตว์	phôo khà-yǎai phan sàt
Tierarzt (m)	สัตวแพทย์	sàt phâet
Farmer (m)	ชาวนา	chaao naa
Winzer (m)	ผู้ผลิตไวน์	phôo phà-lìt wai
Zoologe (m)	นักสัตววิทยา	nák sàt wít-thá-yaa
Cowboy (m)	โคบาล	khoh-baan

129. Künstler

Schauspieler (m)	นักแสดงชาย	nák sà-daeng chaai
Schauspielerin (f)	นักแสดงหญิง	nák sà-daeng yǐng
Sänger (m)	นักร้องชาย	nák rórng chaai
Sängerin (f)	นักรองหญิง	nák rórng yǐng
Tänzer (m)	นักเต้นชาย	nák dtên chaai
Tänzerin (f)	นักเตนหญิง	nák dtên yǐng
Künstler (m)	นักแสดงชาย	nák sà-daeng chaai
Künstlerin (f)	นักแสดงหญิง	nák sà-daeng yǐng
Musiker (m)	นักดนตรี	nák don-dtree
Pianist (m)	นักเปียโน	nák bpia noh
Gitarrist (m)	ผู้เลนกีตาร์	phôo lên gee-dtâa
Dirigent (m)	ผู้ควบคุม วงดนตรี	phôo khûap khum wong don-dtree
Komponist (m)	นักแต่งเพลง	nák dtàeng phlayng
Manager (m)	ผู้ควบคุม การแสดง	phôo khûap khum gaan sà-daeng
Regisseur (m)	ผู้กำกับ ภาพยนตร	phôo gam-gàp phâap-phá-yon
Produzent (m)	ผู้อำนวยการสร้าง	phôo am-nuay gaan sâang
Drehbuchautor (m)	คนเขียนบท ภาพยนตร	khon khǐan bòt phâap-phá-yon
Kritiker (m)	นักวิจารณ์	nák wí-jaan
Schriftsteller (m)	นักเขียน	nák khǐan
Dichter (m)	นักกวี	nák gà-wee
Bildhauer (m)	ช่างสลัก	châang sà-làk
Maler (m)	ช่างวาดรูป	châang wâat rôop
Jongleur (m)	นักมายากล โยนของ	nák maa-yaa gon yohn khǒrng
Clown (m)	ตัวตลก	dtua dtà-lòk
Akrobat (m)	นักกายกรรม	nák gaai-yá-gam
Zauberkünstler (m)	นักเลนกล	nák lên gon

130. Verschiedene Berufe

Arzt (m)	แพทย์	phâet
Krankenschwester (f)	พยาบาล	phá-yaa-baan
Psychiater (m)	จิตแพทย์	jìt-dtà-phâet
Zahnarzt (m)	ทันตแพทย์	than-dtà phâet
Chirurg (m)	ศัลยแพทย์	săn-yá-phâet

Astronaut (m)	นักบินอวกาศ	nák bin a-wá-gàat
Astronom (m)	นักดาราศาสตร์	nák daa-raa sàat
Pilot (m)	นักบิน	nák bin

Fahrer (Taxi-)	คนขับ	khon khàp
Lokomotivführer (m)	คนขับรถไฟ	khon khàp rót fai
Mechaniker (m)	ช่างเครื่อง	châang khrêuang

Bergarbeiter (m)	คนงานเหมือง	khon ngaan měuang
Arbeiter (m)	คนงาน	khon ngaan
Schlosser (m)	ช่างโลหะ	châang loh-hà
Tischler (m)	ช่างไม้	châang máai
Dreher (m)	ช่างกลึง	châang gleung
Bauarbeiter (m)	คนงานก่อสร้าง	khon ngaan gòr sâang
Schweißer (m)	ช่างเชื่อม	châang chêuam

Professor (m)	ศาสตราจารย์	sàat-sà-dtraa-jaan
Architekt (m)	สถาปนิก	sà-thăa-bpà-ník
Historiker (m)	นักประวัติศาสตร์	nák bprà-wàt sàat
Wissenschaftler (m)	นักวิทยาศาสตร	nák wít-thá-yaa sàat
Physiker (m)	นักฟีสิกส์	nák fí-sìk
Chemiker (m)	นักเคมี	nák khay-mee

Archäologe (m)	นักโบราณคดี	nák boh-raan-ná-khá-dee
Geologe (m)	นักธรณีวิทยา	nák thor-rá-nee wít-thá-yaa
Forscher (m)	ผู้วิจัย	phôo wí-jai

Kinderfrau (f)	พี่เลี้ยงเด็ก	phêe líang dèk
Lehrer (m)	อาจารย์	aa-jaan

Redakteur (m)	บรรณาธิการ	ban-naa-thí-gaan
Chefredakteur (m)	หัวหน้าบรรณาธิการ	hŭa nâa ban-naa-thí-gaan
Korrespondent (m)	ผู้สื่อข่าว	phôo sèu khàao
Schreibkraft (f)	พนักงานพิมพ์ดีด	phá-nák ngaan phim dèet

Designer (m)	นักออกแบบ	nák òrk bàep
Computerspezialist (m)	ผู้เชี่ยวชาญด้านคอมพิวเตอร์	pôo chîeow-chaan dâan khorm-piw-dtêr
Programmierer (m)	นักเขียนโปรแกรม	nák khĭan bproh-graem
Ingenieur (m)	วิศวกร	wít-sà-wá-gon

Seemann (m)	กะลาสี	gà-laa-sĕe
Matrose (m)	คนเรือ	khon reua
Retter (m)	นักกู้ภัย	nák gôo phai

Feuerwehrmann (m)	เจ้าหน้าที่ดับเพลิง	jâo nâa-thêe dàp phlerng
Polizist (m)	เจาหนาที่ตำรวจ	jâo nâa-thêe dtam-rùat

| Nachtwächter (m) | คนยาม | khon yaam |
| Detektiv (m) | นักสืบ | nák sèup |

Zollbeamter (m)	เจ้าหน้าที่ศุลกากร	jâo nâa-thêe sŭn-lá-gaa-gon
Leibwächter (m)	ผู้คุมกัน	phôo khúm gan
Gefängniswärter (m)	ผู้คุม	phôo khum
Inspektor (m)	ผู้ตรวจการ	phôo dtrùat gaan

Sportler (m)	นักกีฬา	nák gee-laa
Trainer (m)	โค้ช	khóht
Fleischer (m)	คนขายเนื้อ	khon khăai néua
Schuster (m)	คนซ่อมรองเท้า	khon sôrm rorng tháo
Geschäftsmann (m)	คนค้า	khon kháa
Ladearbeiter (m)	คนงานยกของ	khon ngaan yók khŏrng

| Modedesigner (m) | นักออกแบบแฟชั่น | nák òrk bàep fae-chân |
| Modell (n) | นางแบบ | naang bàep |

131. Beschäftigung. Sozialstatus

| Schüler (m) | นักเรียน | nák rian |
| Student (m) | นักศึกษา | nák sèuk-săa |

Philosoph (m)	นักปราชญ์	nák bpràat
Ökonom (m)	นักเศรษฐศาสตร์	nák sàyt-thà-sàat
Erfinder (m)	นักประดิษฐ์	nák bprà-dìt

Arbeitslose (m)	ดูว่างงาน	khon wâang ngaan
Rentner (m)	ผู้เกษียณอายุ	phôo gà-sĭan aa-yú
Spion (m)	สายลับ	săai láp

Gefangene (m)	นักโทษ	nák thôht
Streikender (m)	คนนัดหยุดงาน	kon nát yùt ngaan
Bürokrat (m)	อำมาตย์	am-màat
Reisende (m)	นักเดินทาง	nák dern-thaang

Homosexuelle (m)	ผู้รักเพศเดียวกัน	phôo rák phâyt dieow gan
Hacker (m)	แฮ็กเกอร์	háek-gêr
Hippie (m)	ฮิปปี้	híp-bpêe

Bandit (m)	โจร	john
Killer (m)	นักฆ่า	nák khâa
Drogenabhängiger (m)	ผู้ติดยาเสพติด	phôo dtìt yaa-sàyp-dtìt
Drogenhändler (m)	ผู้ค้ายาเสพติด	phôo kháa yaa-sàyp-dtìt

| Prostituierte (f) | โสเภณี | sŏh-phay-nee |
| Zuhälter (m) | แมงดา | maeng-daa |

Zauberer (m)	พ่อมด	phôr mót
Zauberin (f)	แม่มด	mâe mót
Seeräuber (m)	โจรสลัด	john sà-làt
Sklave (m)	ทาส	thâat
Samurai (m)	ซามูไร	saa-moo-rai
Wilde (m)	คนป่าเถื่อน	khon bpàa thèuan

Sport

132. Sportarten. Persönlichkeiten des Sports

Sportler (m)	นักกีฬา	nák gee-laa
Sportart (f)	ประเภทกีฬา	bprà-phâyt gee-laa
Basketball (m)	บาสเก็ตบอล	bàat-gèt-bon
Basketballspieler (m)	ผู้เลนบาสเก็ตบอล	phôo lâyn bàat-gèt-bon
Baseball (m, n)	เบสบอล	bàyt-bon
Baseballspieler (m)	ผู้เลนเบสบอล	phôo lâyn bàyt bon
Fußball (m)	ฟุตบอล	fút bon
Fußballspieler (m)	นักฟุตบอล	nák fút-bon
Torwart (m)	ผู้รักษาประตู	phôo rák-sǎa bprà-dtoo
Eishockey (n)	ฮอกกี้	hôk-gêe
Eishockeyspieler (m)	ผู้เลนฮอกกี้	phôo lâyn hôk-gêe
Volleyball (m)	วอลเลย์บอล	won-lây-bon
Volleyballspieler (m)	ผู้เลนวอลเลย์บอล	phôo lâyn won-lây-bon
Boxen (n)	การชกมวย	gaan chók muay
Boxer (m)	นักมวย	nák muay
Ringen (n)	การมวยปล้ำ	gaan muay bplâm
Ringkämpfer (m)	นักมวยปล้ำ	nák muay bplâm
Karate (n)	คาราเต้	khaa-raa-dtây
Karatekämpfer (m)	นักคาราเต้	nák khaa-raa-dtây
Judo (n)	ยูโด	yoo-doh
Judoka (m)	นักยูโด	nák yoo-doh
Tennis (n)	เทนนิส	then-nít
Tennisspieler (m)	นักเทนนิส	nák then-nít
Schwimmen (n)	กีฬาว่ายน้ำ	gee-laa wâai náam
Schwimmer (m)	นักว่ายน้ำ	nák wâai náam
Fechten (n)	กีฬาฟันดาบ	gee-laa fan dàap
Fechter (m)	นักฟันดาบ	nák fan dàap
Schach (n)	หมากรุก	màak rúk
Schachspieler (m)	ผู้เลนหมากรุก	phôo lên màak rúk
Bergsteigen (n)	การปีนเขา	gaan bpeen khǎo
Bergsteiger (m)	นักปีนเขา	nák bpeen khǎo
Lauf (m)	การวิ่ง	gaan wîng

Läufer (m)	นักวิ่ง	nák wîng
Leichtathletik (f)	กรีฑา	gree thaa
Athlet (m)	นักกรีฑา	nák gree thaa

Pferdesport (m)	กีฬาขี่ม้า	gee-laa khèe máa
Reiter (m)	นักขี่มา	nák khèe máa

Eiskunstlauf (m)	สเก็ตลีลา	sà-gèt lee-laa
Eiskunstläufer (m)	นักแสดงสเก็ตลีลา	nák sà-daeng sà-gèt lee-laa
Eiskunstläuferin (f)	นักแสดงสเก็ตลีลา	nák sà-daeng sà-gèt lee-laa

Gewichtheben (n)	กีฬายกน้ำหนัก	gee-laa yók náam nàk
Gewichtheber (m)	นักยกน้ำหนัก	nák yók nám nàk

Autorennen (n)	การแข่งรถ	gaan khàeng rót
Rennfahrer (m)	นักแขงรถ	nák khàeng rót

Radfahren (n)	การแข่งจักรยาน	gaan khàeng jàk-grà-yaan
Radfahrer (m)	นักแขงจักรยาน	nák khàeng jàk-grà-yaan

Weitsprung (m)	กีฬากระโดดไกล	gee-laa grà-dòht glai
Stabhochsprung (m)	กีฬากระโดดค้ำถอ	gee-laa grà dòht khám thòr
Springer (m)	นักกระโดด	nák grà dòht

133. Sportarten. Verschiedenes

American Football (m)	อเมริกันฟุตบอล	a-may-rí-gan fút bon
Federballspiel (n)	แบดมินตัน	bàet-min-dtân
Biathlon (n)	ไบแอธลอน	bpai-oht-lon
Billard (n)	บิลเลียด	bin-lîat
Bob (m)	การขับเลื่อน น้ำแข็ง	gaan khàp lêuan náam khǎeng

Bodybuilding (n)	การเพาะกาย	gaan phór gaai
Wasserballspiel (n)	กีฬาโปโลน้ำ	gee-laa bpoh loh nám
Handball (m)	แฮนดบอล	haen-bon
Golf (n)	กอลฟ	góf

Rudern (n)	การพายเรือ	gaan phaai reua
Tauchen (n)	การดำน้ำ	gaan dam náam
Skilanglauf (m)	การแขงสกี ตามเสนทาง	gaan khàeng sà-gee dtaam sên thaang

Tischtennis (n)	กีฬาปิงปอง	gee-laa bping-bpong
Segelsport (m)	การแลนเรือใบ	gaan lâen reua bai
Rallye (f, n)	การแขงแรลลี่	gaan khàeng rae lá-lêe
Rugby (n)	รักบี้	rák-bêe
Snowboard (n)	สโนวบอรด	sà-nǒh bòt
Bogenschießen (n)	การยิงธนู	gaan ying thá-noo

134. Fitnessstudio

Hantel (f)	บารเบลล	baa bayn
Hanteln (pl)	ที่ยกน้ำหนัก	thêe yók nám nàk

Trainingsgerät (n)	เครื่องออกกำลังกาย	khrêuang òk gam-lang gaai
Fahrradtrainer (m)	จักรยานออก กำลังกาย	jàk-grà-yaan òk gam-lang gaai
Laufband (n)	ลู่วิ่งออกกำลังกาย	lôo wîng òk gam-lang gaai

Reck (n)	บาร์เดี่ยว	baa dìeow
Barren (m)	บาร์คู่	baa khôo
Sprungpferd (n)	ม้าขวาง	máa khwǎang
Matte (f)	เสื่อออกกำลังกาย	sèua òrk gam-lang gaai

Sprungseil (n)	กระโดดเชือก	grà dòht chêuak
Aerobic (n)	แอโรบิก	ae-roh-bìk
Yoga (m)	โยคะ	yoh-khá

135. Hockey

Eishockey (n)	ฮอกกี้	hôk-gêe
Eishockeyspieler (m)	ผู้เล่นฮอกกี้	phôo lâyn hôk-gêe
Hockey spielen	เล่นฮอกกี้	lên hók-gêe
Eis (n)	น้ำแข็ง	nám khǎeng

Puck (m)	ลูกฮอกกี้	lôok hók-gêe
Hockeyschläger (m)	ไม้ฮอกกี้	máai hók-gêe
Schlittschuhe (pl)	รองเท้าสเก็ต น้ำแข็ง	rorng tháo sà-gèt nám khǎeng

| Bord (m) | ลานสเก็ตน้ำแข็ง | laan sà-gèt nám khǎeng |
| Schuss (m) | การยิง | gaan ying |

Torwart (m)	ผู้รักษาประตู	phôo rák-sǎa bprà-dtoo
Tor (n)	ประตู	bprà-dtoo
ein Tor schießen	ทำประตู	tham bprà-dtoo

Drittel (n)	ช่วง	chûang
zweites Drittel (n)	ช่วงที่สอง	chûang thêe sǒrng
Ersatzbank (f)	ซุมม้านั่ง ตัวสำรอง	súm máa nâng dtua sǎm-rorng

136. Fußball

Fußball (m)	ฟุตบอล	fút bon
Fußballspieler (m)	นักฟุตบอล	nák fút-bon
Fußball spielen	เล่นฟุตบอล	lên fút bon

Oberliga (f)	เมเจอร์ลีก	may-jer-lêek
Fußballclub (m)	สโมสรฟุตบอล	sà-moh-sǒn fút-bon
Trainer (m)	โค้ช	khóht
Besitzer (m)	เจ้าของ	jâo khǒrng

Mannschaft (f)	ทีม	theem
Mannschaftskapitän (m)	หัวหน้าทีม	hǔa nâa theem
Spieler (m)	ผู้เล่น	phôo lên

Ersatzspieler (m)	ผู้เล่นสำรอง	phôo lên săm-rorng
Stürmer (m)	กองหน้า	gorng nâa
Mittelstürmer (m)	กองหน้าตัวเป้า	gorng nâa dtua bpâo
Torjäger (m)	ผู้ทำประตู	phôo tham bprà-dtoo
Verteidiger (m)	กองหลัง	gorng lăng
Läufer (m)	กองกลาง	gorng glaang

Spiel (n)	เกมการแข่ง	gaym gaan khàeng
sich begegnen	พบ	phóp
Finale (n)	รอบสุดท้าย	rôrp sùt tháai
Halbfinale (n)	รอบรองชนะเลิศ	rôrp rorng chá-ná lêrt
Meisterschaft (f)	ชิงแชมป์	ching chaem

Halbzeit (f)	ครึ่ง	khrêung
erste Halbzeit (f)	ครึ่งแรก	khrêung râek
Halbzeit (Pause)	ช่วงพักครึ่ง	chûang phák khrêung

Tor (n)	ประตู	bprà-dtoo
Torwart (m)	ผู้รักษาประตู	phôo rák-săa bprà-dtoo
Torpfosten (m)	เสาประตู	săo bprà-dtoo
Torlatte (f)	คานประตู	khaan bprà-dtoo
Netz (n)	ตาขาย	dtaa khàai
ein Tor zulassen	เสียประตู	sĭa bprà-dtoo

Ball (m)	บอล	bon
Pass (m)	การส่ง	gaan sòng
Schuss (m)	การเตะ	gaan dtè
schießen (vi)	เตะ	dtè
Freistoß (m)	ฟรีคิก	free khík
Eckball (m)	การเตะมุม	gaan dtè mum

Attacke (f)	การบุก	gaan bùk
Gegenangriff (m)	การบุกสวนกลับ	gaan bùk sŭan glàp
Kombination (f)	การผสมผสาน	gaan phà-sŏm phà-săan

Schiedsrichter (m)	ผู้ตัดสิน	phôo dtàt sĭn
pfeifen (vi)	เป่านกหวีด	bpào nók wèet
Pfeife (f)	เสียงนกหวีด	sĭang nók wèet
Foul (n)	ฟาวล์	faao
foulen (vt)	ทำฟาวล์	tham faao
vom Platz verweisen	ไล่ออก	lâi òrk

gelbe Karte (f)	ใบเหลือง	bai lĕuang
rote Karte (f)	ใบแดง	bai daeng
Disqualifizierung (f)	การตัดสิทธิ์	gaan dtàt sìt
disqualifizieren (vt)	ตัดสิทธิ์	dtàt sìt

Elfmeter (m)	ลูกโทษ	lôok thôht
Mauer (f)	กำแพง	gam-phaeng
schießen (ein Tor ~)	ทำประตู	tham bprà-dtoo
Tor (n)	ประตู	bprà-dtoo
ein Tor schießen	ทำประตู	tham bprà-dtoo

Wechsel (m)	ตัวสำรอง	dtua săm-rorng
ersetzen (vt)	เปลี่ยนตัว	bplìan dtua
Regeln (pl)	กติกา	gà-dtì-gaa

Taktik (f)	ยุทธวิธี	yút-thá-wí-thee
Stadion (n)	สนาม	sà-năam
Tribüne (f)	อัฒจันทร์	àt-tá-jan
Anhänger (m)	แฟน	faen
schreien (vi)	ตะโกน	dtà-gohn
Anzeigetafel (f)	ป้ายคะแนน	bpâai khá-naen
Ergebnis (n)	คะแนน	khá-naen
Niederlage (f)	ความพ่ายแพ้	khwaam phâai pháe
verlieren (vt)	แพ้	pháe
Unentschieden (n)	เสมอ	sà-měr
unentschieden spielen	เสมอ	sà-měr
Sieg (m)	ชัยชนะ	chai chá-ná
gewinnen (vt)	ชนะ	chá-ná
Meister (m)	แชมเปี้ยน	chaem-bpîan
der beste	ดีที่สุด	dee têe sùt
gratulieren (vi)	แสดงความยินดี	sà-daeng khwaam yin dee
Kommentator (m)	ผู้อธิบาย	phôo à-thí-baai
kommentieren (vt)	อธิบาย	à-thí-baai
Übertragung (f)	การออกอากาศ	gaan òrk aa-gàat

137. Ski alpin

Ski (pl)	สกี	sà-gee
Ski laufen	เล่นสกี	lên sà-gee
Skiort (m)	รีสอร์ทสำหรับ เล่นสกีบนภูเขา	ree sòt săm-ràp lên sà-gee bon phoo khăo
Skilift (m)	ลิฟต์สกี	líf sà-gee
Skistöcke (pl)	ไม้ค้ำสกี	máai khám sà-gee
Abhang (m)	ทางลาด	thaang lâat
Slalom (m)	การเล่นสกี	gaan lên sà-gee

138. Tennis Golf

Golf (n)	กอล์ฟ	góf
Golfklub (m)	กอล์ฟคลับ	góf khláp
Golfspieler (m)	นักกอล์ฟ	nák góf
Loch (n)	หลุม	lŭm
Schläger (m)	ไม้ตีกอล์ฟ	mái dtee góf
Golfwagen (m)	รถลากถุงกอล์ฟ	rót lâak thŭng góf
Tennis (n)	เทนนิส	then-nít
Tennisplatz (m)	สนามเทนนิส	sà-năam then-nít
Aufschlag (m)	การเสิร์ฟ	gaan sèrf
angeben (vt)	เสิร์ฟ	sèrf
Tennisschläger (m)	ไม้ตีเทนนิส	mái dtee then-nít
Netz (n)	ตาข่าย	dtaa khàai
Ball (m)	ลูกเทนนิส	lôok then-nít

139. Schach

Schach (n)	หมากรุก	màak rúk
Schachfiguren (pl)	ตัวหมากรุก	dtua màak rúk
Schachspieler (m)	นักกีฬาหมากรุก	nák gee-laa màak rúk
Schachbrett (n)	กระดานหมากรุก	grà-daan mǎak-grùk
Figur (f)	ตัวหมากรุก	dtua màak rúk
Weißen (pl)	ขาว	khǎao
Schwarze (pl)	ดำ	dam
Bauer (m)	เบี้ย	bîa
Läufer (m)	บิชอป	bì-chôrp
Springer (m)	ม้า	máa
Turm (m)	เรือ	reua
Königin (f)	ควีน	khween
König (m)	ขุน	khǔn
Zug (m)	การเดิน	gaan dern
einen Zug machen	เดิน	dern
opfern (vt)	สละ	sà-là
Rochade (f)	การเข้าป้อม	gaan khâo bpôrm
Schach (n)	รุก	rúk
Matt (n)	รุกฆาต	rúk khâat
Schachturnier (n)	การแข่งขันหมากรุก	gaan khàeng khǎn màak rúk
Großmeister (m)	แกรนด์มาสเตอร์	graen maa-sà-dtêr
Kombination (f)	การเดินหมาก	gaan dern màak
Partie (f), Spiel (n)	เกม	gaym
Damespiel (n)	หมากฮอส	màak-hórt

140. Boxen

Boxen (n)	การชกมวย	gaan chók muay
Boxkampf (m)	ชกมวย	chók muay
Zweikampf (m)	เกมการชกมวย	gaym gaan chók muay
Runde (f)	ยก	yók
Ring (m)	เวที	way-thee
Gong (m, n)	ฆอง	khórng
Schlag (m)	การต่อย	gaan dtòi
Knockdown (m)	การน็อค	gaan nórk
Knockout (m)	การน็อคเอาท์	gaan nórk ao
k.o. schlagen (vt)	น็อคเอาท์	nórk ao
Boxhandschuh (m)	นวมชกมวย	nuam chók muay
Schiedsrichter (m)	กรรมการ	gam-má-gaan
Leichtgewicht (n)	ไลท์เวท	lai-wâyt
Mittelgewicht (n)	มิดเดิ้ลเวท	mít dêrn wâyt
Schwergewicht (n)	เฮฟวี่เวท	hay fá-wêe wâyt

141. Sport. Verschiedenes

Olympische Spiele (pl)	กีฬาโอลิมปิก	gee-laa oh-lim-bpìk
Sieger (m)	ผู้ชนะ	phôo chá-ná
siegen (vi)	ชนะ	chá-ná
gewinnen (Sieger sein)	ชนะ	chá-ná
Tabellenführer (m)	ผู้นำ	phôo nam
führen (vi)	นำ	nam
der erste Platz	อันดับที่หนึ่ง	an-dàp thêe nèung
der zweite Platz	อันดับที่สอง	an-dàp thêe sǒrng
der dritte Platz	อันดับที่สาม	an-dàp thêe sǎam
Medaille (f)	เหรียญรางวัล	rǐan raang-wan
Trophäe (f)	ถ้วยรางวัล	thûay raang-wan
Pokal (m)	เวท	wâyt
Siegerpreis m (m)	รางวัล	raang-wan
Hauptpreis (m)	รางวัลหลัก	raang-wan làk
Rekord (m)	สถิติ	sà-thì-dtì
einen Rekord aufstellen	ทำสถิติ	tham sà-thì-dtì
Finale (n)	รอบสุดท้าย	rôrp sùt tháai
Final-	สุดท้าย	sùt tháai
Meister (m)	แชมเปี้ยน	chaem-bpîan
Meisterschaft (f)	ชิงแชมป์	ching chaem
Stadion (n)	สนาม	sà-nǎam
Tribüne (f)	อัฒจันทร์	àt-tá-jan
Fan (m)	แฟน	faen
Gegner (m)	คู่ต่อสู้	khôo dtòr sôo
Start (m)	เส้นเริ่ม	sên rêrm
Ziel (n), Finish (n)	เสนชัย	sên chai
Niederlage (f)	ความพ่ายแพ้	khwaam phâai pháe
verlieren (vt)	แพ้	pháe
Schiedsrichter (m)	กรรมฏาร	gam-má-gaan
Jury (f)	คณะผู้ตัดสิน	khá-ná phôo dtàt sǐn
Ergebnis (n)	คะแนน	khá-naen
Unentschieden (n)	เสมอ	sà-měr
unentschieden spielen	ได้คะแนนเท่ากัน	dâai khá-naen thâo gan
Punkt (m)	แต้ม	dtâem
Ergebnis (n)	ผลลัพธ์	phǒn láp
Spielabschnitt (m)	ช่วง	chûang
Halbzeit (f), Pause (f)	ช่วงพักครึ่ง	chûang phák khrêung
Doping (n)	การใช้สารต้องห้าม	gaan chái sǎan dtôrng hâam
	ทางการกีฬา	thaang gaan gee-laa
bestrafen (vt)	ทำโทษ	tham thôht
disqualifizieren (vt)	ตัดสิทธิ์	dtàt sìt

Sportgerät (n)	อุปกรณ์	ù-bpà-gon
Speer (m)	แหลน	lăen
Kugel (im Kugelstoßen)	ลูกเหล็ก	lôok lèk
Kugel (f), Ball (m)	ลูก	lôok

Ziel (n)	เล็งเป้า	leng bpâo
Zielscheibe (f)	เป้านิ่ง	bpâo nîng
schießen (vi)	ยิง	ying
genau (Adj)	แม่นยำ	mâen yam

Trainer (m)	โค้ช	khóht
trainieren (vt)	ฝึก	fèuk
trainieren (vi)	ฝึกหัด	fèuk hàt
Training (n)	การฝึกหัด	gaan fèuk hàt

Turnhalle (f)	โรงยิม	rohng-yim
Übung (f)	การออกกำลัง	gaan òrk gam-lang
Aufwärmen (n)	การอบอุ่นร่างกาย	gaan òp ùn râang gaai

Ausbildung

142. Schule

Schule (f)	โรงเรียน	rohng rian
Schulleiter (m)	อาจารย์ใหญ่	aa-jaan yài
Schüler (m)	นักเรียน	nák rian
Schülerin (f)	นักเรียน	nák rian
Schuljunge (m)	เด็กนักเรียนชาย	dèk nák rian chaai
Schulmädchen (f)	เด็กนักเรียนหญิง	dèk nák rian yĭng
lehren (vt)	สอน	sŏrn
lernen (Englisch ~)	เรียน	rian
auswendig lernen	ท่องจำ	thôrng jam
lernen (vi)	เรียน	rian
in der Schule sein	ไปโรงเรียน	bpai rohng rian
die Schule besuchen	ไปโรงเรียน	bpai rohng rian
Alphabet (n)	ตัวอักษร	dtua àk-sŏn
Fach (n)	วิชา	wí-chaa
Klassenraum (m)	ห้องเรียน	hôrng rian
Stunde (f)	ชั่วโมงเรียน	chûa mohng rian
Pause (f)	ช่วงพัก	chûang phák
Schulglocke (f)	สัญญาณหมดเรียน	săn-yaan mòt rian
Schulbank (f)	โต๊ะนักเรียน	dtó nák rian
Tafel (f)	กระดานดำ	grà-daan dam
Note (f)	เกรด	gràyt
gute Note (f)	เกรดดี	gràyt dee
schlechte Note (f)	เกรดแย่	gràyt yâe
eine Note geben	ให้เกรด	hâi gràyt
Fehler (m)	ข้อผิดพลาด	khôr phìt phlâat
Fehler machen	ทำผิดพลาด	tham phìt phlâat
korrigieren (vt)	แก้ไข	gâe khăi
Spickzettel (m)	โพย	phoi
Hausaufgabe (f)	การบ้าน	gaan bâan
Übung (f)	แบบฝึกหัด	bàep fèuk hàt
anwesend sein	มาเรียน	maa rian
fehlen (in der Schule ~)	ขาด	khàat
versäumen (Schule ~)	ขาดเรียน	khàat rian
bestrafen (vt)	ลงโทษ	long thôht
Strafe (f)	การลงโทษ	gaan long thôht
Benehmen (n)	ความประพฤติ	khwaam bprà-préut

Zeugnis (n)	สมุดพก	sà-mùt phók
Bleistift (m)	ดินสอ	din-sŏr
Radiergummi (m)	ยางลบ	yaang lóp
Kreide (f)	ชอล์ค	chôrk
Federkasten (m)	กล่องดินสอ	glòrng din-sŏr
Schulranzen (m)	กระเป๋า	grà-bpăo
Kugelschreiber, Stift (m)	ปากกา	bpàak gaa
Heft (n)	สมุดจด	sà-mùt jòt
Lehrbuch (n)	หนังสือเรียน	năng-sěu rian
Zirkel (m)	วงเวียน	wong wian
zeichnen (vt)	ร่างภาพทางเทคนิค	râang phâap thaang thék-nìk
Zeichnung (f)	ภาพร่างทางเทคนิค	phâap-râang thaang thék-nìk
Gedicht (n)	กลอน	glorn
auswendig (Adv)	โดยท่องจำ	doi thôrng jam
auswendig lernen	ท่องจำ	thôrng jam
Ferien (pl)	เวลาปิดเทอม	way-laa bpìt therm
in den Ferien sein	หยุดปิดเทอม	yùt bpìt therm
Ferien verbringen	ใช้เวลาหยุดปิดเทอม	chái way-laa yùt bpìt therm
Test (m), Prüfung (f)	การทดสอบ	gaan thót sòrp
Aufsatz (m)	ความเรียง	khwaam riang
Diktat (n)	การเขียนตามคำบอก	gaan khĭan dtaam kam bòrk
Prüfung (f)	การสอบ	gaan sòrp
Prüfungen ablegen	สอบไล่	sòrp lâi
Experiment (n)	การทดลอง	gaan thót lorng

143. Hochschule. Universität

Akademie (f)	โรงเรียน	rohng rian
Universität (f)	มหาวิทยาลัย	má-hăa wít-thá-yaa-lai
Fakultät (f)	คณะ	khá-ná
Student (m)	นักศึกษา	nák sèuk-săa
Studentin (f)	นักศึกษา	nák sèuk-săa
Lehrer (m)	อาจารย์	aa-jaan
Hörsaal (m)	ห้องบรรยาย	hôrng ban-yaai
Hochschulabsolvent (m)	บัณฑิต	ban-dìt
Diplom (n)	อนุปริญญา	a-nú bpà-rin-yaa
Dissertation (f)	ปริญญานิพนธ์	bpà-rin-yaa ní-phon
Forschung (f)	การวิจัย	gaan wí-jai
Labor (n)	ห้องปฏิบัติการ	hôrng bpà-dtì-bàt gaan
Vorlesung (f)	การบรรยาย	gaan ban-yaai
Kommilitone (m)	เพื่อนร่วมชั้น	phêuan rûam chán
Stipendium (n)	ทุน	thun
akademischer Grad (m)	วุฒิการศึกษา	wút-thí gaan sèuk-săa

144. Naturwissenschaften. Fächer

Mathematik (f)	คณิตศาสตร์	khá-nít sàat
Algebra (f)	พีชคณิต	phee-chá-khá-nít
Geometrie (f)	เรขาคณิต	ray-khǎa khá-nít
Astronomie (f)	ดาราศาสตร์	daa-raa sàat
Biologie (f)	ชีววิทยา	chee-wá-wít-thá-yaa
Erdkunde (f)	ภูมิศาสตร์	phoo-mí-sàat
Geologie (f)	ธรณีวิทยา	thor-rá-nee wít-thá-yaa
Geschichte (f)	ประวัติศาสตร์	bprà-wàt sàat
Medizin (f)	แพทยศาสตร์	phâet-tha-ya-sàat
Pädagogik (f)	ครุศาสตร์	khrú sàat
Recht (n)	ธรรมศาสตร์	tham-ma -sàat
Physik (f)	ฟิสิกส์	fí-sìk
Chemie (f)	เคมี	khay-mee
Philosophie (f)	ปรัชญา	bpràt-yaa
Psychologie (f)	จิตวิทยา	jìt-wít-thá-yaa

145. Schrift Rechtschreibung

Grammatik (f)	ไวยากรณ์	wai-yaa-gon
Lexik (f)	คำศัพท์	kham sàp
Phonetik (f)	การออกเสียง	gaan òrk sǐang
Substantiv (n)	นาม	naam
Adjektiv (n)	คำคุณศัพท์	kham khun-ná-sàp
Verb (n)	กริยา	grì-yaa
Adverb (n)	คำวิเศษณ์	kham wí-sàyt
Pronomen (n)	คำสรรพนาม	kham sàp-phá-naam
Interjektion (f)	คำอุทาน	kham u-thaan
Präposition (f)	คำบุพบท	kham bùp-phá-bòt
Wurzel (f)	รากศัพท์	râak sàp
Endung (f)	คำลงท้าย	kham long tháai
Vorsilbe (f)	คำนำหน้า	kham nam nâa
Silbe (f)	พยางค์	phá-yaang
Suffix (n), Nachsilbe (f)	คำเสริมท้าย	kham sěrm tháai
Betonung (f)	เครื่องหมายเน้น	khrêuang mǎai náyn
Apostroph (m)	อะพอสทรอฟี	à-phor-sòt-ror-fee
Punkt (m)	จุด	jùt
Komma (n)	จุลภาค	jun-lá-phâak
Semikolon (n)	อัฒภาค	àt-thá-phâak
Doppelpunkt (m)	ทวิภาค	thá-wí phâak
Auslassungspunkte (pl)	การละไว้	gaan lá wái
Fragezeichen (n)	เครื่องหมายปรัศนี	khrêuang mǎai bpràt-nee
Ausrufezeichen (n)	เครื่องหมายอัศเจรีย์	khrêuang mǎai àt-sà-jay-ree

Anführungszeichen (pl)	อัญประกาศ	an-yá-bprà-gàat
in Anführungszeichen	ในอัญประกาศ	nai an-yá-bprà-gàat
runde Klammern (pl)	วงเล็บ	wong lép
in Klammern	ในวงเล็บ	nai wong lép

Bindestrich (m)	ยัติภังค์	yát-dtì-phang
Gedankenstrich (m)	ขีดคั่น	khèet khân
Leerzeichen (n)	ชองไฟ	chôrng fai

Buchstabe (m)	ตัวอักษร	dtua àk-sǒn
Großbuchstabe (m)	อักษรตัวใหญ่	àk-sǒn dtua yài

Vokal (m)	สระ	sà-ra
Konsonant (m)	พยัญชนะ	phá-yan-chá-ná

Satz (m)	ประโยค	bprà-yòhk
Subjekt (n)	ภาคประธาน	phâak bprà-thaan
Prädikat (n)	ภาคแสดง	phâak sà-daeng

Zeile (f)	บรรทัด	ban-thát
in einer neuen Zeile	ที่บรรทัดใหม่	têe ban-thát mài
Absatz (m)	วรรค	wák

Wort (n)	คำ	kham
Wortverbindung (f)	กลุ่มคำ	glùm kham
Redensart (f)	วลี	wá-lee
Synonym (n)	คำพ้องความหมาย	kham phóng khwaam mǎai
Antonym (n)	คำตรงกันข้าม	kham dtrorng gan khâam

Regel (f)	กฎ	gòt
Ausnahme (f)	ข้อยกเว้น	khôr yok-wâyn
richtig (Adj)	ถูก	thòok

Konjugation (f)	คอนจูเกชัน	khorn joo gay chan
Deklination (f)	การกระจายคำ	gaan grà-jaai kham
Kasus (m)	การก	gaa-rók
Frage (f)	คำถาม	kham thǎam
unterstreichen (vt)	ขีดเส้นใต้	khèet sên dtâi
punktierte Linie (f)	เส้นประ	sên bprà

146. Fremdsprachen

Sprache (f)	ภาษา	phaa-sǎa
Fremd-	ตางชาติ	dtàang châat
Fremdsprache (f)	ภาษาตางชาติ	phaa-sǎa dtàang châat
studieren (z.B. Jura ~)	เรียน	rian
lernen (Englisch ~)	เรียน	rian

lesen (vi, vt)	อ่าน	àan
sprechen (vi, vt)	พูด	phôot
verstehen (vt)	เขาใจ	khâo jai
schreiben (vi, vt)	เขียน	khǐan
schnell (Adv)	รวดเร็ว	rûat reo
langsam (Adv)	อย่างช้า	yàang cháa

fließend (Adv)	อย่างคล่อง	yàang khlôrng
Regeln (pl)	กฎ	gòt
Grammatik (f)	ไวยากรณ์	wai-yaa-gon
Vokabular (n)	คำศัพท์	kham sàp
Phonetik (f)	การออกเสียง	gaan òrk sĭang
Lehrbuch (n)	หนังสือเรียน	năng-sĕu rian
Wörterbuch (n)	พจนานุกรม	phót-jà-naa-nú-grom
Selbstlernbuch (n)	หนังสือแบบเรียนด้วยตนเอง	năng-sĕu bàep rian dûay dton ayng
Sprachführer (m)	เฟรสบุก	frayt bùk
Kassette (f)	เทปคาสเซ็ตต์	thâyp khaas-sét
Videokassette (f)	วิดีโอ	wí-dee-oh
CD (f)	CD	see-dee
DVD (f)	DVD	dee-wee-dee
Alphabet (n)	ตัวอักษร	dtua àk-sŏn
buchstabieren (vt)	สะกด	sà-gòt
Aussprache (f)	การออกเสียง	gaan òrk sĭang
Akzent (m)	สำเนียง	săm-niang
mit Akzent	มีสำเนียง	mee săm-niang
ohne Akzent	ไม่มีสำเนียง	mâi mee săm-niang
Wort (n)	คำ	kham
Bedeutung (f)	ความหมาย	khwaam măai
Kurse (pl)	หลักสูตร	làk sòot
sich einschreiben	สมัคร	sà-màk
Lehrer (m)	อาจารย์	aa-jaan
Übertragung (f)	การแปล	gaan bplae
Übersetzung (f)	คำแปล	kham bplae
Übersetzer (m)	นักแปล	nák bplae
Dolmetscher (m)	ลาม	lâam
Polyglott (m, f)	ผู้รู้หลายภาษา	phôo róo lăai paa-săa
Gedächtnis (n)	ความทรงจำ	khwaam song jam

147. Märchenfiguren

Weihnachtsmann (m)	ซานตาคลอส	saan-dtaa-khlôrt
Aschenputtel (n)	ซินเดอเรลลา	sín-day-rayn-lâa
Nixe (f)	เงือก	ngêuak
Neptun (m)	เนปจูน	nâyp-joon
Zauberer (m)	พ่อมด	phôr mót
Zauberin (f)	แมมด	măe mót
magisch, Zauber-	วิเศษ	wí-sàyt
Zauberstab (m)	ไม้กายสิทธิ์	mái gaai-yá-sìt
Märchen (n)	เทพนิยาย	thâyp ní-yaai
Wunder (n)	ปาฏิหาริย	bpaa dtì-hăan

| Zwerg (m) | คนแคระ | khon khráe |
| sich verwandeln in … | กลายเป็น... | glaai bpen… |

Geist (m)	ผี	phěe
Gespenst (n)	ภูตผีปีศาจ	phôot phěe bpee-sàat
Ungeheuer (n)	สัตว์ประหลาด	sàt bprà-làat
Drache (m)	มังกร	mang-gon
Riese (m)	ยักษ์	yák

148. Sternzeichen

Widder (m)	ราศีเมษ	raa-sěe mâyt
Stier (m)	ราศีพฤษภ	raa-sěe phréut-sòp
Zwillinge (pl)	ราศีมิถุน	raa-sěe me-thŭn
Krebs (m)	ราศีกรกฎ	raa-sěe gor-rá-gòt
Löwe (m)	ราศีสิงห์	raa-sěe-sǐng
Jungfrau (f)	ราศีกันย์	raa-sěe gan

Waage (f)	ราศีตุล	raa-sěe dtun
Skorpion (m)	ราศีพฤศจิก	raa-sěe phréut-sà-jìk
Schütze (m)	ราศีธนู	raa-sěe than
Steinbock (m)	ราศีมังกร	raa-sěe mang-gon
Wassermann (m)	ราศีกุมภ์	raa-sěe gum
Fische (pl)	ราศีมีน	raa-sěe meen

Charakter (m)	บุคลิก	bùk-khá-lík
Charakterzüge (pl)	ลักษณะบุคลิก	lák-sà-nà bùk-khá-lík
Benehmen (n)	พฤติกรรม	phréut-dtì-gam
wahrsagen (vt)	ทำนายชะตา	tham naai chá-dtaa
Wahrsagerin (f)	หมอดู	mŏr doo
Horoskop (n)	ดวงชะตา	duang chá-dtaa

Kunst

149. Theater

Theater (n)	โรงละคร	rohng lá-khon
Oper (f)	โอเปรา	oh-bprào
Operette (f)	ละครเพลง	lá-khon phlayng
Ballett (n)	บัลเลต์	ban lây
Theaterplakat (n)	โปสเตอร์ละคร	bpòht-dtêr lá-khon
Truppe (f)	คณะผู้แสดง	khá-ná phôo sà-daeng
Tournee (f)	การออกแสดง	gaan òrk sà-daeng
auf Tournee sein	ออกแสดง	òrk sà-daeng
proben (vt)	ซ้อม	sórm
Probe (f)	การซ้อม	gaan sórm
Spielplan (m)	รายการละคร	raai gaan lá-khon
Aufführung (f)	การแสดง	gaan sà-daeng
Vorstellung (f)	การแสดงมหรสพ	gaan sà-daeng má-hŏr-rá-sòp
Theaterstück (n)	ละคร	lá-khon
Karte (f)	ตั๋ว	dtŭa
Theaterkasse (f)	ช่องจำหน่ายตั๋ว	chôrng jam-nàai dtŭa
Halle (f)	ล็อบบี้	lórp-bêe
Garderobe (f)	ที่รับฝากเสื้อโค้ท	thêe ráp fàak sêua khóht
Garderobennummer (f)	ป้ายรับเสื้อ	bpâai ráp sêua
Opernglas (n)	กล้องสองสองตา	glôrng sòrng sŏrng dtaa
Platzanweiser (m)	พนักงานที่นำไปยังที่นั่ง	phá-nák ngaan thêe nam bpai yang thêe nâng
Parkett (n)	ที่นั่งชั้นล่าง	thêe nâng chán lâang
Balkon (m)	ที่นั่งชั้นสอง	thêe nâng chán sŏrng
der erste Rang	ที่นั่งชั้นบน	thêe nâng chán bon
Loge (f)	ที่นั่งพิเศษ	thêe nâng phí-sàyt
Reihe (f)	แถว	thăe
Platz (m)	ที่นั่ง	thêe nâng
Publikum (n)	ผู้ชม	phôo chom
Zuschauer (m)	ผู้เข้าชม	phôo khâo chom
klatschen (vi)	ปรบมือ	bpròp meu
Applaus (m)	การปรบมือ	gaan bpròp meu
Ovation (f)	การปรบมือให้เกียรติ	gaan bpròp meu hâi gìat
Bühne (f)	เวที	way-thee
Vorhang (m)	ฉาก	chàak
Dekoration (f)	ฉาก	chàak
Kulissen (pl)	หลังเวที	lăng way-thee
Szene (f)	ตอน	dtorn
Akt (m)	องค์	ong
Pause (f)	ช่วงหยุดพัก	chûang yùt phák

150. Kino

| Schauspieler (m) | นักแสดงชาย | nák sà-daeng chaai |
| Schauspielerin (f) | นักแสดงหญิง | nák sà-daeng yĭng |

Kino (n)	ภาพยนตร์	phâap-phá-yon
Film (m)	หนัง	năng
Folge (f)	ตอน	dtorn

Krimi (m)	หนังประโลมโลกสืบสวน	năng sèup sŭan
Actionfilm (m)	หนังแอ็คชั่น	năng áek-chân
Abenteuerfilm (m)	หนังผจญภัย	năng phà-jon phai
Science-Fiction-Film (m)	หนังนิยายวิทยาศาสตร์	năng ní-yaai wít-thá-yaa sàat
Horrorfilm (m)	หนังสยองขวัญ	năng sà-yŏrng khwăn

Komödie (f)	หนังตลก	năng dtà-lòk
Melodrama (n)	หนังประโลมโลก	năng bprà-lohm lôhk
Drama (n)	หนังดรามา	năng dràa maa

Spielfilm (m)	หนังเรื่องแต่ง	năng rêuang dtàeng
Dokumentarfilm (m)	หนังสารคดี	năng săa-rá-khá-dee
Zeichentrickfilm (m)	การ์ตูน	gaa-dtoon
Stummfilm (m)	หนังเงียบ	năng ngîap

Rolle (f)	บทบาท	bòt bàat
Hauptrolle (f)	บทบาทนำ	bòt bàat nam
spielen (Schauspieler)	แสดง	sà-daeng

Filmstar (m)	ดาราภาพยนตร์	daa-raa phâap-phá-yon
bekannt	เป็นที่รู้จักดี	bpen thêe róo jàk dee
berühmt	ชื่อดัง	chêu dang
populär	ที่นิยม	thêe ní-yom

Drehbuch (n)	บท	bòt
Drehbuchautor (m)	คนเขียนบท	khon khĭan bòt
Regisseur (m)	ผู้กำกับ ภาพยนตร	phôo gam-gàp phâap-phá-yon
Produzent (m)	ผู้อำนวยการสร้าง	phôo am-nuay gaan sâang
Assistent (m)	ผู้ช่วย	phôo chûay
Kameramann (m)	ช่างกล้อง	châang glôrng
Stuntman (m)	นักแสดงแทน	nák sà-daeng thaen
Double (n)	นักแสดงแทน	nák sà-daeng thaen

einen Film drehen	ถ่ายทำภาพยนตร์	thàai tham phâap-phá-yon
Probe (f)	การคัดนักแสดง	gaan khát nák sà-daeng
Dreharbeiten (pl)	การถ่ายทำ	gaan thàai tham
Filmteam (n)	กลุ่มคนถ่าย ภาพยนต	glùm khon thàai phâa-pha-yon
Filmset (m)	สถานที่ ถ่ายทำภาพยนตร์	sà-thăan thêe thàai tham phâap-phá-yon
Filmkamera (f)	กล้อง	glôrng

Kino (n)	โรงภาพยนตร์	rohng phâap-phá-yon
Leinwand (f)	หน้าจอ	nâa jor
einen Film zeigen	ฉายภาพยนตร์	chăai phâap-phá-yon

Tonspur (f)	เสียงซาวด์แทร็ก	sĭang saao tráek
Spezialeffekte (pl)	เอฟเฟ็กต์พิเศษ	àyf-fék phí-sàyt
Untertitel (pl)	ซับ	sáp
Abspann (m)	เครดิต	khray-dìt
Übersetzung (f)	การแปล	gaan bplae

151. Gemälde

Kunst (f)	ศิลปะ	sĭn-lá-bpà
schönen Künste (pl)	วิจิตรศิลป์	wí-jìt sĭn
Kunstgalerie (f)	หอศิลป์	hŏr sĭn
Kunstausstellung (f)	การจัดแสดงศิลปะ	gaan jàt sà-daeng sĭn-lá-bpà

Malerei (f)	จิตรกรรม	jìt-dtrà-gam
Graphik (f)	เลขนศิลป์	lâyk-ná-sĭn
abstrakte Kunst (f)	ศิลปะนามธรรม	sĭn-lá-bpà naam-má-tham
Impressionismus (m)	ลัทธิประทับใจ	lát-thí bprà-tháp jai

Bild (n)	ภาพ	phâap
Zeichnung (Kohle- usw.)	ภาพวาด	phâap-wâat
Plakat (n)	โปสเตอร์	bpòht-dtêr

Illustration (f)	ภาพประกอบ	phâap bprà-gòrp
Miniatur (f)	รูปปั้นขนาดย่อ	rôop bpân khà-nàat yôr
Kopie (f)	สำเนา	săm-nao
Reproduktion (f)	การทำซ้ำ	gaan tham sám

Mosaik (n)	โมเสก	moh-sàyk
Glasmalerei (f)	หน้าต่างกระจกสี	nâa dtàang grà-jòk sĕe
Fresko (n)	ภาพผนัง	phâap phà-năng
Gravüre (f)	การแกะลาย	gaan gàe laai

Büste (f)	รูปปั้นครึ่งตัว	rôop bpân khrêung dtua
Skulptur (f)	รูปปั้นแกะสลัก	rôop bpân gàe sà-làk
Statue (f)	รูปปั้น	rôop bpân
Gips (m)	ปูนปลาสเตอร์	bpoon bpláat-dtêr
aus Gips	ปูนปลาสเตอร์	bpoon bpláat-dtêr

Porträt (n)	ภาพเหมือน	phâap mĕuan
Selbstporträt (n)	ภาพเหมือนของตนเอง	phâap mĕuan khŏrng dton ayng
Landschaftsbild (n)	ภาพภูมิทัศน์	phâap phoom-mi -thát
Stillleben (n)	ภาพหุ่นนิ่ง	phâap hùn nîng
Karikatur (f)	ภาพล้อ	phâap-lór
Entwurf (m)	ภาพสเก็ตช์	phâap sà-gèt

Farbe (f)	สี	sĕe
Aquarellfarbe (f)	สีน้ำ	sĕe náam
Öl (n)	สีน้ำมัน	sĕe náam man
Bleistift (m)	ดินสอ	din-sŏr
Tusche (f)	หมึกสีดำ	mèuk sĕe dam
Kohle (f)	ถ่าน	thàan
zeichnen (vt)	วาด	wâat
malen (vi, vt)	ระบายสี	rá-baai sĕe

Modell stehen	จัดท่า	jàt thâa
Modell (Mask.)	แบบภาพวาด	bàep phâap-wâat
Modell (Fem.)	แบบภาพวาด	bàep phâap-wâat

Maler (m)	ช่างวาดรูป	châang wâat rôop
Kunstwerk (n)	งานศิลปะ	ngaan sĭn-lá-bpà
Meisterwerk (n)	งานชิ้นเอก	ngaan chín àyk
Atelier (n), Werkstatt (f)	สตูดิโอ	sà-dtoo dì oh

Leinwand (f)	ผ้าใบ	phâa bai
Staffelei (f)	ขาตั้งกระดาน	khăa dtâng grà daan
	วาดรูป	wâat rôop
Palette (f)	จานสี	jaan sĕe

Rahmen (m)	กรอบ	gròrp
Restauration (f)	การฟื้นฟู	gaan féun foo
restaurieren (vt)	ฟื้นฟู	féun foo

152. Literatur und Dichtkunst

Literatur (f)	วรรณคดี	wan-ná-khá-dee
Autor (m)	ผู้แต่ง	phôo dtàeng
Pseudonym (n)	นามปากกา	naam bpàak gaa

Buch (n)	หนังสือ	năng-sĕu
Band (m)	เล่ม	lêm
Inhaltsverzeichnis (n)	สารบัญ	săa-rá-ban
Seite (f)	หน้า	nâa
Hauptperson (f)	ตัวละครหลัก	dtua lá-khon làk
Autogramm (n)	ลายเซ็น	laai sen

Kurzgeschichte (f)	เรื่องสั้น	rêuang sân
Erzählung (f)	เรื่องราว	rêuang raao
Roman (m)	นิยาย	ní-yaai
Werk (Buch usw.)	งานเขียน	ngaan khĭan
Fabel (f)	นิทาน	ní-thaan
Krimi (m)	นิยายสืบสวน	ní-yaai sèup sŭan
Gedicht (n)	กลอน	glorn
Dichtung (f), Poesie (f)	บทกลอน	bòt glorn
Gedicht (n)	บทกวี	bòt gà-wee
Dichter (m)	นักกวี	nák gà-wee

schöne Literatur (f)	เรื่องแต่ง	rêuang dtàeng
Science-Fiction (f)	นิยายวิทยาศาสตร์	ní-yaai wít-thá-yaa sàat
Abenteuer (n)	นิยายผจญภัย	ní-yaai phà-jon phai
Schülerliteratur (pl)	วรรณกรรมการศึกษา	wan-ná-gam gaan sèuk-săa
Kinderliteratur (f)	วรรณกรรมสำหรับเด็ก	wan-ná-gam săm-ràp dèk

153. Zirkus

| Zirkus (m) | ละครสัตว์ | lá-khon sàt |
| Wanderzirkus (m) | ละครสัตว์เลรอน | lá-khon sàt lây rôrn |

| Programm (n) | รายการการแสดง | raai gaan gaan sà-daeng |
| Vorstellung (f) | การแสดง | gaan sà-daeng |

| Nummer (f) | การแสดง | gaan sà-daeng |
| Manege (f) | เวทีละครสัตว์ | way-thee lá-kon sàt |

| Pantomime (f) | ละครใบ้ | lá-khon bâi |
| Clown (m) | ตัวตลก | dtua dtà-lòk |

Akrobat (m)	นักกายกรรม	nák gaai-yá-gam
Akrobatik (f)	กายกรรม	gaai-yá-gam
Turner (m)	นักกายกรรม	nák gaai-yá-gam
Turnen (n)	กายกรรม	gaai-yá-gam
Salto (m)	การตีลังกา	gaan dtee lang-gaa

Kraftmensch (m)	นักกีฬา	nák gee-laa
Bändiger, Dompteur (m)	ผู้ฝึกสัตว์	phôo fèuk sàt
Reiter (m)	นักขี่	nák khèe
Assistent (m)	ผู้ช่วย	phôo chûay

Trick (m)	ผาดโผน	phàat phǒhn
Zaubertrick (m)	มายากล	maa-yaa gon
Zauberkünstler (m)	นักมายากล	nák maa-yaa gon

Jongleur (m)	นักมายากล	nák maa-yaa gon
	โยนของ	yohn khǒrng
jonglieren (vi)	โยนของ	yohn khǒrng
Dresseur (m)	ผู้ฝึกสัตว์	phôo fèuk sàt
Dressur (f)	การฝึกสัตว์	gaan fèuk sàt
dressieren (vt)	ฝึก	fèuk

154. Musik. Popmusik

Musik (f)	ดนตรี	don-dtree
Musiker (m)	นักดนตรี	nák don-dtree
Musikinstrument (n)	เครื่องดนตรี	khrêuang don-dtree
spielen (auf der Gitarre ~)	เล่น	lên

Gitarre (f)	กีตาร์	gee-dtâa
Geige (f)	ไวโอลิน	wai-oh-lin
Cello (n)	เชลโล	chayn-lôh
Kontrabass (m)	ดับเบิลเบส	dàp-bern bàyt
Harfe (f)	พิณ	phin

Klavier (n)	เปียโน	bpia noh
Flügel (m)	แกรนด์เปียโน	graen bpia-noh
Orgel (f)	ออร์แกน	or-gaen

Blasinstrumente (pl)	เครื่องเป่า	khrêuang bpào
Oboe (f)	โอโบ	oh-boh
Saxophon (n)	แซ็กโซโฟน	sáek-soh-fohn
Klarinette (f)	แคลริเน็ต	khlae-rí-nét
Flöte (f)	ฟลูต	flút
Trompete (f)	ทรัมเป็ต	tram-bpèt

| Akkordeon (n) | หีบเพลงชัก | hèep phlayng chák |
| Trommel (f) | กลอง | glorng |

Duo (n)	คู่	khôo
Trio (n)	วงทริโอ	wong thrí-oh
Quartett (n)	กลุ่มที่มีสี่คน	glùm thêe mee sèe khon
Chor (m)	คณะประสานเสียง	khá-ná bprà-săan sĭang
Orchester (n)	วงดุริยางค์	wong dù-rí-yaang

Popmusik (f)	เพลงป็อป	phlayng bpòp
Rockmusik (f)	เพลงร็อค	phlayng rók
Rockgruppe (f)	วงร็อค	wong rórk
Jazz (m)	แจซ	jáet

| Idol (n) | ไอดอล | ai-dorn |
| Verehrer (m) | แฟน | faen |

Konzert (n)	คอนเสิร์ต	khon-sèrt
Sinfonie (f)	ซิมโฟนี่	sím-foh-nee
Komposition (f)	การแต่งเพลง	gaan dtàeng phlayng
komponieren (vt)	แต่ง	dtàeng

Gesang (m)	การร้องเพลง	gaan róng playng
Lied (n)	เพลง	phlayng
Melodie (f)	เสียงเพลง	sĭang phlayng
Rhythmus (m)	จังหวะ	jang wà
Blues (m)	บลูส์	bloo

Noten (pl)	โน้ตเพลง	nóht phlayng
Taktstock (m)	ไม้สั้นของ วาทยากร	máai sân khŏrng wâa-tha-yaa gon
Bogen (m)	คันชอ	khan sor
Saite (f)	สาย	săai
Koffer (Violinen-)	กลอง	glòrng

Erholung. Unterhaltung. Reisen

155. Ausflug. Reisen

Tourismus (m)	การท่องเที่ยว	gaan thôrng thîeow
Tourist (m)	นักท่องเที่ยว	nák thôrng thîeow
Reise (f)	การเดินทาง	gaan dern thaang
Abenteuer (n)	การผจญภัย	gaan phà-jon phai
Fahrt (f)	การเดินทาง	gaan dern thaang
Urlaub (m)	วันหยุดพักผ่อน	wan yùt phák phòrn
auf Urlaub sein	หยุดพักผอน	yùt phák phòrn
Erholung (f)	การพัก	gaan phák
Zug (m)	รถไฟ	rót fai
mit dem Zug	โดยรถไฟ	doi rót fai
Flugzeug (n)	เครื่องบิน	khrêuang bin
mit dem Flugzeug	โดยเครื่องบิน	doi khrêuang bin
mit dem Auto	โดยรถยนต์	doi rót-yon
mit dem Schiff	โดยเรือ	doi reua
Gepäck (n)	สัมภาระ	săm-phaa-rá
Koffer (m)	กระเป๋าเดินทาง	grà-bpǎo dern-thaang
Gepäckwagen (m)	รถขนสัมภาระ	rót khǒn săm-phaa-rá
Pass (m)	หนังสือเดินทาง	nǎng-sěu dern-thaang
Visum (n)	วีซ่า	wee-sâa
Fahrkarte (f)	ตั๋ว	dtǔa
Flugticket (n)	ตั๋วเครื่องบิน	dtǔa khrêuang bin
Reiseführer (m)	หนังสือแนะนำ	nǎng-sěu náe nam
Landkarte (f)	แผนที่	phǎen thêe
Gegend (f)	เขต	khàyt
Ort (wunderbarer ~)	สถานที่	sà-thǎan thêe
Exotika (pl)	สิ่งแปลกใหม่	sìng bplàek mài
exotisch	ตางแดน	dtàang daen
erstaunlich (Adj)	นาประหลาดใจ	nâa bprà-làat jai
Gruppe (f)	กลุ่ม	glùm
Ausflug (m)	การเดินทาง ทองเที่ยว	gaan dern taang thôrng thîeow
Reiseleiter (m)	มัคคุเทศก์	mák-khú-thâyt

156. Hotel

Hotel (n)	โรงแรม	rohng raem
Motel (n)	โรงแรม	rohng raem

drei Sterne	สามดาว	săam daao
fünf Sterne	ห้าดาว	hâa daao
absteigen (vi)	พัก	phák

Hotelzimmer (n)	ห้อง	hôrng
Einzelzimmer (n)	ห้องเดี่ยว	hôrng dìeow
Zweibettzimmer (n)	หองคู่	hôrng khôo
reservieren (vt)	จองหอง	jorng hôrng

| Halbpension (f) | พักครึ่งวัน | phák khrêung wan |
| Vollpension (f) | พักเต็มวัน | phák dtem wan |

mit Bad	มีห้องอาบน้ำ	mee hôrng àap náam
mit Dusche	มีฝักบัว	mee fàk bua
Satellitenfernsehen (n)	โทรทัศน์ดาวเทียม	thoh-rá-thát daao thiam
Klimaanlage (f)	เครื่องปรับอากาศ	khrêuang bpràp-aa-gàat
Handtuch (n)	ผ้าเช็ดตัว	phâa chét dtua
Schlüssel (m)	กุญแจ	gun-jae

Verwalter (m)	นักบุริหาร	nák bor-rí-hăan
Zimmermädchen (n)	แมบาน	mâe bâan
Träger (m)	พนักงาน,	phá-nák ngaan
	ขนกระเป๋า	khŏn grà-bpăo
Portier (m)	พนักงาน	phá-nák ngaan
	เปิดประตู	bpèrt bprà-dtoo

Restaurant (n)	ร้านอาหาร	ráan aa-hăan
Bar (f)	บาร์	baa
Frühstück (n)	อาหารเช้า	aa-hăan cháo
Abendessen (n)	อาหารเย็น	aa-hăan yen
Buffet (n)	บุฟเฟต์	bùf-fây

| Foyer (n) | ล็อบบี้ | lórp-bêe |
| Aufzug (m), Fahrstuhl (m) | ลิฟต์ | líf |

| BITTE NICHT STÖREN! | ห้ามรบกวน | hâam róp guan |
| RAUCHEN VERBOTEN! | หามสูบบุหรี่ | hâam sòop bù rèe |

157. Bücher. Lesen

Buch (n)	หนังสือ	năng-sĕu
Autor (m)	ผู้แตง	phôo dtàeng
Schriftsteller (m)	นักเขียน	nák khĭan
verfassen (vt)	เขียน	khĭan

Leser (m)	ผู้อ่าน	phôo àan
lesen (vi, vt)	อ่าน,	àan
Lesen (n)	การอ่าน	gaan àan

| still (~ lesen) | อย่างเงียบๆ | yàang ngîap ngîap |
| laut (Adv) | ออกเสียงดัง | òrk sĭang dang |

| verlegen (vt) | ตีพิมพ์ | dtee phim |
| Ausgabe (f) | การตีพิมพ์ | gaan dtee phim |

| Herausgeber (m) | ผู้พิมพ์ | phôo phim |
| Verlag (m) | สำนักพิมพ์ | săm-nák phim |

erscheinen (Buch)	ออก	òrk
Erscheinen (n)	การออก	gaan òrk
Auflage (f)	จำนวน	jam-nuan

| Buchhandlung (f) | ร้านหนังสือ | ráan năng-sěu |
| Bibliothek (f) | ห้องสมุด | hôrng sà-mùt |

Erzählung (f)	เรื่องราว	rêuang raao
Kurzgeschichte (f)	เรื่องสั้น	rêuang sân
Roman (m)	นิยาย	ní-yaai
Krimi (m)	นิยายสืบสวน	ní-yaai sèup sǔan

Memoiren (pl)	บันทึกความทรงจำ	ban-théuk khwaam song jam
Legende (f)	ตำนาน	dtam naan
Mythos (m)	นิทานปรัมปรา	ní-thaan bpram bpraa

Gedichte (pl)	บทกวี	bòt gà-wee
Autobiographie (f)	อัตชีวประวัติ	àt-chee-wá-bprà-wàt
ausgewählte Werke (pl)	งานที่ผ่าน การคัดเลือก	ngaan thêe phàan gaan khát lêuak
Science-Fiction (f)	นิยายวิทยาศาสตร์	ní-yaai wít-thá-yaa sàat

Titel (m)	ชื่อเรื่อง	chêu rêuang
Einleitung (f)	บทนำ	bòt nam
Titelseite (f)	หน้าแรก	nâa râek

Kapitel (n)	บท	bòt
Auszug (m)	ข้อความที่ คัดออกมา	khôr khwaam thêe khát òk maa
Episode (f)	ตอน	dtorn

Sujet (n)	เค้าเรื่อง	kháo rêuang
Inhalt (m)	เนื้อหา	néua hǎa
Inhaltsverzeichnis (n)	สารบัญ	sǎa-rá-ban
Hauptperson (f)	ตัวละครหลัก	dtua lá-khon làk

Band (m)	เล่ม	lêm
Buchdecke (f)	ปก	bpòk
Einband (m)	สัน	sǎn
Lesezeichen (n)	ที่คั่นหนังสือ	thêe khân năng-sěu

Seite (f)	หน้า	nâa
blättern (vi)	เปิดผ่านๆ	bpèrt phàan phàan
Ränder (pl)	ระยะขอบ	rá-yá khòrp
Notiz (f)	ความเห็นประกอบ	khwaam hěn bprà-gòp
Anmerkung (f)	เชิงอรรถ	cherng àt-tha

Text (m)	บท	bòt
Schrift (f)	ตัวพิมพ์	dtua phim
Druckfehler (m)	ความพิมพ์ผิด	khwaam phim phìt

| Übersetzung (f) | คำแปล | kham bplae |
| übersetzen (vt) | แปล | bplae |

Original (n)	ต้นฉบับ	dtôn chà-bàp
berühmt	โด่งดัง	dòhng dang
unbekannt	ไม่เป็นที่รู้จัก	mâi bpen thêe róo jàk
interessant	น่าสนใจ	nâa sŏn jai
Bestseller (m)	ขายดี	khǎai dee

Wörterbuch (n)	พจนานุกรม	phót-jà-naa-nú-grom
Lehrbuch (n)	หนังสือเรียน	nǎng-sěu rian
Enzyklopädie (f)	สารานุกรม	sǎa-raa-nú-grom

158. Jagen. Fischen

Jagd (f)	การล่าสัตว์	gaan lâa sàt
jagen (vi)	ล่าสัตว์	lâa sàt
Jäger (m)	นักล่าสัตว์	nák lâa sàt

schießen (vi)	ยิง	ying
Gewehr (n)	ปืนไรเฟิล	bpeun rai-fern
Patrone (f)	กระสุนปืน	grà-sǔn bpeun
Schrot (n)	กระสุน	grà-sǔn

Falle (f)	กับดักเหล็ก	gàp dàk lèk
Schlinge (f)	กับดัก	gàp dàk
in die Falle gehen	ติดกับดัก	dtìt gàp dàk
eine Falle stellen	วางกับดัก	waang gàp dàk

Wilddieb (m)	ผู้ลักลอบล่าสัตว์	phôo lák lôrp lâa sàt
Wild (n)	สัตว์ที่ถูกล่า	sàt têe thòok lâa
Jagdhund (m)	หมาล่าเนื้อ	mǎa lâa néua
Safari (f)	ซาฟารี	saa-faa-ree
ausgestopftes Tier (n)	สัตว์สตาฟ	sàt sà-dtàaf

Fischer (m)	คนประมง	khon bprà-mong
Fischen (n)	การจับปลา	gaan jàp bplaa
angeln, fischen (vt)	จับปลา	jàp bplaa

Angel (f)	คันเบ็ด	khan bèt
Angelschnur (f)	สายเบ็ด	sǎai bèt
Haken (m)	ตะขอ	dtà-khǒr
Schwimmer (m)	ทุ่น	thûn
Köder (m)	เหยื่อ	yèua

die Angel auswerfen	เหวี่ยงเบ็ด	wìang bèt
anbeißen (vi)	งับเหยื่อ	ngáp yèua
Fang (m)	ปลาจับ	bpla jàp
Eisloch (n)	ช่องน้ำแข็ง	chôrng nám khǎeng

Netz (n)	แหจับปลา	hǎe jàp bplaa
Boot (n)	เรือ	reua
mit dem Netz fangen	จับปลาด้วยแห	jàp bplaa dûay hǎe
das Netz hineinwerfen	เหวี่ยงแห	wìang hǎe
das Netz einholen	ลากอวน	lâak uan
ins Netz gehen	ติดแห	dtìt hǎe
Walfänger (m)	นักล่าปลาวาฬ	nák lâa bplaa waan

| Walfangschiff (n) | เรือล่าปลาวาฬ | reua lâa bplaa waan |
| Harpune (f) | ฉมวก | chà-mùak |

159. Spiele. Billard

Billard (n)	บิลเลียด	bin-lîat
Billardzimmer (n)	หองบิลเลียด	hôrng bin-lîat
Billardkugel (f)	ลูก	lôok

eine Kugel einlochen	แทงลูกลงหลุม	thaeng lôok long lǔm
Queue (n)	ไม้คิว	máai khiw
Tasche (f), Loch (n)	หลุม	lǔm

160. Spiele. Kartenspiele

Karo (n)	ข้าวหลามตัด	khâao lǎam dtàt
Pik (n)	โพดำ	phoh dam
Herz (n)	โพแดง	phoh daeng
Kreuz (n)	ดอกจิก	dòrk jìk

As (n)	เอส	àyt
König (m)	คิง	king
Dame (f)	แหม่ม	màem
Bube (m)	แจค	jáek

Spielkarte (f)	ไพ่	phâi
Karten (pl)	ไพ่	phâi
Trumpf (m)	ไต	dtǎi
Kartenspiel (abgenutztes ~)	สำรับไพ่	sǎm-ráp phâi

Punkt (m)	แต้ม	dtâem
ausgeben (vt)	แจกไพ่	jàek phâi
mischen (vt)	สับไพ	sàp phâi
Zug (m)	ที	thee
Falschspieler (m)	คนโกงไพ่	khon gohng phâi

161. Kasino. Roulette

Kasino (n)	คาสิโน	khaa-sì-noh
Roulette (n)	รูเล็ตต	roo-lèt
Einsatz (m)	เดิมพัน	derm phan
setzen (auf etwas ~)	วางเดิมพัน	waang derm phan

Rot (n)	แดง	daeng
Schwarz (n)	ดำ	dam
auf Rot setzen	เดิมพันสีแดง	derm phan sěe daeng
auf Schwarz setzen	เดิมพันสีดำ	derm phan sěe dam

| Croupier (m) | เจ้ามือ | jâo meu |
| das Rad drehen | หมุนกงล้อ | mǔn gong lór |

| Spielregeln (pl) | กติกา | gà-dtì-gaa |
| Spielmarke (f) | ชิป | chíp |

| gewinnen (vt) | ชนะ | chá-ná |
| Gewinn (m) | รางวัล | raang-wan |

| verlieren (vt) | เสีย | sĭa |
| Verlust (m) | เงินเสียพนัน | ngern sĭa phá-nan |

Spieler (m)	ผู้เล่น	phôo lên
Blackjack (n)	แบล็คแจ๊ค	blàek-jáek
Würfelspiel (n)	เกมลูกเต๋า	gaym lôok dtăo
Würfeln (pl)	เต๋า	dtăo
Spielautomat (m)	ตู้สล็อต	dtôo sà-lòrt

162. Erholung. Spiele. Verschiedenes

spazieren gehen (vi)	เดินเล่น	dern lên
Spaziergang (m)	การเดินเลน	gaan dern lên
Fahrt (im Wagen)	การนั่งรถ	gaan nâng rót
Abenteuer (n)	การผจญภัย	gaan phà-jon phai
Picknick (n)	ปิคนิค	bpìk-ník

Spiel (n)	เกม	gaym
Spieler (m)	ผู้เล่น	phôo lên
Partie (f)	เกม	gaym

Sammler (m)	นักสะสม	nák sà-sŏm
sammeln (vt)	สะสม	sà-sŏm
Sammlung (f)	การสะสม	gaan sà-sŏm
Kreuzworträtsel (n)	ปริศนาอักษรไขว้	bprìt-sà-năa àk-sŏn khwâi
Rennbahn (f)	ลู่แข่ง	lôo khàeng
Diskothek (f)	ดิสโก้	dít-gôh

Sauna (f)	ซาวน่า	saao-nâa
Lotterie (f)	สลากกินแบ่ง	sà-làak gin bàeng
Wanderung (f)	การเดินทาง ตั้งแคมป์	gaan dern thaang dtâng-khaem
Lager (n)	แคมป์	khaem
Zelt (n)	เต็นท์	dtáyn
Kompass (m)	เข็มทิศ	khĕm thít
Tourist (m)	ผู้เดินทาง ตั้งแคมป์	phôo dern thaang dtâng-khaem

fernsehen (vi)	ดู	doo
Fernsehzuschauer (m)	ผู้ชมทีวี	phôo chom thee wee
Fernsehsendung (f)	รายการทีวี	raai gaan thee wee

163. Fotografie

| Kamera (f) | กล้อง | glôrng |
| Foto (n) | ภาพถ่าย | phâap thàai |

Fotograf (m)	ช่างถ่ายภาพ	châang thàai phâap
Fotostudio (n)	ห้องถ่ายภาพ	hôrng thàai phâap
Fotoalbum (n)	อัลบั้มภาพถ่าย	an-bâm phâap-thàai

Objektiv (n)	เลนส์กล้อง	len glôrng
Teleobjektiv (n)	เลนส์ถ่ายไกล	len thàai glai
Filter (n)	ฟิลเตอร์	fin-dtêr
Linse (f)	เลนส์	len

Optik (f)	ออปติก	orp-dtìk
Blende (f)	รูรับแสง	roo ráp săeng
Belichtungszeit (f)	เวลาในการถ่ายภาพ	way-laa nai gaan thàai phâap
Sucher (m)	เครื่องจับภาพ	khrêuang jàp phâap

Digitalkamera (f)	กล้องดิจิตอล	glôrng dì-jì-dton
Stativ (n)	ขาตั้งกล้อง	khăa dtâng glông
Blitzgerät (n)	แฟลช	flâet

fotografieren (vt)	ถ่ายภาพ	thàai phâap
aufnehmen (vt)	ถ่ายภาพ	thàai phâap
sich fotografieren lassen	ได้รับการ	dâai ráp gaan
	ถ่ายภาพให้	thàai phâap hâi

Fokus (m)	โฟกัส	foh-gát
den Fokus einstellen	โฟกัส	foh-gát
scharf (~ abgebildet)	คมชัด	khom chát
Schärfe (f)	ความคมชัด	khwaam khom chát

| Kontrast (m) | ความเปรียบต่าง | khwaam bprìap dtàang |
| kontrastreich | เปรียบต่าง | bprìap dtàang |

Aufnahme (f)	ภาพ	phâap
Negativ (n)	ภาพเนกาทีฟ	phâap nay gaa thêef
Rollfilm (m)	ฟิล์ม	fim
Einzelbild (n)	เฟรม	fraym
drucken (vt)	พิมพ์	phim

164. Strand. Schwimmen

Strand (m)	ชายหาด	chaai hàat
Sand (m)	ทราย	saai
menschenleer	ร้าง	ráang

Bräune (f)	ผิวคล้ำแดด	phǐw khlám dàet
sich bräunen	ตากแดด	dtàak dàet
gebräunt	มีผิวคล้ำแดด	mee phǐw khlám dàet
Sonnencreme (f)	ครีมกันแดด	khreem gan dàet

Bikini (m)	บิกินี่	bì-gì-nee
Badeanzug (m)	ชุดว่ายน้ำ	chút wâai náam
Badehose (f)	กางเกงว่ายน้ำ	gaang-gayng wâai náam

| Schwimmbad (n) | สระว่ายน้ำ | sà wâai náam |
| schwimmen (vi) | ว่ายน้ำ | wâai náam |

Dusche (f)	ฝักบัว	fàk bua
sich umkleiden	เปลี่ยนชุด	bplìan chút
Handtuch (n)	ผ้าเช็ดตัว	phâa chét dtua

| Boot (n) | เรือ | reua |
| Motorboot (n) | เรือยนต์ | reua yon |

Wasserski (m)	สกีน้ำ	sà-gee nám
Tretboot (n)	เรือถีบ	reua thèep
Surfen (n)	การโต้คลื่น	gaan dtôh khlêun
Surfer (m)	นักโต้คลื่น	nák dtôh khlêun

Tauchgerät (n)	อุปกรณ์ดำน้ำ	u-bpà-gon dam náam
Schwimmflossen (pl)	ตีนกบ	dteen gòp
Maske (f)	หน้ากากดำน้ำ	nâa gàak dam náam
Taucher (m)	นักประดาน้ำ	nák bprà-daa náam
tauchen (vi)	ดำน้ำ	dam náam
unter Wasser	ใต้น้ำ	dtâi nám

Sonnenschirm (m)	ร่มชายหาด	rôm chaai hàat
Liege (f)	เตียงอาบแดด	dtiang àap dàet
Sonnenbrille (f)	แว่นกันแดด	wâen gan dàet
Schwimmmatratze (f)	ที่นอนเป่าลม	thêe non bpào lom

| spielen (vi, vt) | เล่น | lên |
| schwimmen gehen | ไปว่ายน้ำ | bpai wâai náam |

Ball (m)	บอล	bon
aufblasen (vt)	เติมลม	dterm lom
aufblasbar	แบบเติมลม	bàep dterm lom

Welle (f)	คลื่น	khlêun
Boje (f)	ทุ่นลอย	thûn loi
ertrinken (vi)	จมน้ำ	jom náam

retten (vt)	ช่วยชีวิต	chûay chee-wít
Schwimmweste (f)	เสื้อชูชีพ	sêua choo chêep
beobachten (vt)	สังเกตการณ์	săng-gàyt gaan
Bademeister (m)	ไลฟ์การ์ด	lai-gàat

TECHNISCHES ZUBEHÖR. TRANSPORT

Technisches Zubehör

165. Computer

Computer (m)	คอมพิวเตอร์	khorm-phiw-dtêr
Laptop (m), Notebook (n)	โน้ตบุ๊ค	nóht búk
einschalten (vt)	เปิด	bpèrt
abstellen (vt)	ปิด	bpìt
Tastatur (f)	แป้นพิมพ์	bpâen phim
Taste (f)	ปุ่ม	bpùm
Maus (f)	เมาส์	mao
Mousepad (n)	แผ่นรองเมาส์	phàen rorng mao
Knopf (m)	ปุ่ม	bpùm
Cursor (m)	เคอร์เซอร์	khêr-sêr
Monitor (m)	จอมอนิเตอร์	jor mor-ní-dtêr
Schirm (m)	หน้าจอ	nâa jor
Festplatte (f)	ฮาร์ดดิสก์	hâat-dìt
Festplattengröße (f)	ความจุฮาร์ดดิสก์	kwaam jù hâat-dìt
Speicher (m)	หน่วยความจำ	nùay khwaam jam
Arbeitsspeicher (m)	หน่วยความจำเขาถึงโดยสุ่ม	nùay khwaam jam khâo thěung doi sùm
Datei (f)	ไฟล์	fai
Ordner (m)	โฟลเดอร์	fohl-dêr
öffnen (vt)	เปิด	bpèrt
schließen (vt)	ปิด	bpìt
speichern (vt)	บันทึก	ban-théuk
löschen (vt)	ลบ	lóp
kopieren (vt)	คัดลอก	khát lôrk
sortieren (vt)	จัดเรียง	jàt riang
transferieren (vt)	ทำสำเนา	tham sǎm-nao
Programm (n)	โปรแกรม	bproh-graem
Software (f)	ซอฟต์แวร์	sôf-wae
Programmierer (m)	นักเขียนโปรแกรม	nák khǐan bproh-graem
programmieren (vt)	เขียนโปรแกรม	khǐan bproh-graem
Hacker (m)	แฮ็กเกอร์	háek-gêr
Kennwort (n)	รหัสผ่าน	rá-hàt phàan
Virus (m, n)	ไวรัส	wai-rát
entdecken (vt)	ตรวจพบ	dtrùat phóp

Byte (n)	ไบท์	bai
Megabyte (n)	เมกะไบท์	may-gà-bai
Daten (pl)	ข้อมูล	khôr moon
Datenbank (f)	ฐานข้อมูล	thăan khôr moon
Kabel (n)	สายเคเบิล	săai khay-bêrn
trennen (vt)	ตัดการเชื่อมต่อ	dtàt gaan chêuam dtòr
anschließen (vt)	เชื่อมต่อ	chêuam dtòr

166. Internet. E-Mail

Internet (n)	อินเทอร์เน็ต	in-thêr-nét
Browser (m)	เบราว์เซอร์	brao-sêr
Suchmaschine (f)	โปรแกรมค้นหา	bproh-graem khón hăa
Provider (m)	ผู้ให้บริการ	phôo hâi bor-rí-gaan
Webmaster (m)	เว็บมาสเตอร์	wép-mâat-dtêr
Website (f)	เว็บไซต์	wép sai
Webseite (f)	เว็บเพจ	wép phâyt
Adresse (f)	ที่อยู่	thêe yòo
Adressbuch (n)	สมุดที่อยู่	sà-mùt thêe yòo
Mailbox (f)	กล่องจดหมายอีเมลล์	glòrng jòt măai ee-mayn
Post (f)	จดหมาย	jòt măai
überfüllt (-er Briefkasten)	เต็ม	dtem
Mitteilung (f)	ข้อความ	khôr khwaam
eingehenden Nachrichten	ข้อความขาเข้า	khôr khwaam khăa khâo
ausgehenden Nachrichten	ข้อความขาออก	khôr khwaam khăa òrk
Absender (m)	ผู้ส่ง	phôo sòng
senden (vt)	ส่ง	sòng
Absendung (f)	การส่ง	gaan sòng
Empfänger (m)	ผู้รับ	phôo ráp
empfangen (vt)	รับ	ráp
Briefwechsel (m)	การติดต่อกัน	gaan dtìt dtòr gan
	ทางจดหมาย	thaang jòt măai
im Briefwechsel stehen	ติดต่อกันทางจดหมาย	dtìt dtòr gan thaang jòt măai
Datei (f)	ไฟล์	fai
herunterladen (vt)	ดาวน์โหลด	daao lòht
schaffen (vt)	สร้าง	sâang
löschen (vt)	ลบ	lóp
gelöscht (Datei)	ถูกลบ	thòok lóp
Verbindung (f)	การเชื่อมต่อ	gaan chêuam dtòr
Geschwindigkeit (f)	ความเร็ว	khwaam reo
Modem (n)	โมเด็ม	moh-dem
Zugang (m)	การเข้าถึง	gaan khâo thĕung
Port (m)	พอร์ท	phôt

Anschluss (m)	การเชื่อมต่อ	gaan chêuam dtòr
sich anschließen	เชื่อมตอกับ...	chêuam dtòr gàp...

auswählen (vt)	เลือก	lêuak
suchen (vt)	คนหา	khón hăa

167. Elektrizität

Elektrizität (f)	ไฟฟ้า	fai fáa
elektrisch	ทางไฟฟ้า	thaang fai-fáa
Elektrizitätswerk (n)	โรงไฟฟ้า	rohng fai-fáa
Energie (f)	พลังงาน	phá-lang ngaan
Strom (m)	กำลังไฟฟ้า	gam-lang fai-fáa

Glühbirne (f)	หลอดไฟฟ้า	lòrt fai fáa
Taschenlampe (f)	ไฟฉาย	fai chăai
Straßenlaterne (f)	เสาไฟถนน	săo fai thà-nŏn

Licht (n)	ไฟ	fai
einschalten (vt)	เปิด	bpèrt
ausschalten (vt)	ปิด	bpìt
das Licht ausschalten	ปิดไฟ	bpìt fai
durchbrennen (vi)	ขาด	khàat
Kurzschluss (m)	การลัดวงจร	gaan lát wong-jon
Riß (m)	สายขาด	săai khàat
Kontakt (m)	สายตอกัน	săai dtòr gan

Schalter (m)	สวิตช์ไฟ	sà-wít fai
Steckdose (f)	เต้าเสียบปลั๊กไฟ	dtâo sìap bplák fai
Stecker (m)	ปลั๊กไฟ	bplák fai
Verlängerung (f)	สายพวงไฟ	săai phûang fai
Sicherung (f)	ฟิวส์	fiw
Leitungsdraht (m)	สายไฟ	săai fai
Verdrahtung (f)	การเดินสายไฟ	gaan dern săai fai

Ampere (n)	แอมแปร์	aem-bpae
Stromstärke (f)	กำลังไฟฟ้า	gam-lang fai-fáa
Volt (n)	โวลต	wohn
Voltspannung (f)	แรงดันไฟฟ้า	raeng dan fai fáa

Elektrogerät (n)	เครื่องใช้ไฟฟ้า	khrêuang chái fai fáa
Indikator (m)	ตัวระบุ	dtua rá-bù

Elektriker (m)	ช่างไฟฟ้า	châang fai-fáa
löten (vt)	บัดกรี	bàt-gree
Lötkolben (m)	หัวแรงบัดกรี	hŭa ráeng bàt-gree
Strom (m)	กระแสไฟฟ้า	grà-săe fai fáa

168. Werkzeug

Werkzeug (n)	เครื่องมือ	khrêuang meu
Werkzeuge (pl)	เครื่องมือ	khrêuang meu

Ausrüstung (f)	อุปกรณ์	ù-bpà-gon
Hammer (m)	ค้อน	khórn
Schraubenzieher (m)	ไขควง	khǎi khuang
Axt (f)	ขวาน	khwǎan

Säge (f)	เลื่อย	lêuay
sägen (vt)	เลื่อย	lêuay
Hobel (m)	กบไสไม้	gòp sǎi máai
hobeln (vt)	ไสกบ	sǎi gòp
Lötkolben (m)	หัวแร้งบัดกรี	hǔa ráeng bàt-gree
löten (vt)	บัดกรี	bàt-gree

Feile (f)	ตะไบ	dtà-bai
Kneifzange (f)	คีม	kheem
Flachzange (f)	คีมปอกสายไฟ	kheem bpòk sǎai fai
Stemmeisen (n)	สิ่ว	sìw

Bohrer (m)	หัวสว่าน	hǔa sà-wàan
Bohrmaschine (f)	สว่านไฟฟ้า	sà-wàan fai fáa
bohren (vt)	เจาะ	jòr

Messer (n)	มีด	mêet
Taschenmesser (n)	มีดพก	mêet phók
Klinge (f)	ใบ	bai

scharf (-e Messer usw.)	คม	khom
stumpf	ทื่อ	thêu
stumpf werden (vi)	ทำให้...ทื่อ	tham hâi...thêu
schärfen (vt)	ลับคม	láp khom

Bolzen (m)	สลักเกลียว	sà-làk glieow
Mutter (f)	แหวนสกรู	wǎen sà-groo
Gewinde (n)	เกลียว	glieow
Holzschraube (f)	สกรู	sà-groo

| Nagel (m) | ตะปู | dtà-bpoo |
| Nagelkopf (m) | หัวตะปู | hǔa dtà-bpoo |

Lineal (n)	ไม้บรรทัด	máai ban-thát
Metermaß (n)	เทปวัดระยะทาง	thâyp wát rá-yá taang
Wasserwaage (f)	เครื่องวัดระดับน้ำ	khrêuang wát rá-dàp náam
Lupe (f)	แว่นขยาย	wâen khà-yǎai

Messinstrument (n)	เครื่องมือวัด	khrêuang meu wát
messen (vt)	วัด	wát
Skala (f)	อัตรา	àt-dtraa
Ablesung (f)	คามิเตอร์	khâa mí-dtêr

| Kompressor (m) | เครื่องอัดอากาศ | khrêuang àt aa-gàat |
| Mikroskop (n) | กล้องจุลทัศน์ | glôrng jun-la -thát |

Pumpe (f)	ปั๊ม	bpám
Roboter (m)	หุ่นยนต์	hùn yon
Laser (m)	เลเซอร์	lay-sêr
Schraubenschlüssel (m)	ประแจ	bprà-jae
Klebeband (n)	เทปกาว	thâyp gaao

Klebstoff (m)	กาว	gaao
Sandpapier (n)	กระดาษทราย	grà-dàat saai
Sprungfeder (f)	สปริง	sà-bpring
Magnet (m)	แม่เหล็ก	mâe lèk
Handschuhe (pl)	ถุงมือ	thŭng meu

Leine (f)	เชือก	chêuak
Schnur (f)	สาย	săai
Draht (m)	สายไฟ	săai fai
Kabel (n)	สายเคเบิล	săai khay-bêrn

schwerer Hammer (m)	ค้อนขนาดใหญ่	khón khà-nàat yài
Brecheisen (n)	ชะแลง	chá-laeng
Leiter (f)	บันได	ban-dai
Trittleiter (f)	กระได	grà-dai

zudrehen (vt)	ขันเกลียวเข้า	khăn glieow khâo
abdrehen (vt)	ขันเกลียวออก	khăn glieow òk
zusammendrücken (vt)	ขันให้แน่น	khăn hâi náen
ankleben (vt)	ติดกาว	dtìt gaao
schneiden (vt)	ตัด	dtàt

Störung (f)	ความผิดพลาด	khwaam phìt phlâat
Reparatur (f)	การซ่อมแซม	gaan sôrm saem
reparieren (vt)	ซ่อม	sôrm
einstellen (vt)	ปรับ	bpràp

prüfen (vt)	ตรวจ	dtrùat
Prüfung (f)	การตรวจ	gaan dtrùat
Ablesung (f)	ค่ามิเตอร์	khâa mí-dtêr

sicher (zuverlässigen)	ไว้วงใจได้	wái waang jai dâai
kompliziert (Adj)	ซับซ้อน	sáp són

verrosten (vi)	ขึ้นสนิม	khêun sà-nĭm
rostig	เป็นสนิม	bpen sà-nĭm
Rost (m)	สนิม	sà-nĭm

Transport

169. Flugzeug

Flugzeug (n)	เครื่องบิน	khrêuang bin
Flugticket (n)	ตั๋วเครื่องบิน	dtŭa khrêuang bin
Fluggesellschaft (f)	สายการบิน	săai gaan bin
Flughafen (m)	สนามบิน	sà-năam bin
Überschall-	ความเร็วเหนือเสียง	khwaam reo nĕua-sĭang
Flugkapitän (m)	กัปตัน	gàp dtan
Besatzung (f)	ลูกเรือ	lôok reua
Pilot (m)	นักบิน	nák bin
Flugbegleiterin (f)	พนักงวนต้อนรับบนเครื่องบิน	phá-nák ngaan dtôrn ráp bon khrêuang bin
Steuermann (m)	ต้นหน	dtôn hŏn
Flügel (pl)	ปีก	bpèek
Schwanz (m)	หาง	hăang
Kabine (f)	ห้องนักบิน	hôrng nák bin
Motor (m)	เครื่องยนต์	khrêuang yon
Fahrgestell (n)	โครงส่วนล่างของเครื่องบิน	khrorng sùan lâang khŏrng khrêuang bin
Turbine (f)	กังหัน	gang-hăn
Propeller (m)	ใบพัด	bai phát
Flugschreiber (m)	กล่องดำ	glòrng dam
Steuerrad (n)	คันบังคับ	khan bang-kháp
Treibstoff (m)	เชื้อเพลิง	chéua phlerng
Sicherheitskarte (f)	คู่มือความปลอดภัย	khôo meu khwaam bplòt phai
Sauerstoffmaske (f)	หน้ากากอ็อกซิเจน	nâa gàak ók sí jayn
Uniform (f)	เครื่องแบบ	khrêuang bàep
Rettungsweste (f)	เสื้อชูชีพ	sêua choo chêep
Fallschirm (m)	รมชูชีพ	rôm choo chêep
Abflug, Start (m)	การบินขึ้น	gaan bin khêun
starten (vi)	บินขึ้น	bin khêun
Startbahn (f)	ทางวิ่งเครื่องบิน	thaang wîng khrêuang bin
Sicht (f)	ทัศนวิสัย	thát sá ná wí-săi
Flug (m)	การบิน	gaan bin
Höhe (f)	ความสูง	khwaam sŏong
Luftloch (n)	หลุมอากาศ	lŭm aa-gàat
Platz (m)	ที่นั่ง	thêe nâng
Kopfhörer (m)	หูฟัง	hŏo fang
Klapptisch (m)	ถาดพับเก็บได้	thàat pháp gèp dâai
Bullauge (n)	หน้าตางเครื่องบิน	nâa dtàang khrêuang bin
Durchgang (m)	ทางเดิน	thaang dern

170. Zug

Zug (m)	รถไฟ	rót fai
elektrischer Zug (m)	รถไฟชานเมือง	rót fai chaan meuang
Schnellzug (m)	รถไฟด่วน	rót fai dùan
Diesellok (f)	รถจักรดีเซล	rót jàk dee-sayn
Dampflok (f)	รถจักรไอน้ำ	rót jàk ai náam
Personenwagen (m)	ตู้โดยสาร	dtôo doi săan
Speisewagen (m)	ตู้เสบียง	dtôo sà-biang
Schienen (pl)	รางรถไฟ	raang rót fai
Eisenbahn (f)	ทางรถไฟ	thaang rót fai
Bahnschwelle (f)	หมอนรองราง	mŏrn rorng raang
Bahnsteig (m)	ชานชลา	chaan-chá-laa
Gleis (n)	ราง	raang
Eisenbahnsignal (n)	ไฟสัญญาณรถไฟ	fai săn-yaan rót fai
Station (f)	สถานี	sà-thăa-nee
Lokomotivführer (m)	คนขับรถไฟ	khon khàp rót fai
Träger (m)	พนักงานยกกระเป๋า	phá-nák ngaan yók grà-bpăo
Schaffner (m)	พนักงานรถไฟ	phá-nák ngaan rót fai
Fahrgast (m)	ผู้โดยสาร	phôo doi săan
Fahrkartenkontrolleur (m)	พนักงานตรวจตั๋ว	phá-nák ngaan dtrùat dtŭa
Flur (m)	ทางเดิน	thaang dern
Notbremse (f)	เบรคฉุกเฉิน	bràyk chùk-chĕrn
Abteil (n)	ตู้นอน	dtôo norn
Liegeplatz (m), Schlafkoje (f)	เตียง	dtiang
oberer Liegeplatz (m)	เตียงบน	dtiang bon
unterer Liegeplatz (m)	เตียงล่าง	dtiang lâang
Bettwäsche (f)	ชุดเครื่องนอน	chút khrêuang norn
Fahrkarte (f)	ตั๋ว	dtŭa
Fahrplan (m)	ตารางเวลา	dtaa-raang way-laa
Anzeigetafel (f)	กระดานแสดง	grà daan sà-daeng
	ข้อมูล	khôr moon
abfahren (der Zug)	ออกเดินทาง	òrk dern thaang
Abfahrt (f)	การออกเดินทาง	gaan òrk dern thaang
ankommen (der Zug)	มาถึง	maa thĕung
Ankunft (f)	การมาถึง	gaan maa thĕung
mit dem Zug kommen	มาถึงโดยรถไฟ	maa thĕung doi rót fai
in den Zug einsteigen	ขึ้นรถไฟ	khêun rót fai
aus dem Zug aussteigen	ลงจากรถไฟ	long jàak rót fai
Zugunglück (n)	รถไฟตกราง	rót fai dtòk raang
entgleisen (vi)	ตกราง	dtòk raang
Dampflok (f)	หัวรถจักรไอน้ำ	hŭa rót jàk ai náam
Heizer (m)	คนควบคุมเตาไฟ	khon khûap khum dtao fai
Feuerbüchse (f)	เตาไฟ	dtao fai
Kohle (f)	ถ่านหิน	thàan hĭn

171. Schiff

Schiff (n)	เรือ	reua
Fahrzeug (n)	เรือ	reua

Dampfer (m)	เรือจักรไอน้ำ	reua jàk ai náam
Motorschiff (n)	เรือลองแมน้ำ	reua lông mâe náam
Kreuzfahrtschiff (n)	เรือเดินสมุทร	reua dern sà-mùt
Kreuzer (m)	เรือลาดตระเวน	reua lâat dtrà-wayn

Jacht (f)	เรือยอชต์	reua yôt
Schlepper (m)	เรือลากจูง	reua lâak joong
Lastkahn (m)	เรือบรรทุก	reua ban-thúk
Fähre (f)	เรือขามฟาก	reua khâam fâak

Segelschiff (n)	เรือใบ	reua bai
Brigantine (f)	เรือใบสองเสากระโดง	reua bai sŏrng săo grà-dohng

Eisbrecher (m)	เรือตัดน้ำแข็ง	reua dtàt náam khăeng
U-Boot (n)	เรือดำน้ำ	reua dam náam

Boot (n)	เรือพาย	reua phaai
Dingi (n), Beiboot (n)	เรือบดเล็ก	reua bòt lék
Rettungsboot (n)	เรือชูชีพ	reua choo chêep
Motorboot (n)	เรือยนต์	reua yon

Kapitän (m)	กัปตัน	gàp dtan
Matrose (m)	นาวิน	naa-win
Seemann (m)	คนเรือ	khon reua
Besatzung (f)	กะลาสี	gà-laa-sĕe

Bootsmann (m)	สรั่ง	sà-ràng
Schiffsjunge (m)	คนช่วยงานในเรือ	khon chûay ngaan nai reua
Schiffskoch (m)	กุก	gúk
Schiffsarzt (m)	แพทย์เรือ	phâet reua

Deck (n)	ดาดฟ้าเรือ	dàat-fáa reua
Mast (m)	เสากระโดงเรือ	săo grà-dohng reua
Segel (n)	ใบเรือ	bai reua

Schiffsraum (m)	ท้องเรือ	thórng-reua
Bug (m)	หัวเรือ	hŭa-reua
Heck (n)	ท้วยเรือ	tháai reua
Ruder (n)	ไมพาย	máai phaai
Schraube (f)	ใบจักร	bai jàk

Kajüte (f)	ห้องพัก	hôrng phák
Messe (f)	ห้องอาหาร	hôrng aa-hăan
Maschinenraum (m)	ห้องเครื่องยนต์	hôrng khrêuang yon
Kommandobrücke (f)	สะพานเดินเรือ	sà-phaan dern reua
Funkraum (m)	ห้องวิทยุ	hôrng wít-thá-yú
Radiowelle (f)	คลื่นความถี่	khlêun khwaam thèe
Schiffstagebuch (n)	สมุดบันทึก	sà-mùt ban-théuk
Fernrohr (n)	กลองสองทางไกล	glôrng sòrng thaang glai
Glocke (f)	ระฆัง	rá-khang

Fahne (f)	ธง	thorng
Seil (n)	เชือก	chêuak
Knoten (m)	ปม	bpom
Geländer (n)	ราว	raao
Treppe (f)	ไม่พาดให้	mái phâat hâi
	ขึ้นลงเรือ	khêun long reua

Anker (m)	สมอ	sà-mǒr
den Anker lichten	ถอนสมอ	thǒrn sà-mǒr
Anker werfen	ทอดสมอ	thôrt sà-mǒr
Ankerkette (f)	โซ่สมอเรือ	sôh sà-mǒr reua

Hafen (m)	ท่าเรือ	thâa reua
Anlegestelle (f)	ท่า	thâa
anlegen (vi)	จอดเทียบท่า	jòt thîap tâa
abstoßen (vt)	ออกจากท่า	òrk jàak tâa

Reise (f)	การเดินทาง	gaan dern thaang
Kreuzfahrt (f)	การล่องเรือ	gaan lôrng reua
Kurs (m), Richtung (f)	เส้นทาง	sên thaang
Reiseroute (f)	เส้นทาง	sên thaang

Fahrwasser (n)	ร่องเรือเดิน	rông reua dern
Untiefe (f)	โขด	khòht
stranden (vi)	เกยตื้น	goie dtêun

Sturm (m)	พายุ	phaa-yú
Signal (n)	สัญญาณ	sǎn-yaan
untergehen (vi)	ลม	lôm
Mann über Bord!	คนตกเรือ!	kon dtòk reua
SOS	SOS	es-o-es
Rettungsring (m)	ห่วงยาง	hùang yaang

172. Flughafen

Flughafen (m)	สนามบิน	sà-nǎam bin
Flugzeug (n)	เครื่องบิน	khrêuang bin
Fluggesellschaft (f)	สายการบิน	sǎai gaan bin
Fluglotse (m)	เจ้าหน้าที่ควบคุม	jâo nâa-thêe khûap khum
	จราจรทางอากาศ	jà-raa-jon thaang aa-gàat

Abflug (m)	การออกเดินทาง	gaan òrk dern thaang
Ankunft (f)	การมาถึง	gaan maa thěung
anfliegen (vi)	มาถึง	maa thěung

Abflugzeit (f)	เวลาขาไป	way-laa khǎa bpai
Ankunftszeit (f)	เวลามาถึง	way-laa maa thěung

sich verspäten	ถูกเลื่อน	thòok lêuan
Abflugverspätung (f)	เลื่อนเที่ยวบิน	lêuan thieow bin

Anzeigetafel (f)	ฎระดานแสดง	grà daan sà-daeng
	ข้อมูล	khôr moon
Information (f)	ข้อมูล	khôr moon

ankündigen (vt)	ประกาศ	bprà-gàat
Flug (m)	เที่ยวบิน	thîeow bin
Zollamt (n)	ศุลกากร	sǔn-lá-gaa-gon
Zollbeamter (m)	เจ้าหน้าที่ศุลกากร	jâo nâa-thêe sǔn-lá-gaa-gon
Zolldeklaration (f)	แบบฟอร์มการเสีย ภาษีศุลกากร	bàep form gaan sǐa phaa-sěe sǔn-lá-gaa-gon
ausfüllen (vt)	กรอก	gròrk
die Zollerklärung ausfüllen	กรอกแบบฟอร์ม การเสียภาษี	gròrk bàep form gaan sǐa paa-sěe
Passkontrolle (f)	จุดตรวจหนังสือ เดินทาง	jùt dtrùat nǎng-sěu dern-thaang
Gepäck (n)	สัมภาระ	sǎm-phaa-rá
Handgepäck (n)	กระเป๋าถือ	grà-bpǎo thěu
Kofferkuli (m)	รถขนสัมภาระ	rót khǒn sǎm-phaa-rá
Landung (f)	การลงจอด	gaan long jòrt
Landebahn (f)	ลานบินลงจอด	laan bin long jòrt
landen (vi)	ลงจอด	long jòrt
Fluggasttreppe (f)	ทางขึ้นลง เครื่องบิน	thaang khêun long khrêuang bin
Check-in (n)	การเช็คอิน	gaan chék in
Check-in-Schalter (m)	เคาน์เตอร์เช็คอิน	khao-dtêr chék in
sich registrieren lassen	เช็คอิน	chék in
Bordkarte (f)	บัตรที่นั่ง	bàt thêe nâng
Abfluggate (n)	ช่องเขา	chôrng khâo
Transit (m)	การต่อเที่ยวบิน	gaan tòr thîeow bin
warten (vi)	รอ	ror
Wartesaal (m)	ห้องผู้โดยสารขาออก	hôrng phôo doi sǎan khǎa òk
begleiten (vt)	ไปส่ง	bpai sòng
sich verabschieden	บอกลา	bòrk laa

173. Fahrrad. Motorrad

Fahrrad (n)	รถจักรยาน	rót jàk-grà-yaan
Motorroller (m)	สกูตเตอร์	sà-góot-dtêr
Motorrad (n)	รถมอเตอร์ไซค์	rót mor-dtêr-sai
Rad fahren	ขี่จักรยาน	khèe jàk-grà-yaan
Lenkstange (f)	พวงมาลัยรถ	phuang maa-lai rót
Pedal (n)	แป้นเหยียบ	bpâen yìap
Bremsen (pl)	เบรก	bràyk
Sattel (m)	ที่นั่งจักรยาน	thêe nâng jàk-grà-yaan
Pumpe (f)	ปั้ม	bpám
Gepäckträger (m)	ที่วางสัมภาระ	thêe waang sǎm-phaa-rá
Scheinwerfer (m)	ไฟหน้า	fai nâa
Helm (m)	หมวกนิรภัย	mùak ní-rá-phai
Rad (n)	ลอ	lór
Schutzblech (n)	บังโคลน	bang khlon

| Felge (f) | ขอบล้อ | khòp lór |
| Speiche (f) | กำนลอ | gâan lór |

Autos

174. Autotypen

Auto (n)	รถยนต์	rót yon
Sportwagen (m)	รถสปอร์ต	rót sà-bpòt
Limousine (f)	รถลีมูซีน	rót lee moo seen
Geländewagen (m)	รถเอสยูวี	rót àyt yoo wee
Kabriolett (n)	รถยนต์เปิดประทุน	rót yon bpèrt bprà-thun
Kleinbus (m)	รถบัสเล็ก	rót bàt lék
Krankenwagen (m)	รถพยาบาล	rót phá-yaa-baan
Schneepflug (m)	รถไถหิมะ	rót thăi hì-má
Lastkraftwagen (m)	รถบรรทุก	rót ban-thúk
Tankwagen (m)	รถบรรทุกน้ำมัน	rót ban-thúk nám man
Kastenwagen (m)	รถตู้	rót dtôo
Sattelzug (m)	รถลาก	rót lâak
Anhänger (m)	รถพ่วง	rót phûang
komfortabel	สะดวก	sà-dùak
gebraucht	มือสอง	meu sŏrng

175. Autos. Karosserie

Motorhaube (f)	กระโปรงรถ	grà bprohng rót
Kotflügel (m)	บังโคลน	bang khlon
Dach (n)	หลังคา	lăng khaa
Windschutzscheibe (f)	กระจกหน้ารถ	grà-jòk nâa rót
Rückspiegel (m)	กระจกมองหลัง	grà-jòk morng lăng
Scheibenwaschanlage (f)	ที่ฉีดน้ำล้าง กระจกหน้ารถ	thêe chèet nám láang grà-jòk nâa rót
Scheibenwischer (m)	ที่ปัดล้างกระจก หน้ารถ	thêe bpàt láang grà-jòk nâa rót
Seitenscheibe (f)	กระจกข้าง	grà-jòk khâang
Fensterheber (m)	กระจกไฟฟ้า	grà-jòk fai-fáa
Antenne (f)	เสาอากาศ	săo aa-gàat
Schiebedach (n)	หลังคารับแดด	lăng khaa ráp dàet
Stoßstange (f)	กันชน	gan chon
Kofferraum (m)	ท้ายรถ	tháai rót
Dachgepäckträger (m)	ชั้นวางสัมภาระ	chán waang săm-phaa-rá
Wagenschlag (m)	ประตู	bprà-dtoo
Türgriff (m)	ที่เปิดประตู	thêe bpèrt bprà-dtoo
Türschloss (n)	ล็อคประตูรถ	lók bprà-dtoo rót

Nummernschild (n)	ป้ายทะเบียน	bpâai thá-bian
Auspufftopf (m)	ทอไอเสีย	thôr ai sĭa
Benzintank (m)	ถังน้ำมัน	thăng náam man
Auspuffrohr (n)	ทอไอเสีย	thôr ai sĭa
Gas (n)	เร่ง	râyng
Pedal (n)	แป้นเหยียบ	bpâen yìap
Gaspedal (n)	คันเร่ง	khan râyng
Bremse (f)	เบรก	bràyk
Bremspedal (n)	แป้นเบรค	bpâen bràyk
bremsen (vi)	เบรก	bràyk
Handbremse (f)	เบรกมือ	bràyk meu
Kupplung (f)	คลัตช์	khlát
Kupplungspedal (n)	แป้นคลัตช์	bpâen khlát
Kupplungsscheibe (f)	จานคลัตช์	jaan khlát
Stoßdämpfer (m)	โชคอัพ	chóhk-àp
Rad (n)	ล้อ	lór
Reserverad (n)	ลอสำรอง	lór săm-rorng
Reifen (m)	ยางรถ	yaang rót
Radkappe (f)	ลอแม็ก	lór-máek
Triebräder (pl)	ล้อพวงมาลัย	lór phuang maa-lai
mit Vorderantrieb	ขับเคลื่อนลอหน้า	khàp khlêuan lór nâa
mit Hinterradantrieb	ขับเคลื่อนลอหลัง	khàp khlêuan lór lăng
mit Allradantrieb	ขับเคลื่อนสี่ลอ	khàp khlêuan sèe lór
Getriebe (n)	กระปุกเกียร์	grà-bpùk gia
Automatik-	อัตโนมัติ	àt-noh-mát
Schalt-	กลไก	gon-gai
Schalthebel (m)	คันเกียร์	khan gia
Scheinwerfer (m)	ไฟหน้า	fai nâa
Scheinwerfer (pl)	ไฟหนา	fai nâa
Abblendlicht (n)	ไฟต่ำ	fai dtàm
Fernlicht (n)	ไฟสูง	fai sŏong
Stopplicht (n)	ไฟเบรก	fai bràyk
Standlicht (n)	ไฟจอดรถ	fai jòt rót
Warnblinker (m)	ไฟฉุกเฉิน	fai chùk-chĕrn
Nebelscheinwerfer (pl)	ไฟตัดหมอก	fai dtàt mòk
Blinker (m)	ไฟเลี้ยว	fai líeow
Rückfahrscheinwerfer (m)	ไฟรถถอย	fai rót thŏi

176. Autos. Fahrgastraum

Wageninnere (n)	ภายในรถ	phaai nai rót
Leder-	หนัง	năng
aus Velours	กำมะหยี่	gam-má-yèe
Polster (n)	เครื่องเบาะ	khrêuang bòr
Instrument (n)	อุปกรณ์	ù-bpà-gon

Armaturenbrett (n)	แผงหน้าปัด	phǎeng nâa bpàt
Tachometer (m)	มาตรวัดความเร็ว	mâat wát khwaam reo
Nadel (f)	เข็มชี้วัด	khěm chée wát

Kilometerzähler (m)	มิเตอร์วัดระยะทาง	mí-dtêr wát rá-yá thaang
Anzeige (Temperatur-)	มิเตอร์วัด	mí-dtêr wát
Pegel (m)	ระดับ	rá-dàp
Kontrollleuchte (f)	ไฟเตือน	fai dteuan

Steuerrad (n)	พวงมาลัยรถ	phuang maa-lai rót
Hupe (f)	แตร	dtrae
Knopf (m)	ปุ่ม	bpùm
Umschalter (m)	สวิตช์	sà-wít

Sitz (m)	ที่นั่ง	thêe nâng
Rückenlehne (f)	พนักพิง	phá-nák phing
Kopfstütze (f)	ที่พิงศีรษะ	thêe phing sěe-sà
Sicherheitsgurt (m)	เข็มขัดนิรภัย	khěm khàt ní-rá-phai
sich anschnallen	คาดเข็มขัดนิรภัย	khâat khěm khàt ní-rá-phai
Einstellung (f)	การปรับ	gaan bpràp

| Airbag (m) | ถุงลมนิรภัย | thǔng lom ní-rá-phai |
| Klimaanlage (f) | เครื่องปรับอากาศ | khrêuang bpràp-aa-gàat |

Radio (n)	วิทยุ	wít-thá-yú
CD-Spieler (m)	เครื่องเล่น CD	khrêuang lên see-dee
einschalten (vt)	เปิด	bpèrt
Antenne (f)	เสาอากาศ	sǎo aa-gàat
Handschuhfach (n)	ช่องเก็บของ ข้างคนขับ	chôrng gèp khǒrng khâang khon khàp
Aschenbecher (m)	ที่เขี่ยบุหรี่	thêe khìa bù rèe

177. Autos. Motor

Triebwerk (n)	เครื่องยนต์	khrêuang yon
Motor (m)	มอเตอร์	mor-dtêr
Diesel-	ดีเซล	dee-sayn
Benzin-	น้ำมันเบนซิน	nám man bayn-sin

Hubraum (m)	ขนาดเครื่องยนต์	khà-nàat khrêuang yon
Leistung (f)	กำลัง	gam-lang
Pferdestärke (f)	แรงม้า	raeng máa
Kolben (m)	กานลูกสูบ	gâan lôok sòop
Zylinder (m)	กระบอกสูบ	grà-bòrk sòop
Ventil (n)	วาลว	waao

Injektor (m)	หัวฉีด	hǔa chèet
Generator (m)	เครื่องกำเนิดไฟฟ้า	khrêuang gam-nèrt fai fáa
Vergaser (m)	คาร์บูเรเตอร์	khaa-boo-ray-dtêr
Motoröl (n)	น้ำมันเครื่อง	nám man khrêuang

Kühler (m)	หม้อน้ำ	môr náam
Kühlflüssigkeit (f)	สารทำความเย็น	sǎan tham khwaam yen
Ventilator (m)	พัดลมระบายความร้อน	phát lom rá-baai khwaam rón

Autobatterie (f)	แบตเตอรี่	bàet-dter-rêe
Anlasser (m)	มอเตอร์สตาร์ต	mor-dtêr sà-dtàat
Zündung (f)	การจุดระเบิด	gaan jùt rá-bèrt
Zündkerze (f)	หัวเทียน	hŭa thian
Klemme (f)	ขั้วแบตเตอรี่	khûa bàet-dter-rêe
Pluspol (m)	ขั้วบวก	khûa bùak
Minuspol (m)	ขั้วลบ	khûa lóp
Sicherung (f)	ฟิวส์	fiw
Luftfilter (m)	เครื่องกรองอากาศ	khrêuang grorng aa-gàat
Ölfilter (m)	ไส้กรองน้ำมัน	sâi grorng nám man
Treibstofffilter (m)	ไส้กรองน้ำมันเชื้อเพลิง	sâi grorng nám man chéua phlerng

178. Autos. Unfall. Reparatur

Unfall (m)	อุบัติเหตุรถชน	u-bàt hàyt rót chon
Verkehrsunfall (m)	อุบัติเหตุจราจร	u-bàt hàyt jà-raa-jon
fahren gegen ...	ชน	chon
verunglücken (vi)	ชนโครม	chon khrohm
Schaden (m)	ความเสียหาย	khwaam sĭa hăai
heil (Adj)	ไม่มีความเสียหาย	mâi mee khwaam sĭa hăai
Panne (f)	การเสีย	gaan sĭa
kaputtgehen (vi)	ตาย	dtaai
Abschleppseil (n)	เชือกลากรถยนต์	chêuak lâak rót yon
Reifenpanne (f)	ยางรั่ว	yaang rûa
platt sein	ทำให้ยางแบน	tham hâi yaang baen
pumpen (vt)	เติมลมยาง	dterm lom yaang
Reifendruck (m)	แรงดัน	raeng dan
prüfen (vt)	ตรวจสอบ	dtrùat sòrp
Reparatur (f)	การซ่อม	gaan sôrm
Reparaturwerkstatt (f)	ร้านซ่อมรถยนต์	ráan sôrm rót yon
Ersatzteil (n)	อะไหล่	a lài
Einzelteil (n)	ชิ้นส่วน	chín sùan
Bolzen (m)	สลักเกลียว	sà-làk glieow
Schraube (f)	สกรู	sà-groo
Schraubenmutter (f)	แหวนสกรู	wăen sà-groo
Scheibe (f)	แหวนเล็ก	wăen lék
Lager (n)	แบริ่ง	bae-ring
Rohr (Abgas-)	ท่อ	thôr
Dichtung (f)	ปะเก็น	bpà gen
Draht (m)	สายไฟ	săai fai
Wagenheber (m)	แม่แรง	mâe raeng
Schraubenschlüssel (m)	ประแจ	bprà-jae
Hammer (m)	ค้อน	khórn
Pumpe (f)	ปั๊ม	bpám
Schraubenzieher (m)	ไขควง	khăi khuang

Feuerlöscher (m)	ถังดับเพลิง	thǎng dàp phlerng
Warndreieck (n)	ป้ายเตือน	bpâai dteuan
abwürgen (Motor)	มีเครื่องดับ	mee khrêuang dàp
Anhalten (~ des Motors)	การดับ	gaan dàp
kaputt sein	เสีย	sǐa
überhitzt werden (Motor)	ร้อนเกิน	rórn gern
verstopft sein	อุดตัน	ùt dtan
einfrieren (Schloss, Rohr)	เยือกแข็ง	yêuak khǎeng
zerplatzen (vi)	แตก	dtàek
Druck (m)	แรงดัน	raeng dan
Pegel (m)	ระดับ	rá-dàp
schlaff (z.B. -e Riemen)	ออน	òrn
Delle (f)	รอยบุบ	roi bùp
Klopfen (n)	เสียงเครื่องยนต์ดับ	sǐang khrêuang yon dàp
Riß (m)	รอยแตก	roi dtàek
Kratzer (m)	รอยขูด	roi khòot

179. Autos. Straßen

Fahrbahn (f)	ถนน	thà-nǒn
Schnellstraße (f)	ทางหลวง	thaang lǔang
Autobahn (f)	ทางด่วน	thaang dùan
Richtung (f)	ทิศทาง	thít thaang
Entfernung (f)	ระยะทาง	rá-yá thaang
Brücke (f)	สะพาน	sà-phaan
Parkplatz (m)	ลานจอดรถ	laan jòrt rót
Platz (m)	จัตุรัส	jàt-dtù-ràt
Autobahnkreuz (n)	ทางแยกต่างระดับ	thaang yâek dtàang rá-dàp
Tunnel (m)	อุโมงค์	u-mohng
Tankstelle (f)	ปั๊มน้ำมัน	bpám náam man
Parkplatz (m)	ลานจอดรถ	laan jòrt rót
Zapfsäule (f)	ที่เติมน้ำมัน	thêe dterm náam man
Reparaturwerkstatt (f)	ร้านซ่อมรถยนต์	ráan sôrm rót yon
tanken (vt)	เติมน้ำมัน	dterm náam man
Treibstoff (m)	น้ำมันเชื้อเพลิง	nám man chéua phlerng
Kanister (m)	ถังน้ำมัน	thǎng náam man
Asphalt (m)	ถนนลาดยาง	thà-nǒn lâat yaang
Markierung (f)	เครื่องหมายจราจรบนพื้นทาง	khrêuang mǎai jà-raa-jon bon phéun thaang
Bordstein (m)	ขอบถนน	khòrp thà-nǒn
Leitplanke (f)	รั้วกั้น	rúa gân
Graben (m)	คู	khoo
Straßenrand (m)	ข้างถนน	khâang thà-nǒn
Straßenlaterne (f)	เสาไฟ	sǎo fai
fahren (vt)	ขับ	khàp
abbiegen (nach links ~)	เลี้ยว	líeow

| umkehren (vi) | กลับรถ | glàp rót |
| Rückwärtsgang (m) | ถอยรถ | thŏri rót |

hupen (vi)	บีบแตร	bèep dtrae
Hupe (f)	เสียงบีบแตร	sĭang bèep dtrae
stecken (im Schlamm ~)	ติด	dtìt
durchdrehen (Räder)	หมุนล้อ	mŭn lór
abstellen (Motor ~)	ปิด	bpìt

Geschwindigkeit (f)	ความเร็ว	khwaam reo
Geschwindigkeit überschreiten	ขับเร็วเกิน	khàp reo gern
bestrafen (vt)	ให้ใบสั่ง	hâi bai sàng
Ampel (f)	ไฟสัญญาณจราจร	fai sǎn-yaan jà-raa-jon
Führerschein (m)	ใบขับขี่	bai khàp khèe

Bahnübergang (m)	ทางข้ามรถไฟ	thaang khâam rót fai
Straßenkreuzung (f)	สี่แยก	sèe yâek
Fußgängerüberweg (m)	ทางม้าลาย	thaang máa laai
Kehre (f)	ทางโค้ง	thaang khóhng
Fußgängerzone (f)	ถนนคนเดิน	thà-nŏn khon dern

180. Verkehrszeichen

Verkehrsregeln (pl)	กฎจราจร	gòt jà-raa-jon
Verkehrszeichen (n)	ป้ายสัญญาณจราจร	bpâai sǎn-yaan jà-raa-jon
Überholen (n)	การแซง	gaan saeng
Kurve (f)	การโค้ง	gaan khóhng
Wende (f)	การกลับรถ	gaan glàp rót
Kreisverkehr (m)	วงเวียน	wong wian

Einfahrt verboten	ห้ามเข้า	hâam khâo
Verkehr verboten	ห้ามรถเข้า	hâam rót khâo
Überholverbot	ห้ามแซง	hâam saeng
Parken verboten	ห้ามจอดรถ	hâam jòrt rót
Halteverbot	ห้ามหยุด	hâam yùt

gefährliche Kurve (f)	โค้งอันตราย	khóhng an-dtà-raai
Gefälle (n)	ทางลงลาดชัน	thaang long lâat chan
Einbahnstraße (f)	การจราจรทางเดียว	gaan jà-raa-jon thaang dieow
Fußgängerüberweg (m)	ทางม้าลาย	thaang máa laai
Schleudergefahr	ทางลื่น	thaang lêun
Vorfahrt gewähren!	ให้ทาง	hâi taang

MENSCHEN. LEBENSEREIGNISSE

Lebensereignisse

181. Feiertage. Ereignis

Fest (n)	วันหยุดเฉลิมฉลอง	wan yùt chà-lěrm chà-lŏng
Nationalfeiertag (m)	วันชาติ	wan châat
Feiertag (m)	วันหยุดนักขัตฤกษ์	wan yùt nák-kàt-rêrk
feiern (vt)	เฉลิมฉลอง	chà-lěrm chà-lŏrng
Ereignis (n)	เหตุการณ์	hàyt gaan
Veranstaltung (f)	งานอีเวนต์	ngaan ee wayn
Bankett (n)	งานเลี้ยง	ngaan líang
Empfang (m)	งานเลี้ยง	ngaan líang
Festmahl (n)	งานฉลอง	ngaan chà-lŏrng
Jahrestag (m)	วันครบรอบ	wan khróp rôrp
Jubiläumsfeier (f)	วันครบรอบปี	wan khróp rôrp bpee
begehen (vt)	ฉลอง	chà-lŏrng
Neujahr (n)	ปีใหม่	bpee mài
Frohes Neues Jahr!	สวัสดีปีใหม่!	sà-wàt-dee bpee mài
Weihnachtsmann (m)	ซานตาคลอส	saan-dtaa-khlôrt
Weihnachten (n)	คริสต์มาส	khrít-mâat
Frohe Weihnachten!	สุขสันต์วันคริสต์มาส	sùk-sǎn wan khrít-mâat
Tannenbaum (m)	ตนคริสต์มาส	dtôn khrít-mâat
Feuerwerk (n)	ดอกไม้ไฟ	dòrk máai fai
Hochzeit (f)	งานแต่งงาน	ngaan dtàeng ngaan
Bräutigam (m)	เจ้าบาว	jâo bàao
Braut (f)	เจ้าสาว	jâo sǎao
einladen (vt)	เชิญ	chern
Einladung (f)	บัตรเชิญ	bàt chern
Gast (m)	แขก	khàek
besuchen (vt)	ไปเยี่ยม	bpai yîam
Gäste empfangen	ตอนรับแขก	dton ráp khàek
Geschenk (n)	ของขวัญ	khǒrng khwǎn
schenken (vt)	ให้	hâi
Geschenke bekommen	รับของขวัญ	ráp khǒrng khwǎn
Blumenstrauß (m)	ชอดอกไม	chôr dòrk máai
Glückwunsch (m)	คำแสดงความยินดี	kham sà-daeng khwaam yin-dee
gratulieren (vi)	แสดงความยินดี	sà-daeng khwaam yin dee

Glückwunschkarte (f)	บัตรอวยพร	bàt uay phon
eine Karte abschicken	ส่งโปสการ์ด	sòng bpòht-gàat
eine Karte erhalten	รับโปสการ์ด	ráp bpòht-gàat

Trinkspruch (m)	ดื่มอวยพร	dèum uay phon
anbieten (vt)	เลี้ยงเครื่องดื่ม	líang khrêuang dèum
Champagner (m)	แชมเปญ	chaem-bpayn

sich amüsieren	มีความสุข	mee khwaam sùk
Fröhlichkeit (f)	ความรื่นเริง	khwaam rêun-rerng
Freude (f)	ความสุขสันต์	khwaam sùk-sǎn

Tanz (m)	การเต้น	gaan dtên
tanzen (vi, vt)	เต้น	dtên

Walzer (m)	วอลทซ์	wɔːlts
Tango (m)	แทงโก	thaeng-gôh

182. Bestattungen. Begräbnis

Friedhof (m)	สุสาน	sù-sǎan
Grab (n)	หลุมศพ	lǔm sòp
Kreuz (n)	ไม้กางเขน	mái gaang khǎyn
Grabstein (m)	ป้ายหลุมศพ	bpâai lǔm sòp
Zaun (m)	รั้ว	rúa
Kapelle (f)	โรงสวด	rohng sùat

Tod (m)	ความตาย	khwaam dtaai
sterben (vi)	ตาย	dtaai
Verstorbene (m)	ผู้เสียชีวิต	phôo sǐa chee-wít
Trauer (f)	การไว้อาลัย	gaan wái aa-lai

begraben (vt)	ฝังศพ	fǎng sòp
Bestattungsinstitut (n)	บริษัทรับจัดงานศพ	bor-rí-sàt ráp jàt ngaan sòp
Begräbnis (n)	งานศพ	ngaan sòp
Kranz (m)	พวงหรีด	phuang rèet
Sarg (m)	โลงศพ	lohng sòp
Katafalk (m)	รถขุนศพ	rót khǒn sòp
Totenhemd (n)	ผ้าห่อศพ	phâa hòr sòp

Trauerzug (m)	พิธีศพ	phí-tee sòp
Urne (f)	โกศ	gòht
Krematorium (n)	เมรุ	mayn

Nachruf (m)	ข่าวมรณกรรม	khàao mor-rá-ná-gam
weinen (vi)	ร้องไห้	rórng hâi
schluchzen (vi)	สะอื้น	sà-êun

183. Krieg. Soldaten

Zug (m)	หมวด	mùat
Kompanie (f)	กองร้อย	gorng rói

Regiment (n)	กรม	grom
Armee (f)	กองทัพ	gorng tháp
Division (f)	กองพล	gorng phon-la

| Abteilung (f) | หมู่ | mòo |
| Heer (n) | กองทัพ | gorng tháp |

| Soldat (m) | ทหาร | thá-hǎan |
| Offizier (m) | นายทหาร | naai thá-hǎan |

Soldat (m)	พลทหาร	phon-thá-hǎan
Feldwebel (m)	สิบเอก	sìp àyk
Leutnant (m)	ร้อยโท	rói thoh
Hauptmann (m)	ร้อยเอก	rói àyk
Major (m)	พลตรี	phon-dtree
Oberst (m)	พันเอก	phan àyk
General (m)	นายพล	naai phon

Matrose (m)	กะลาสี	gà-laa-sěe
Kapitän (m)	กัปตัน	gàp dtan
Bootsmann (m)	สรั่งเรือ	sà-ràng reua

Artillerist (m)	ทหารปืนใหญ่	thá-hǎan bpeun yài
Fallschirmjäger (m)	พลรบ	phon-rôm
Pilot (m)	นักบิน	nák bin
Steuermann (m)	ต้นหน	dtôn hǒn
Mechaniker (m)	ช่างเครื่อง	châang khrêuang

Pionier (m)	ทหารช่าง	thá-hǎan châang
Fallschirmspringer (m)	ทหารราบอากาศ	thá-hǎan râap aa-gàat
Aufklärer (m)	ทหารพราน	thá-hǎan phraan
Scharfschütze (m)	พลซุ่มยิง	phon sûm ying

Patrouille (f)	หน่วยลาดตระเวน	nùay lâat dtrà-wayn
patrouillieren (vi)	ลาดตระเวน	lâat dtrà-wayn
Wache (f)	ทหารยาม	tá-hǎan yaam

| Krieger (m) | นักรบ | nák róp |
| Patriot (m) | ผู้รักชาติ | phôo rák châat |

| Held (m) | วีรบุรุษ | wee-rá-bù-rùt |
| Heldin (f) | วีรสตรี | wee rá-sot dtree |

| Verräter (m) | ผู้ทรยศ | phôo thor-rá-yót |
| verraten (vt) | ทรยศ | thor-rá-yót |

| Deserteur (m) | ทหารหนีทัพ | thá-hǎan něe tháp |
| desertieren (vi) | หนีทัพ | něe tháp |

Söldner (m)	ทหารรับจ้าง	thá-hǎan ráp jâang
Rekrut (m)	เกณฑ์ทหาร	gayn thá-hǎan
Freiwillige (m)	อาสาสมัคร	aa-sǎa sà-màk

Getoetete (m)	คนถูกฆ่า	khon thòok khâa
Verwundete (m)	ผู้ได้รับบาดเจ็บ	phôo dâai ráp bàat jèp
Kriegsgefangene (m)	เชลยศึก	chá-loie sèuk

184. Krieg. Militärische Aktionen. Teil 1

Krieg (m)	สงคราม	sŏng-khraam
Krieg führen	ทำสงคราม	tham sŏng-khraam
Bürgerkrieg (m)	สงครามกลางเมือง	sŏng-khraam glaang-meuang
heimtückisch (Adv)	ตลบตะแลง	dtà-lòp-dtà-laeng
Kriegserklärung (f)	การประกาศสงคราม	gaan bprà-gàat sŏng-khraam
erklären (den Krieg ~)	ประกาศสงคราม	bprà-gàat sŏng-khraam
Aggression (f)	การรุกราน	gaan rúk-raan
einfallen (Staat usw.)	บุกรุก	bùk rúk
einfallen (in ein Land ~)	บุกรุก	bùk rúk
Invasoren (pl)	ผู้บุกรุก	phôo bùk rúk
Eroberer (m), Sieger (m)	ผู้ยึดครอง	phôo yéut khrorng
Verteidigung (f)	การป้องกัน	gaan bpôrng gan
verteidigen (vt)	ปกป้อง	bpòk bpôrng
sich verteidigen	ป้องกัน	bpôrng gan
Feind (m)	ศัตรู	sàt-dtroo
Gegner (m)	ข้าศึก	khâa sèuk
Feind-	ศัตรู	sàt-dtroo
Strategie (f)	ยุทธศาสตร์	yút-thá-sàat
Taktik (f)	ยุทธวิธี	yút-thá-wí-thee
Befehl (m)	คำสั่ง	kham sàng
Anordnung (f)	คำบัญชาการ	kham ban-chaa gaan
befehlen (vt)	สั่ง	sàng
Auftrag (m)	ภารกิจ	phaa-rá-gìt
geheim (Adj)	อย่างลับ	yàang láp
Schlacht (f), Kampf (m)	การรบ	gaan róp
Angriff (m)	การจู่โจม	gaan jòo johm
Sturm (m)	การเข้าจู่โจม	gaan khâo jòo johm
stürmen (vt)	บุกจู่โจม	bùk jòo johm
Belagerung (f)	การโอบล้อมโจมตี	gaan òhp lóm johm dtee
Angriff (m)	การโจมตี	gaan johm dtee
angreifen (vt)	โจมตี	johm dtee
Rückzug (m)	การถอย	gaan thŏi
sich zurückziehen	ถอย	thŏi
Einkesselung (f)	การปิดล้อม	gaan bpìt lórm
einkesseln (vt)	ปิดล้อม	bpìt lórm
Bombenangriff (m)	การทิ้งระเบิด	gaan thíng rá-bèrt
eine Bombe abwerfen	ทิ้งระเบิด	thíng rá-bèrt
bombardieren (vt)	ทิ้งระเบิด	thíng rá-bèrt
Explosion (f)	การระเบิด	gaan rá-bèrt
Schuss (m)	การยิง	gaan ying
schießen (vt)	ยิง	ying

Schießerei (f)	การยิง	gaan ying
zielen auf …	เล็ง	leng
richten (die Waffe)	ชี้	chée
treffen (ins Schwarze ~)	ถูกเป้าหมาย	thòok bpâo măai

versenken (vt)	จม	jom
Loch (im Schiffsrumpf)	รู	roo
versinken (Schiff)	จม	jom

Front (f)	แนวหน้า	naew nâa
Evakuierung (f)	การอพยพ	gaan òp-phá-yóp
evakuieren (vt)	อพยพ	òp-phá-yóp

Schützengraben (m)	สนามเพลาะ	sà-năam phlór
Stacheldraht (m)	ลวดหนาม	lûat năam
Sperre (z.B. Panzersperre)	สิ่งกีดขวาง	sìng gèet-khwăang
Wachtturm (m)	หอสังเกตการณ์	hŏr săng-gàyt gaan

Lazarett (n)	โรงพยาบาล ทหาร	rohng phá-yaa-baan thá-hăan
verwunden (vt)	ทำให้บาดเจ็บ	tham hâi bàat jèp
Wunde (f)	แผล	phlăe
Verwundete (m)	ผู้ได้รับบาดเจ็บ	phôo dâai ráp bàat jèp
verletzt sein	ได้รับบาดเจ็บ	dâai ráp bàat jèp
schwer (-e Verletzung)	รายแรง	ráai raeng

185. Krieg. Militärische Aktionen. Teil 2

Gefangenschaft (f)	การเป็นเชลย	gaan bpen chá-loie
gefangen nehmen (vt)	จับเชลย	jàp chá-loie
in Gefangenschaft sein	เป็นเชลย	bpen chá-loie
in Gefangenschaft geraten	ถูกจับเป็นเชลย	thòok jàp bpen chá-loie

Konzentrationslager (n)	ค่ายกักกัน	khâai gàk gan
Kriegsgefangene (m)	เชลยศึก	chá-loie sèuk
fliehen (vi)	หนี	nĕe

verraten (vt)	ทูรยศ	thor-rá-yót
Verräter (m)	ผู้ทรยศ	phôo thor-rá-yót
Verrat (m)	การทรยศ	gaan thor-rá-yót

| erschießen (vt) | ประหาร | bprà-hăan |
| Erschießung (f) | การประหาร | gaan bprà-hăan |

Ausrüstung (persönliche ~)	ชุดเสื้อผ้าทหาร	chút sêua phâa thá-hăan
Schulterstück (n)	บ่ง	bâng
Gasmaske (f)	หน้ากากกันแก็ส	nâa gàak gan gàet

Funkgerät (n)	วิทยุสนาม	wít-thá-yú sà-năam
Chiffre (f)	รหัส	rá-hàt
Geheimhaltung (f)	ความลับ	khwaam láp
Kennwort (n)	รหัสผ่าน	rá-hàt phàan
Mine (f)	กับระเบิด	gàp rá-bèrt
Minen legen	วางกับระเบิด	waang gàp rá-bèrt

Minenfeld (n)	เขตทุ่นระเบิด	khàyt thûn rá-bèrt
Luftalarm (m)	สัญญาณเตือนภัย ทางอากาศ	săn-yaan dteuan phai thaang aa-gàat
Alarm (m)	สัญญาณเตือนภัย	săn-yaan dteuan phai
Signal (n)	สัญญาณ	săn-yaan
Signalrakete (f)	พลุสัญญาณ	phlú săn-yaan
Hauptquartier (n)	กองบัญชาการ	gorng ban-chaa gaan
Aufklärung (f)	การลาดตระเวน	gaan lâat dtrà-wayn
Lage (f)	สถานการณ์	sà-thăan gaan
Bericht (m)	การรายงาน	gaan raai ngaan
Hinterhalt (m)	การซุ่มโจมตี	gaan sûm johm dtee
Verstärkung (f)	กำลังเสริม	gam-lang sěrm
Zielscheibe (f)	เป้าหมาย	bpâo măai
Schießplatz (m)	สถานที่ทดลอง	sà-tăan thêe thót long
Manöver (n)	การซ้อมรบ	gaan sórm róp
Panik (f)	ความตื่นตระหนก	khwaam dtèun dtrà-nòk
Verwüstung (f)	การทำลายล้าง	gaan tham-laai láang
Trümmer (pl)	ซาก	sâak
zerstören (vt)	ทำลาย	tham laai
überleben (vi)	รอดชีวิต	rôt chee-wít
entwaffnen (vt)	ปลดอาวุธ	bplòt aa-wút
handhaben (vt)	ใช้	chái
Stillgestanden!	หยุด	yùt
Rühren!	พัก	phák
Heldentat (f)	การแสดงความ กล้าหาญ	gaan sà-daeng khwaam glâa hăan
Eid (m), Schwur (m)	คำสาบาน	kham săa-baan
schwören (vi, vt)	สาบาน	săa baan
Lohn (Orden, Medaille)	รางวัล	raang-wan
auszeichnen (mit Orden)	มอบรางวัล	môrp raang-wan
Medaille (f)	เหรียญรางวัล	rĭan raang-wan
Orden (m)	เครื่องอิสริยาภรณ์	khrêuang ìt-sà-rí-yaa-phon
Sieg (m)	ชัยชนะ	chai chá-ná
Niederlage (f)	ความพ่ายแพ้	khwaam phâai pháe
Waffenstillstand (m)	การพักรบ	gaan phák róp
Fahne (f)	ธงรบ	thorng róp
Ruhm (m)	ความรุ่งโรจน์	khwaam rûng-rôht
Parade (f)	ขบวนสวนสนาม	khà-buan sŭan sà-năam
marschieren (vi)	เดินสวนสนาม	dern sŭan sà-năam

186. Waffen

Waffe (f)	อาวุธ	aa-wút
Schusswaffe (f)	อาวุธปืน	aa-wút bpeun
blanke Waffe (f)	อาวุธเย็น	aa-wút yen

chemischen Waffen (pl)	อาวุธเคมี	aa-wút khay-mee
Kern-, Atom-	นิวเคลียร์	niw-khlia
Kernwaffe (f)	อาวุธนิวเคลียร์	aa-wút niw-khlia
Bombe (f)	ลูกระเบิด	lôok rá-bèrt
Atombombe (f)	ลูกระเบิดปรมาณู	lôok rá-bèrt bpà-rá-maa-noo
Pistole (f)	ปืนพก	bpeun phók
Gewehr (n)	ปืนไรเฟิล	bpeun rai-fern
Maschinenpistole (f)	ปืนกลมือ	bpeun gon meu
Maschinengewehr (n)	ปืนกล	bpeun gon
Mündung (f)	ปากประบอกปืน	bpàak bprà bòrk bpeun
Lauf (Gewehr-)	ลำกลอง	lam glôrng
Kaliber (n)	ขนาดลำกล้อง	khà-nàat lam glôrng
Abzug (m)	ไกปืน	gai bpeun
Visier (n)	ศูนย์เล็ง	sŏon leng
Magazin (n)	แม็กกาซีน	máek-gaa-seen
Kolben (m)	พานท้ายปืน	phaan tháai bpeun
Handgranate (f)	ระเบิดมือ	rá-bèrt meu
Sprengstoff (m)	วัตถุระเบิด	wát-thù rá-bèrt
Kugel (f)	ลูกกระสุน	lôok grà-sŭn
Patrone (f)	ตลับกระสุน	dtà-làp grà-sŭn
Ladung (f)	กระสุน	grà-sŭn
Munition (f)	อาวุธยุทธภัณฑ์	aa-wút yút-thá-phan
Bomber (m)	เครื่องบินทิ้งระเบิด	khrêuang bin thíng rá-bèrt
Kampfflugzeug (n)	เครื่องบินขับไล่	khrêuang bin khàp lâi
Hubschrauber (m)	เฮลิคอปเตอร์	hay-lí-khôrp-dtêr
Flugabwehrkanone (f)	ปืนต่อสู้	bpeun dtòr sôo
	อากาศยาน	aa-gàat-sà-yaan
Panzer (m)	รถถัง	rót thăng
Panzerkanone (f)	ปืนรถถัง	bpeun rót thăng
Artillerie (f)	ปืนใหญ่	bpeun yài
Kanone (f)	ปืน	bpeun
richten (die Waffe)	เล็งเป้าปืน	leng bpâo bpeun
Geschoß (n)	กระสุน	grà-sŭn
Wurfgranate (f)	กระสุนปืนครก	grà-sŭn bpeun khrók
Granatwerfer (m)	ปืนครก	bpeun khrók
Splitter (m)	สะเก็ดระเบิด	sà-gèt rá-bèrt
U-Boot (n)	เรือดำน้ำ	reua dam náam
Torpedo (m)	ตอร์ปิโด	dtor-bpì-doh
Rakete (f)	ขีปนาวุธ	khĕe-bpà-naa-wút
laden (Gewehr)	ใส่กระสุน	sài grà-sŭn
schießen (vi)	ยิง	ying
zielen auf …	เล็ง	leng
Bajonett (n)	ดาบปลายปืน	dàap bplaai bpeun
Degen (m)	เรเปียร์	ray-bpia

Säbel (m)	ดาบโค้ง	dàap khóhng
Speer (m)	หอก	hòrk
Bogen (m)	ธนู	thá-noo
Pfeil (m)	ลูกธนู	lôok-thá-noo
Muskete (f)	ปืนดาบูศิลา	bpeun khâap sì-laa
Armbrust (f)	หน้าไม้	nâa máai

187. Menschen der Antike

vorzeitlich	แบบดั้งเดิม	bàep dâng derm
prähistorisch	ยุคก่อนประวัติศาสตร์	yúk gòn bprà-wàt sàat
alt (antik)	โบราณ	boh-raan

Steinzeit (f)	ยุคหิน	yúk hĭn
Bronzezeit (f)	ยุคสำริด	yúk săm-rít
Eiszeit (f)	ยุคน้ำแข็ง	yúk nám khăeng

Stamm (m)	เผ่า	phào
Kannibale (m)	ผู้ที่กินเนื้อคน	phôo thêe gin néua khon
Jäger (m)	นักล่าสัตว์	nák lâa sàt
jagen (vi)	ล่าสัตว์	lâa sàt
Mammut (n)	ช้างแมมมอธ	cháang-maem-môt

Höhle (f)	ถ้ำ	thâm
Feuer (n)	ไฟ	fai
Lagerfeuer (n)	กองไฟ	gorng fai
Höhlenmalerei (f)	ภาพวาดในถ้ำ	phâap-wâat nai thâm

Werkzeug (n)	เครื่องมือ	khrêuang meu
Speer (m)	หอก	hòrk
Steinbeil (n), Steinaxt (f)	ขวานหิน	khwăan hĭn
Krieg führen	ทำสงคราม	tham sŏng-khraam
domestizieren (vt)	เชื่อง	chêuang

| Idol (n) | เทวรูป | theu-rôop |
| anbeten (vt) | บูชา | boo-chaa |

| Aberglaube (m) | ความเชื่องมงาย | khwaam chêua ngom-ngaai |
| Brauch (m), Ritus (m) | พิธีกรรม | phí-thee gam |

| Evolution (f) | วิวัฒนาการ | wí-wát-thá-naa-gaan |
| Entwicklung (f) | การพัฒนา | gaan phát-thá-naa |

| Verschwinden (n) | การสูญพันธุ์ | gaan sŏon phan |
| sich anpassen | ปรับตัว | bpràp dtua |

Archäologie (f)	โบราณคดี	boh-raan khá-dee
Archäologe (m)	นักโบราณคดี	nák boh-raan-ná-khá-dee
archäologisch	ทางโบราณคดี	thaang boh-raan khá-dee

Ausgrabungsstätte (f)	แหล่งขุดค้น	làeng khùt khón
Ausgrabungen (pl)	การขุดค้น	gaan khùt khón
Fund (m)	สิ่งที่ค้นพบ	sìng thêe khón phóp
Fragment (n)	เศษชิ้นส่วน	sàyt chín sùan

188. Mittelalter

Volk (n)	ชาติพันธุ์	châat-dtì-phan
Völker (pl)	ชุติพันธุ์	châat-dtì-phan
Stamm (m)	เผ่า	phào
Stämme (pl)	เผา	phào
Barbaren (pl)	อนารยชน	à-naa-rá-yá-chon
Gallier (pl)	ชาวโกล	chaao gloh
Goten (pl)	ชาวกอธ	chaao gòt
Slawen (pl)	ชาวสลาฟ	chaao sà-làaf
Wikinger (pl)	ชาวไวกิ้ง	chaao wai-gîng
Römer (pl)	ชาวโรมัน	chaao roh-man
römisch	โรมัน	roh-man
Byzantiner (pl)	ชาวไบแซนไทน์	chaao bai-saen-tpai
Byzanz (n)	ไบแซนเทียม	bai-saen-thiam
byzantinisch	ไบแซนไทน์	bai-saen-thai
Kaiser (m)	จักรพรรดิ	jàk-grà-phát
Häuptling (m)	ผู้นำ	phôo nam
mächtig (Kaiser usw.)	ทรงพลัง	song phá-lang
König (m)	มูหากษัตริย์	má-hǎa gà-sàt
Herrscher (Monarch)	ผู้ปกครอง	phôo bpòk khrorng
Ritter (m)	อัศวิน	àt-sà-win
Feudalherr (m)	เจ้าครองนคร	jâo khrorng ná-khon
feudal, Feudal-	ระบบศักดินา	rá-bòp sàk-gà-dì naa
Vasall (m)	เจาของที่ดิน	jâo khǒrng thêe din
Herzog (m)	ดยุค	dà-yúk
Graf (m)	เอิร์ล	ern
Baron (m)	บารอน	baa-rorn
Bischof (m)	พระบิชอป	phrá bì-chôp
Rüstung (f)	เกราะ	gròr
Schild (m)	โล	lôh
Schwert (n)	ดาบ	dàap
Visier (n)	กะบังหน้าของหมวก	gà-bang nâa khǒrng mùak
Panzerhemd (n)	เสื้อเกราะถัก	sêua gròr thàk
Kreuzzug (m)	สงครามครูเสด	sǒng-khraam khroo-sàyt
Kreuzritter (m)	ผู้ทำสงคราม ศาสนา	phôo tham sǒng-kraam sàat-sà-nǎa
Territorium (n)	อาณาเขต	aa-naa khàyt
einfallen (vt)	โจมตี	johm dtee
erobern (vt)	ยึดครอง	yéut khrorng
besetzen (Land usw.)	บุกยึด	bùk yéut
Belagerung (f)	การโอบล้อมโจมตี	gaan òhp lóm johm dtee
belagert	ถูกล้อมกรอบ	thòok lóm gròp
belagern (vt)	ล้อมโจมตี	lóm johm dtee
Inquisition (f)	การไตสวน	gaan dtài sǔan

Inquisitor (m)	ผู้ไต่สวน	phôo dtài sǔan
Folter (f)	การทูรมาน	gaan thor-rá-maan
grausam (-e Folter)	โหดร้าย	hòht ráai
Häretiker (m)	ผู้นอกรีต	phôo nôrk rêet
Häresie (f)	ความนอกรีต	khwaam nôrk rêet
Seefahrt (f)	การเดินเรือทะเล	gaan dern reua thá-lay
Seeräuber (m)	โจรสลัด	john sà-làt
Seeräuberei (f)	การปลนสะดม ในนานน้ำทะเล	gaan bplôn-sà-dom nai nâan náam thá-lay
Enterung (f)	การบุกขึ้นเรือ	gaan bùk khêun reua
Beute (f)	ของที่ปลน สะดมมา	khǒrng têe bplôn-sà-dom maa
Schätze (pl)	สมบัติ	sǒm-bàt
Entdeckung (f)	การค้นพบ	gaan khón phóp
entdecken (vt)	คนพบ	khón phóp
Expedition (f)	การสำรวจ	gaan sǎm-rùat
Musketier (m)	ทหารถือ ปืนคาบศิลา	thá-hǎan thěu bpeun khâap sì-laa
Kardinal (m)	พระคาร์ดินัล	phrá khaa-dì-nan
Heraldik (f)	มุทราศาสตร์	mút-raa sàat
heraldisch	ทางมุทราศาสตร์	thaang mút-raa sàat

189. Führungspersonen. Chef. Behörden

König (m)	ราชา	raa-chaa
Königin (f)	ราชินี	raa-chí-nee
königlich	เกี่ยวกับราชวงศ์	gleow gàp râat-cha-wong
Königreich (n)	ราชอาณาจักร	râat aa-naa jàk
Prinz (m)	เจ้าชาย	jâo chaai
Prinzessin (f)	เจาหญิง	jâo yǐng
Präsident (m)	ประธานาธิบดี	bprà-thaa-naa-thí-bor-dee
Vizepräsident (m)	รองประธา นาธิบดี	rorng bprà-thaa-naa-thí-bor-dee
Senator (m)	สมาชิกวุฒิสภา	sà-maa-chík wút-thí sà-phaa
Monarch (m)	กษัตริย์	gà-sàt
Herrscher (m)	ผู้ปกครอง	phôo bpòk khrorng
Diktator (m)	เผด็จการ	phà-dèt gaan
Tyrann (m)	ทูรราช	thor-rá-râat
Magnat (m)	ผู้มีอิทธิพลสูง	phôo mee ìt-thí phon sǒong
Direktor (m)	ผู้อำนวยการ	phôo am-nuay gaan
Chef (m)	หัวหน้า	hǔa-nâa
Leiter (einer Abteilung)	ผู้จัดการ	phôo jàt gaan
Boss (m)	หัวหน้า	hǔa-nâa
Eigentümer (m)	เจาของ	jâo khǒrng
Führer (m)	ผู้นำ	phôo nam
Leiter (Delegations-)	หัวหน้า	hǔa-nâa

| Behörden (pl) | เจ้าหน้าที่ | jâo nâa-thêe |
| Vorgesetzten (pl) | ผู้บังคับบัญชา | phôo bang-kháp ban-chaa |

Gouverneur (m)	ผู้ว่าการ	phôo wâa gaan
Konsul (m)	กงสุล	gong-sŭn
Diplomat (m)	นักการทูต	nák gaan thôot
Bürgermeister (m)	นายกเทศมนตรี	naa-yók thâyt-sà-mon-dtree
Sheriff (m)	นายอำเภอ	naai am-pher

Kaiser (m)	จักรพรรดิ	jàk-grà-phát
Zar (m)	ซาร์	saa
Pharao (m)	ฟาโรห์	faa-roh
Khan (m)	ขาน	khàan

190. Straße. Weg. Richtungen

| Fahrbahn (f) | ถนน | thà-nŏn |
| Weg (m) | ทิศทาง | thít thaang |

Autobahn (f)	ทางด่วน	thaang dùan
Schnellstraße (f)	ทางหลวง	thaang lŭang
Bundesstraße (f)	ทางหลวงอินเตอร์สเตต	thaang lŭang in-dtèrt-dtàyt

| Hauptstraße (f) | ถนนใหญ่ | thà-nŏn yài |
| Feldweg (m) | ถนนลูกรัง | thà-nŏn loo-grang |

| Pfad (m) | ทางเดิน | thaang dern |
| Fußweg (m) | ทางเดิน | thaang dern |

Wo?	ที่ไหน?	thêe nǎi
Wohin?	ที่ไหน?	thêe nǎi
Woher?	จากที่ไหน?	jàak thêe nǎi

| Richtung (f) | ทิศทาง | thít thaang |
| zeigen (vt) | ชี้ | chée |

nach links	ทางซ้าย	thaang sáai
nach rechts	ทางขวา	thaang khwǎa
geradeaus	ตรงไป	dtrorng bpai
zurück	กลับ	glàp

Kurve (f)	ทางโค้ง	thaang khóhng
abbiegen (nach links ~)	เลี้ยว	líeow
umkehren (vi)	กลับรถ	glàp rót

| sichtbar sein | มองเห็นได้ | morng hěn dâai |
| erscheinen (vi) | ปรากฏ | bpraa-gòt |

Aufenthalt (m)	การหยุด	gaan yùt
sich erholen	พัก	phák
Erholung (f)	การหยุดพัก	gaan yùt phák

| sich verirren | หลงทาง | lŏng thaang |
| führen nach … (Straße usw.) | ไปสู่ | bpai sòo |

| ankommen in ... | ออกมาถึง | òrk maa thĕung |
| Strecke (f) | สวน | sùan |

Asphalt (m)	ถนนลาดยาง	thà-nŏn lâat yaang
Bordstein (m)	ขอบถนน	khòrp thà-nŏn
Graben (m)	คูน้ำ	khoo náam
Gully (m)	ฝาท่อระบายน้ำ	făa thôr rá-baai nám
Straßenrand (m)	ขางถนน	khâang thà-nŏn
Schlagloch (n)	หลุม	lŭm

| gehen (zu Fuß gehen) | ไป | bpai |
| überholen (vt) | แซง | saeng |

| Schritt (m) | ก้าวเดิน | gâao dern |
| zu Fuß | เดินเท้า | dern tháo |

blockieren (Straße usw.)	กีดขวาง	gèet khwăang
Schlagbaum (m)	แขนกั้นรถ	khăen gân rót
Sackgasse (f)	ทางตัน	thaang dtan

191. Gesetzesverstoß Verbrecher. Teil 1

Bandit (m)	โจร	john
Verbrechen (n)	อาชญากรรม	àat-yaa-gam
Verbrecher (m)	อาชญากร	àat-yaa-gon

Dieb (m)	ขโมย	khà-moi
stehlen (vt)	ขโมย	khà-moi
Diebstahl (Aktivität)	การลักขโมย	gaan lák khà-moi
Stehlen (n)	การลักทรัพย์	gaan lák sáp

kidnappen (vt)	ลักพาตัว	lák phaa dtua
Kidnapping (n)	การลักพาตัว	gaan lák phaa dtua
Kidnapper (m)	ผู้ลักพาตัว	phôo lák phaa dtua

| Lösegeld (n) | ค่าไถ่ | khâa thài |
| Lösegeld verlangen | เรียกเงินค่าไถ่ | rîak ngern khâa thài |

rauben (vt)	ปล้น	bplôn
Raub (m)	การปล้น	gaan bplôn
Räuber (m)	ขโมยโจร	khà-moi khà-john

erpressen (vt)	รีดไถ	rêet thăi
Erpresser (m)	ผู้รีดไถ	phôo rêet thăi
Erpressung (f)	การรีดไถ	gaan rêet thăi

morden (vt)	ฆ่า	khâa
Mord (m)	ฆาตกรรม	khâat-dtà-gaam
Mörder (m)	ฆาตกร	khâat-dtà-gon

Schuss (m)	การยิงปืน	gaan ying bpeun
schießen (vt)	ยิง	ying
erschießen (vt)	ยิงให้ตาย	ying hâi dtaai
feuern (vi)	ยิง	ying

Schießerei (f)	การยิง	gaan ying
Vorfall (m)	เหตุการณ์	hàyt gaan
Schlägerei (f)	การต่อสู้	gaan dtòr sôo
Hilfe!	ขอช่วย	khŏr chûay
Opfer (n)	เหยื่อ	yèua
beschädigen (vt)	ทำความเสียหาย	tham khwaam sĭa hăai
Schaden (m)	ความเสียหาย	khwaam sĭa hăai
Leiche (f)	ศพ	sòp
schwer (-es Verbrechen)	รายแรง	ráai raeng
angreifen (vt)	จู่โจม	jòo johm
schlagen (vt)	ตี	dtee
verprügeln (vt)	ซ้อม	sórm
wegnehmen (vt)	ปล้น	bplôn
erstechen (vt)	แทงให้ตาย	thaeng hâi dtaai
verstümmeln (vt)	ทำให้บาดเจ็บสาหัส	tham hâi bàat jèp săa hàt
verwunden (vt)	บาด	bàat
Erpressung (f)	การกรรโชก	gaan-gan-chôhk
erpressen (vt)	กรรโชก	gan-chôhk
Erpresser (m)	ผู้กรรโชก	phôo khòo gan-chôhk
Schutzgelderpressung (f)	การคุมครอง ผิดกฎหมาย	gaan khum khrorng phìt gòt măai
Erpresser (Racketeer)	ผู้ที่หาเงิน จากกิจกรรมที่ ผิดกฎหมาย	phôo thêe hăa ngern jàak gìt-jà-gam thêe phìt gòt măai
Gangster (m)	เหล่าร้าย	lào ráai
Mafia (f)	มาเฟีย	maa-fia
Taschendieb (m)	ขโมยล้วงกระเป๋า	khà-moi lúang grà-bpăo
Einbrecher (m)	ขโมยยองเบา	khà-moi yông bao
Schmuggel (m)	การลักลอบ	gaan lák-lôrp
Schmuggler (m)	ผู้ลักลอบ	phôo lák lôrp
Fälschung (f)	การปลอมแปลง	gaan bplorm bplaeng
fälschen (vt)	ปลอมแปลง	bplorm bplaeng
gefälscht	ปลอม	bplorm

192. Gesetzesbruch. Verbrecher. Teil 2

Vergewaltigung (f)	การข่มขืน	gaan khòm khĕun
vergewaltigen (vt)	ขมขืน	khòm khĕun
Gewalttäter (m)	โจรขมขืน	john khòm khĕun
Besessene (m)	คนบา	khon bâa
Prostituierte (f)	โสเภณี	sŏh-phay-nee
Prostitution (f)	การค้าประเวณี	gaan kháa bprà-way-nee
Zuhälter (m)	แมงดา	maeng-daa
Drogenabhängiger (m)	ผู้ติดยาเสพติด	phôo dtìt yaa-sàyp-dtìt
Drogenhändler (m)	พอค้ายาเสพติด	phôr kháa yaa-sàyp-dtìt
sprengen (vt)	ระเบิด	rá-bèrt

Explosion (f)	การระเบิด	gaan rá-bèrt
in Brand stecken	เผา	phăo
Brandstifter (m)	ผู้ลอบวางเพลิง	phôo lôp waang phlerng
Terrorismus (m)	การก่อกูรร้าย	gaan gòr gaan ráai
Terrorist (m)	ผู้ก่อการราย	phôo gòr gaan ráai
Geisel (m, f)	ตัวประกัน	dtua bprà-gan
betrügen (vt)	ล่อลวง	lôr luang
Betrug (m)	การล่อลวง	gaan lôr luang
Betrüger (m)	นักตมตุน	nák dtôm dtŭn
bestechen (vt)	ติดสินบน	dtìt sĭn-bon
Bestechlichkeit (f)	การติดสินบน	gaan dtìt sĭn-bon
Bestechungsgeld (n)	สินบน	sĭn bon
Gift (n)	ยาพิษ	yaa phít
vergiften (vt)	วางยาพิษ	waang-yaa phít
sich vergiften	กินยาตาย	gin yaa dtaai
Selbstmord (m)	การฆ่าตัวตาย	gaan khâa dtua dtaai
Selbstmörder (m)	ผู้ฆ่าตัวตาย	phôo khâa dtua dtaai
drohen (vi)	ขู่	khòo
Drohung (f)	คำขู่	kham khòo
versuchen (vt)	พยายามฆ่า	phá-yaa-yaam khâa
Attentat (n)	การพยายามฆ่า	gaan phá-yaa-yaam khâa
stehlen (Auto ~)	จี้	jêe
entführen (Flugzeug ~)	จี้	jêe
Rache (f)	การแก้แค้น	gaan gâe kháen
sich rächen	แก้แค้น	gâe kháen
foltern (vt)	ทรมาณ	thon-maan
Folter (f)	การทรมาน	gaan thor-rá-maan
quälen (vt)	ทำทารุณ	tam taa-run
Seeräuber (m)	โจรสลัด	john sà-làt
Rowdy (m)	นักเลง	nák-layng
bewaffnet	มีอาวุธ	mee aa-wút
Gewalt (f)	ความรุนแรง	khwaam run raeng
ungesetzlich	ผิดกฎหมาย	phìt gòt măai
Spionage (f)	จารกรรม	jaa-rá-gam
spionieren (vi)	ลวงความลับ	lúang khwaam láp

193. Polizei Recht. Teil 1

Justiz (f)	ยุติธรรม	yút-dtì-tham
Gericht (n)	ศาล	săan
Richter (m)	ผู้พิพากษา	phôo phí-phâak-săa
Geschworenen (pl)	ลูกขุน	lôok khŭn

Geschworenengericht (n)	การไต่สวนคดี	gaan dtài sǔan khá-dee
	แบบมีลูกขุน	bàep mee lôok khǔn
richten (vt)	พิพากษา	phí-phâak-sǎa

Rechtsanwalt (m)	ทนายความ	thá-naai khwaam
Angeklagte (m)	จำเลย	jam loie
Anklagebank (f)	คอกจำเลย	khôrk jam loie

Anklage (f)	ข้อกล่าวหา	khôr glàao hǎa
Beschuldigte (m)	ถูกกลาวหา	thòok glàao hǎa

Urteil (n)	การลงโทษ	gaan long thôht
verurteilen (vt)	พิพากษา	phí-phâak-sǎa

Schuldige (m)	ผู้กระทำความผิด	phôo grà-tham khwaam phìt
bestrafen (vt)	ลงโทษ	long thôht
Strafe (f)	การลงโทษ	gaan long thôht

Geldstrafe (f)	ปรับ	bpràp
lebenslange Haft (f)	การจำคุก	gaan jam khúk
	ตลอดชีวิต	dtà-lòt chee-wít
Todesstrafe (f)	โทษประหาร	thôht-bprà-hǎan
elektrischer Stuhl (m)	เก้าอี้ไฟฟ้า	gâo-êe fai-fáa
Galgen (m)	ตะแลงแกง	dtà-laeng-gaeng

hinrichten (vt)	ประหาร	bprà-hǎan
Hinrichtung (f)	การประหาร	gaan bprà-hǎan

Gefängnis (n)	คุก	khúk
Zelle (f)	ห้องขัง	hôrng khǎng

Eskorte (f)	ผู้ควบคุมตัว	phôo khûap khum dtua
Gefängniswärter (m)	ผู้คุม	phôo khum
Gefangene (m)	นักโทษ	nák thôht

Handschellen (pl)	กุญแจมือ	gun-jae meu
Handschellen anlegen	ใส่กุญแจมือ	sài gun-jae meu

Ausbruch (Flucht)	การแหกคุก	gaan hàek khúk
ausbrechen (vi)	แหก	hàek
verschwinden (vi)	หายตัวไป	hǎai dtua bpai
aus ... entlassen	ถูกปล่อยตัว	thòok bplòi dtua
Amnestie (f)	การนิรโทษกรรม	gaan ní-rá-thôht gam

Polizei (f)	ตำรวจ	dtam-rùat
Polizist (m)	เจ้าหน้าที่ตำรวจ	jâo nâa-thêe dtam-rùat
Polizeiwache (f)	สถานีตำรวจ	sà-thǎa-nee dtam-rùat
Gummiknüppel (m)	กระบองตำรวจ	grà-bong dtam-rùat
Sprachrohr (n)	โทรโข่ง	toh-ra -khòhng

Streifenwagen (m)	รถลาดตระเวน	rót lâat dtrà-wayn
Sirene (f)	หวอ	wǒr
die Sirene einschalten	เปิดหวอ	bpèrt wǒr
Sirenengeheul (n)	เสียงหวอ	sǐang wǒr
Tatort (m)	ที่เกิดเหตุ	thêe gèrt hàyt
Zeuge (m)	พยาน	phá-yaan

Freiheit (f)	อิสระ	ìt-sà-rà
Komplize (m)	ผู้ร่วมกระทำผิด	phôo rûam grà-tham phìt
verschwinden (vi)	หนี	nĕe
Spur (f)	ร่องรอย	rông roi

194. Polizei. Recht. Teil 2

Fahndung (f)	การสืบสวน	gaan sèup sŭan
suchen (vt)	หาตัว	hăa dtua
Verdacht (m)	ความสงสัย	khwaam sŏng-săi
verdächtig (Adj)	น่าสงสัย	nâa sŏng-săi
anhalten (Polizei)	เรียกให้หยุด	rîak hâi yùt
verhaften (vt)	กักตัว	gàk dtua

Fall (m), Klage (f)	คดี	khá-dee
Untersuchung (f)	การสืบสวน	gaan sèup sŭan
Detektiv (m)	นักสืบ	nák sèup
Ermittlungsrichter (m)	นักสอบสวน	nák sòrp sŭan
Version (f)	สันนิษฐาน	săn-nít-thăan

Motiv (n)	เหตุจูงใจ	hàyt joong jai
Verhör (n)	การสอบปากคำ	gaan sòp bpàak kham
verhören (vt)	สอบสวน	sòrp sŭan
vernehmen (vt)	ไถ่ถาม	thài thăam
Kontrolle (Personen-)	การตรวจสอบ	gaan dtrùat sòp

Razzia (f)	การรวบตัว	gaan rûap dtua
Durchsuchung (f)	การตรวจคน	gaan dtrùat khón
Verfolgung (f)	การไล่ล่า	gaan lâi lâa
nachjagen (vi)	ไล่ล่า	lâi lâa
verfolgen (vt)	สืบ	sèup

Verhaftung (f)	การจับกุม	gaan jàp gum
verhaften (vt)	จับกุม	jàp gum
fangen (vt)	จับ	jàp
Festnahme (f)	การจับ	gaan jàp

Dokument (n)	เอกสาร	àyk săan
Beweis (m)	หลักฐาน	làk thăan
beweisen (vt)	พิสูจน์	phí-sòot
Fußspur (f)	รอยเท้า	roi tháo
Fingerabdrücke (pl)	รอยนิ้วมือ	roi níw meu
Beweisstück (n)	หลักฐาน	làk thăan

Alibi (n)	ข้อแก้ตัว	khôr gâe dtua
unschuldig	พ้นผิด	phón phìt
Ungerechtigkeit (f)	ความอยุติธรรม	khwaam a-yút-dtì-tam
ungerecht	ไม่เป็นธรรม	mâi bpen-tham

Kriminal-	อาชญากร	àat-yaa-gon
beschlagnahmen (vt)	ยึด	yéut
Droge (f)	ยาเสพติด	yaa sàyp dtìt
Waffe (f)	อาวุธ	aa-wút
entwaffnen (vt)	ปลดอาวุธ	bplòt aa-wút

| befehlen (vt) | ออกคำสั่ง | òrk kham sàng |
| verschwinden (vi) | หายตัวไป | hăai dtua bpai |

Gesetz (n)	กฎหมาย	gòt măai
gesetzlich	ตามกฎหมาย	dtaam gòt măai
ungesetzlich	ผิดกฎหมาย	phìt gòt măai

| Verantwortlichkeit (f) | ความรับผิดชอบ | khwaam ráp phìt chôp |
| verantwortlich | รับผิดชอบ | ráp phìt chôp |

NATUR

Die Erde. Teil 1

195. Weltall

Kosmos (m)	อวกาศ	a-wá-gàat
kosmisch, Raum-	ทางอวกาศ	thang a-wá-gàat
Weltraum (m)	อวกาศ	a-wá-gàat
All (n)	โลก	lôhk
Universum (n)	จักรวาล	jàk-grà-waan
Galaxie (f)	ดาราจักร	daa-raa jàk
Stern (m)	ดาว	daao
Gestirn (n)	กลุ่มดาว	glùm daao
Planet (m)	ดาวเคราะห์	daao khrór
Satellit (m)	ดาวเทียม	daao thiam
Meteorit (m)	ดาวตก	daao dtòk
Komet (m)	ดาวหาง	daao hăang
Asteroid (m)	ดาวเคราะห์น้อย	daao khrór nói
Umlaufbahn (f)	วงโคจร	wong khoh-jon
sich drehen	เวียน	wian
Atmosphäre (f)	บรรยากาศ	ban-yaa-gàat
Sonne (f)	ดวงอาทิตย์	duang aa-thít
Sonnensystem (n)	ระบบสุริยะ	rá-bòp sù-rí-yá
Sonnenfinsternis (f)	สุริยุปราคา	sù-rí-yú-bpà-raa-kaa
Erde (f)	โลก	lôhk
Mond (m)	ดวงจันทร์	duang jan
Mars (m)	ดาวอังคาร	daao ang-khaan
Venus (f)	ดาวศุกร์	daao sùk
Jupiter (m)	ดาวพฤหัส	daao phá-réu-hàt
Saturn (m)	ดาวเสาร์	daao săo
Merkur (m)	ดาวพุธ	daao phút
Uran (m)	ดาวยูเรนัส	daao-yoo-ray-nát
Neptun (m)	ดาวเนปจูน	daao-nâyp-joon
Pluto (m)	ดาวพลูโต	daao phloo-dtoh
Milchstraße (f)	ทางช้างเผือก	thaang cháang phèuak
Der Große Bär	กลุ่มดาวหมีใหญ่	glùm daao měe yài
Polarstern (m)	ดาวเหนือ	daao něua
Marsbewohner (m)	ชาวดาวอังคาร	chaao daao ang-khaan
Außerirdischer (m)	มนุษย์ต่างดาว	má-nút dtàang daao

außerirdisches Wesen (n)	มนุษย์ต่างดาว	má-nút dtàang daao
fliegende Untertasse (f)	จานบิน	jaan bin
Raumschiff (n)	ยานอวกาศ	yaan a-wá-gàat
Raumstation (f)	สถานีอวกาศ	sà-thǎa-nee a-wá-gàat
Raketenstart (m)	การปลอยจรวด	gaan bplòi jà-rùat
Triebwerk (n)	เครื่องยนต์	khrêuang yon
Düse (f)	ทอไอพน	thôr ai phôn
Treibstoff (m)	เชื้อเพลิง	chéua phlerng
Kabine (f)	ที่นั่งคนขับ	thêe nâng khon khàp
Antenne (f)	เสาอากาศ	sǎo aa-gàat
Bullauge (n)	ช่อง	chôrng
Sonnenbatterie (f)	อุปกรณ์พลังงาน แสงอาทิตย	ù-bpà-gon phá-lang ngaan sǎeng aa-thít
Raumanzug (m)	ชุดอวกาศ	chút a-wá-gàat
Schwerelosigkeit (f)	สภาพไร้น้ำหนัก	sà-phâap rái nám nàk
Sauerstoff (m)	อ็อกซิเจน	ók sí jayn
Ankopplung (f)	การเทียบท่า	gaan thîap thâa
koppeln (vi)	เทียบทา	thîap thâa
Observatorium (n)	หอดูดาว	hǒr doo daao
Teleskop (n)	กล้องโทรทรรศน์	glôrng thoh-rá-thát
beobachten (vt)	เฝ้าสังเกต	fâo sǎng-gàyt
erforschen (vt)	สำรวจ	sǎm-rùat

196. Die Erde

Erde (f)	โลก	lôhk
Erdkugel (f)	ลูกโลก	lôok lôhk
Planet (m)	ดาวเคราะห์	daao khrór
Atmosphäre (f)	บรรยากาศ	ban-yaa-gàat
Geographie (f)	ภูมิศาสตร	phoo-mí-sàat
Natur (f)	ธรรมชาติ	tham-má-châat
Globus (m)	ลูกโลก	lôok lôhk
Landkarte (f)	แผนที่	phǎen thêe
Atlas (m)	หนังสือแผนที่โลก	nǎng-sěu phǎen thêe lôhk
Europa (n)	ยุโรป	yú-ròhp
Asien (n)	เอเชีย	ay-chia
Afrika (n)	แอฟริกา	àef-rí-gaa
Australien (n)	ออสเตรเลีย	òrt-dtray-lia
Amerika (n)	อเมริกา	a-may-rí-gaa
Nordamerika (n)	อเมริกาเหนือ	a-may-rí-gaa něua
Südamerika (n)	อเมริกาใต้	a-may-rí-gaa dtâi
Antarktis (f)	แอนตาร์กติกา	aen-dtàak-dtì-gaa
Arktis (f)	อารกติค	àak-dtìk

197. Himmelsrichtungen

Norden (m)	เหนือ	nĕua
nach Norden	ทิศเหนือ	thít nĕua
im Norden	ที่ภาคเหนือ	thêe phâak nĕua
nördlich	ทางเหนือ	thaang nĕua
Süden (m)	ใต้	dtâi
nach Süden	ทิศใต้	thít dtâi
im Süden	ที่ภาคใต้	thêe phâak dtâi
südlich	ทางใต้	thaang dtâi
Westen (m)	ตะวันตก	dtà-wan dtòk
nach Westen	ทิศตะวันตก	thít dtà-wan dtòk
im Westen	ที่ภาคตะวันตก	thêe phâak dtà-wan dtòk
westlich, West-	ทางตะวันตก	thaang dtà-wan dtòk
Osten (m)	ตะวันออก	dtà-wan òrk
nach Osten	ทิศตะวันออก	thít dtà-wan òrk
im Osten	ที่ภาคตะวันออก	thêe phâak dtà-wan òrk
östlich	ทางตะวันออก	thaang dtà-wan òrk

198. Meer. Ozean

Meer (n), See (f)	ทะเล	thá-lay
Ozean (m)	มหาสมุทร	má-hăa sà-mùt
Golf (m)	อ่าว	àao
Meerenge (f)	ช่องแคบ	chôrng khâep
Festland (n)	พื้นดิน	phéun din
Kontinent (m)	ทวีป	thá-wêep
Insel (f)	เกาะ	gòr
Halbinsel (f)	คาบสมุทร	khâap sà-mùt
Archipel (m)	หมู่เกาะ	mòo gòr
Bucht (f)	อ่าว	àao
Hafen (m)	ท่าเรือ	thâa reua
Lagune (f)	ลากูน	laa-goon
Kap (n)	แหลม	lăem
Atoll (n)	อะทอลล์	à-thorn
Riff (n)	แนวปะการัง	naew bpà-gaa-rang
Koralle (f)	ปะการัง	bpà gaa-rang
Korallenriff (n)	แนวปะการัง	naew bpà-gaa-rang
tief (Adj)	ลึก	léuk
Tiefe (f)	ความลึก	khwaam léuk
Abgrund (m)	หุบเหวลึก	hùp wăy léuk
Graben (m)	ร่องลึกกนสมุทร	rông léuk gôn sà-mùt
Strom (m)	กระแสน้ำ	grà-săe náam
umspülen (vt)	ลอมรอบ	lórm rôrp

Ufer (n)	ชายฝั่ง	chaai fàng
Küste (f)	ชายฝั่ง	chaai fàng
Flut (f)	น้ำขึ้น	náam khêun
Ebbe (f)	น้ำลง	náam long
Sandbank (f)	หาดตื้น	hàat dtêun
Boden (m)	กนทะเล	gôn thá-lay
Welle (f)	คลื่น	khlêun
Wellenkamm (m)	มวนคลื่น	múan khlêun
Schaum (m)	ฟองคลื่น	forng khlêun
Sturm (m)	พายุ	phaa-yú
Orkan (m)	พายุเฮอร์ริเคน	phaa-yú her-rí-khayn
Tsunami (m)	คลื่นยักษ์	khlêun yák
Windstille (f)	ภาวะไร้ลมพัด	phaa-wá rái lom phát
ruhig	สงบ	sà-ngòp
Pol (m)	ขั้วโลก	khûa lôhk
Polar-	ขั้วโลก	khûa lôhk
Breite (f)	เส้นรุ้ง	sên rúng
Länge (f)	เส้นแวง	sên waeng
Breitenkreis (m)	เส้นขนาน	sên khà-nǎan
Äquator (m)	เสนศูนย์สูตร	sên sǒon sòot
Himmel (m)	ท้องฟ้า	thórng fáa
Horizont (m)	ขอบฟ้า	khòrp fáa
Luft (f)	อากาศ	aa-gàat
Leuchtturm (m)	ประภาคาร	bprà-phaa-khaan
tauchen (vi)	ดำ	dam
versinken (vi)	จม	jom
Schätze (pl)	สมบัติ	sǒm-bàt

199. Namen der Meere und Ozeane

Atlantischer Ozean (m)	มหาสมุทรแอตแลนติก	má-hǎa sà-mùt àet-laen-dtìk
Indischer Ozean (m)	มหาสมุทรอินเดีย	má-hǎa sà-mùt in-dia
Pazifischer Ozean (m)	มหาสมุทรแปซิฟิก	má-hǎa sà-mùt bpae-sí-fík
Arktischer Ozean (m)	มหาสมุทรอาร์คติก	má-hǎa sà-mùt aa-ká-dtìk
Schwarzes Meer (n)	ทะเลดำ	thá-lay dam
Rotes Meer (n)	ทะเลแดง	thá-lay daeng
Gelbes Meer (n)	ทะเลเหลือง	thá-lay lěuang
Weißes Meer (n)	ทะเลขาว	thá-lay khǎao
Kaspisches Meer (n)	ทะเลแคสเปียน	thá-lay khâet-bpian
Totes Meer (n)	ทะเลเดดซี	thá-lay dàyt-see
Mittelmeer (n)	ทะเลเมดิเตอร์เรเนียน	thá-lay may-dì-dtêr-ray-nian
Ägäisches Meer (n)	ทะเลเอเจี้ยน	thá-lay ay-jîan
Adriatisches Meer (n)	ทะเลเอเดรียติก	thá-lay ay-day-ree-yá-dtìk
Arabisches Meer (n)	ทะเลอาหรับ	thá-lay aa-ràp

Japanisches Meer (n)	ทะเลญี่ปุ่น	thá-lay yêe-bpùn
Beringmeer (n)	ทะเลเบริง	thá-lay bae-rîng
Südchinesisches Meer (n)	ทะเลจีนใต้	thá-lay jeen-dtâi
Korallenmeer (n)	ทะเลคอรัล	thá-lay khor-ran
Tasmansee (f)	ทะเลแทสมัน	thá-lay thâet man
Karibisches Meer (n)	ทะเลแคริบเบียน	thá-lay khae-ríp-bian
Barentssee (f)	ทะเลบาเรนท์	thá-lay baa-rayn
Karasee (f)	ทะเลคารา	thá-lay khaa-raa
Nordsee (f)	ทะเลเหนือ	thá-lay nĕua
Ostsee (f)	ทะเลบอลติก	thá-lay bon-dtìk
Nordmeer (n)	ทะเลนอรเวย์	thá-lay nor-rá-way

200. Berge

Berg (m)	ภูเขา	phoo khăo
Gebirgskette (f)	ทิวเขา	thiw khăo
Bergrücken (m)	สันเขา	săn khăo
Gipfel (m)	ยอดเขา	yôrt khăo
Spitze (f)	ยอด	yôrt
Bergfuß (m)	ตีนเขา	dteun khăo
Abhang (m)	ไหลเขา	lài khăo
Vulkan (m)	ภูเขาไฟ	phoo khăo fai
tätiger Vulkan (m)	ภูเขาไฟมีพลัง	phoo khăo fai mee phá-lang
schlafender Vulkan (m)	ภูเขาไฟที่ดับแล้ว	phoo khăo fai thêe dàp láew
Ausbruch (m)	ภูเขาไฟระเบิด	phoo khăo fai rá-bèrt
Krater (m)	ปลองภูเขาไฟ	bplòng phoo khăo fai
Magma (n)	หินหนืด	hĭn nèut
Lava (f)	ลาวา	laa-waa
glühend heiß (-e Lava)	หลอมเหลว	lŏrm lĕo
Cañon (m)	หุบเขาลึก	hùp khăo léuk
Schlucht (f)	ชองเขา	chôrng khăo
Spalte (f)	รอยแตกภูเขา	roi dtàek phoo khăo
Abgrund (m) (steiler ~)	หุบเหวลึก	hùp wăy léuk
Gebirgspass (m)	ทางผ่าน	thaang phàan
Plateau (n)	ที่ราบสูง	thêe râap sŏong
Fels (m)	หนาผา	nâa phăa
Hügel (m)	เนินเขา	nern khăo
Gletscher (m)	ธารน้ำแข็ง	thaan náam khăeng
Wasserfall (m)	น้ำตก	nám dtòk
Geiser (m)	น้ำพุร้อน	nám phú rórn
See (m)	ทะเลสาบ	thá-lay sàap
Ebene (f)	ที่ราบ	thêe râap
Landschaft (f)	ภูมิทัศน์	phoom thát
Echo (n)	เสียงสะท้อน	sĭang sà-thón

Bergsteiger (m)	นักปีนเขา	nák bpeen khǎo
Kletterer (m)	นักไต่เขา	nák dtài khǎo
bezwingen (vt)	ไต่เขาถึงยอด	dtài khǎo thěung yôt
Aufstieg (m)	การปีนเขา	gaan bpeen khǎo

201. Namen der Berge

Alpen (pl)	เทือกเขาแอลป์	thêuak-khǎo-aen
Montblanc (m)	ยอดเขามงบล็อง	yôt khǎo mong-bà-lǒng
Pyrenäen (pl)	เทือกเขาไพรีนีส	thêuak khǎo pai-ree-nêet
Karpaten (pl)	เทือกเขาคาร์เพเทียน	thêuak khǎo khaa-phay-thian
Uralgebirge (n)	เทือกเขายูรัล	thêuak khǎo yoo-ran
Kaukasus (m)	เทือกเขาคอเคซัส	thêuak khǎo khor-khay-sát
Elbrus (m)	ยอดเขาเอลบรุส	yôt khǎo ayn-brùt
Altai (m)	เทือกเขาอัลไต	thêuak khǎo an-dtai
Tian Shan (m)	เทือกเขาเทียนชาน	thêuak khǎo thian-chaan
Pamir (m)	เทือกเขาพาเมียร์	thêuak khǎo paa-mia
Himalaja (m)	เทือกเขาหิมาลัย	thêuak khǎo hi-maa-lai
Everest (m)	ยอดเขาเอเวอเรสต์	yôt khǎo ay-wer-râyt
Anden (pl)	เทือกเขาแอนดีส	thêuak-khǎo-aen-dèet
Kilimandscharo (m)	ยอดเขาคิลิมันจาโร	yôt khǎo khí-lí-man-jaa-roh

202. Flüsse

Fluss (m)	แม่น้ำ	mâe náam
Quelle (f)	แหลงน้ำแร่	làeng náam râe
Flussbett (n)	เสนทางแม่น้ำ	sên thaang mâe náam
Stromgebiet (n)	ลุมน้ำ	lûm náam
einmünden in ...	ไหลไปสู่...	lǎi bpai sòo...
Nebenfluss (m)	สาขา	sǎa-khǎa
Ufer (n)	ฝั่งแม่น้ำ	fàng mâe náam
Strom (m)	กระแสน้ำ	grà-sǎe náam
stromabwärts	ตามกระแสน้ำ	dtaam grà-sǎe náam
stromaufwärts	ทวนน้ำ	thuan náam
Überschwemmung (f)	น้ำท่วม	nám thûam
Hochwasser (n)	น้ำท่วม	nám thûam
aus den Ufern treten	เออล้น	èr lón
überfluten (vt)	ท่วม	thûam
Sandbank (f)	บริเวณน้ำตื้น	bor-rí-wayn náam dtêun
Stromschnelle (f)	กระแสน้ำเชี่ยว	grà-sǎe nám-chîeow
Damm (m)	เขื่อน	khèuan
Kanal (m)	คลอง	khlorng
Stausee (m)	ที่เก็บกักน้ำ	thêe gèp gàk náam
Schleuse (f)	ประตูระบายน้ำ	bprà-dtoo rá-baai náam

Gewässer (n)	พื้นน้ำ	phéun náam
Sumpf (m), Moor (n)	บึง	beung
Marsch (f)	ห้วย	hûay
Strudel (m)	น้ำวน	nám won

Bach (m)	ลำธาร	lam thaan
Trink- (z.B. Trinkwasser)	น้ำดื่มได้	nám dèum dâai
Süß- (Wasser)	น้ำจืด	nám jèut

Eis (n)	น้ำแข็ง	nám khǎeng
zufrieren (vi)	แชแข็ง	châe khǎeng

203. Namen der Flüsse

Seine (f)	แม่น้ำเซน	mâe náam sayn
Loire (f)	แมน้ำลัวร์	mâe-náam lua

Themse (f)	แม่น้ำเทมูส์	mâe-náam them
Rhein (m)	แม่น้ำไรน	mâe-náam rai
Donau (f)	แมน้ำดานูบ	mâe-náam daa-nôop

Wolga (f)	แม่น้ำวอลกา	mâe-náam won-gaa
Don (m)	แม่น้ำดอน	mâe-náam don
Lena (f)	แมน้ำลีนา	mâe-náam lee-naa

Gelber Fluss (m)	แม่น้ำหวง	mâe-náam hǔang
Jangtse (m)	แม่น้ำแยงซี	mâe-náam yaeng-see
Mekong (m)	แม่น้ำโขง	mâe-náam khǒhng
Ganges (m)	แมน้ำคงคา	mâe-náam khong-khaa

Nil (m)	แม่น้ำไนล์	mâe-náam nai
Kongo (m)	แม่น้ำคองโก	mâe-náam khong-goh
Okavango (m)	แม่น้ำโอคาวังโก	mâe-náam oh-khaa wang goh
Sambesi (m)	แม่น้ำแซมบีซี	mâe-náam saem bee see
Limpopo (m)	แม่น้ำลิมโปโป	mâe-náam lim-bpoh-bpoh
Mississippi (m)	แมน้ำมิสซิสซิปปี	mâe-náam mít-sít-síp-bpee

204. Wald

Wald (m)	ป่าไม้	bpàa máai
Wald-	ป่า	bpàa

Dickicht (n)	ป่าทึบ	bpàa théup
Gehölz (n)	ป่าละเมาะ	bpàa lá-mór
Lichtung (f)	ทุ่งโล่ง	thûng lôhng

Dickicht (n)	ป่าละเมาะ	bpàa lá-mór
Gebüsch (n)	ป่าละเมาะ	bpàa lá-mór

Fußweg (m)	ทางเดิน	thaang dern
Erosionsrinne (f)	ร่องธาร	rông thaan

Baum (m)	ต้นไม้	dtôn máai
Blatt (n)	ใบไม้	bai máai
Laub (n)	ใบไม้	bai máai
Laubfall (m)	ใบไม้ร่วง	bai máai rûang
fallen (Blätter)	ร่วง	rûang
Wipfel (m)	ยอด	yôrt
Zweig (m)	กิ่ง	gìng
Ast (m)	กานไม้	gâan mái
Knospe (f)	ยอดออน	yôrt òrn
Nadel (f)	เข็ม	khĕm
Zapfen (m)	ลูกสน	lôok sŏn
Höhlung (f)	โพรงไม้	phrohng máai
Nest (n)	รัง	rang
Höhle (f)	โพรง	phrohng
Stamm (m)	ลำต้น	lam dtôn
Wurzel (f)	ราก	râak
Rinde (f)	เปลือกไม้	bplèuak máai
Moos (n)	มอส	môt
entwurzeln (vt)	ถอนราก	thŏrn râak
fällen (vt)	โค่น	khôhn
abholzen (vt)	ตัดไม้ทำลายป่า	dtàt mái tham laai bpàa
Baumstumpf (m)	ตอไม้	dtor máai
Lagerfeuer (n)	กองไฟ	gorng fai
Waldbrand (m)	ไฟป่า	fai bpàa
löschen (vt)	ดับไฟ	dàp fai
Förster (m)	เจ้าหน้าที่ดูแลป่า	jâo nâa-thêe doo lae bpàa
Schutz (m)	การปกป้อง	gaan bpòk bpôrng
beschützen (vt)	ปกป้อง	bpòk bpôrng
Wilddieb (m)	นักลอบล่าสัตว์	nák lôrp lâa sàt
Falle (f)	กับดักเหล็ก	gàp dàk lèk
sammeln, pflücken (vt)	เก็บ	gèp
sich verirren	หลงทาง	lŏng thaang

205. natürliche Lebensgrundlagen

Naturressourcen (pl)	ทรัพยากร ธรรมชาติ	sáp-pá-yaa-gon tham-má-châat
Bodenschätze (pl)	แร่	râe
Vorkommen (n)	ตะกอน	dtà-gorn
Feld (Ölfeld usw.)	บอ	bòr
gewinnen (vt)	ขุดแร่	khùt râe
Gewinnung (f)	การขุดแร่	gaan khùt râe
Erz (n)	แร่	râe
Bergwerk (n)	เหมืองแร่	mĕuang râe
Schacht (m)	ช่องเหมือง	chôrng mĕuang

Bergarbeiter (m)	คนงานเหมือง	khon ngaan měuang
Erdgas (n)	แก๊ส	gáet
Gasleitung (f)	ท่อแก๊ส	thôr gáet

Erdöl (n)	น้ำมัน	nám man
Erdölleitung (f)	ท่อน้ำมัน	thôr náam man
Ölquelle (f)	บ่อน้ำมัน	bòr náam man
Bohrturm (m)	ปั้นจั่นขนาดใหญ่	bpân jàn khà-nàat yài
Tanker (m)	เรือบรรทุกน้ำมัน	reua ban-thúk nám man

Sand (m)	ทราย	saai
Kalkstein (m)	หินปูน	hǐn bpoon
Kies (m)	กรวด	grùat
Torf (m)	พีต	phêet
Ton (m)	ดินเหนียว	din nǐeow
Kohle (f)	ถ่านหิน	thàan hǐn

Eisen (n)	เหล็ก	lèk
Gold (n)	ทอง	thorng
Silber (n)	เงิน	ngern
Nickel (n)	นิเกิล	ní-gêrn
Kupfer (n)	ทองแดง	thorng daeng

Zink (n)	สังกะสี	sǎng-gà-sěe
Mangan (n)	แมงกานีส	maeng-gaa-nêet
Quecksilber (n)	ปรอท	bpa -ròrt
Blei (n)	ตะกั่ว	dtà-gùa

Mineral (n)	แร่	râe
Kristall (m)	ผลึก	phà-lèuk
Marmor (m)	หินอ่อน	hǐn òrn
Uran (n)	ยูเรเนียม	yoo-ray-niam

Die Erde. Teil 2

206. Wetter

Wetter (n)	สภาพอากาศ	sà-phâap aa-gàat
Wetterbericht (m)	พยากรณ์	phá-yaa-gon
	สภาพอากาศ	sà-phâap aa-gàat
Temperatur (f)	อุณหภูมิ	un-hà-phoom
Thermometer (n)	ปรอทวัดอุณหภูมิ	bpà-ròrt wát un-hà-phoom
Barometer (n)	เครื่องวัดความดัน	khrêuang wát khwaam dan
	บรรยากาศ	ban-yaa-gàat
feucht	ชื้น	chéun
Feuchtigkeit (f)	ความชื้น	khwaam chéun
Hitze (f)	ความร้อน	khwaam rórn
glutheiß	ร้อน	rórn
ist heiß	มันร้อน	man rórn
ist warm	มันอุ่น	man ùn
warm (Adj)	อุ่น	ùn
ist kalt	อากาศเย็น	aa-gàat yen
kalt (Adj)	เย็น	yen
Sonne (f)	ดวงอาทิตย์	duang aa-thít
scheinen (vi)	ส่องแสง	sòrng săeng
sonnig (Adj)	มีแสงแดด	mee săeng dàet
aufgehen (vi)	ขึ้น	khêun
untergehen (vi)	ตก	dtòk
Wolke (f)	เมฆ	mâyk
bewölkt, wolkig	มีเมฆมาก	mee mâyk mâak
Regenwolke (f)	เมฆฝน	mâyk fŏn
trüb (-er Tag)	มืดครึ้ม	mêut khréum
Regen (m)	ฝน	fŏn
Es regnet	ฝนตก	fŏn dtòk
regnerisch (-er Tag)	ฝนตก	fŏn dtòk
nieseln (vi)	ฝนปรอย	fòn bproi
strömender Regen (m)	ฝนตกหนัก	fŏn dtòk nàk
Regenschauer (m)	ฝนห่าใหญ่	fŏn hàa yài
stark (-er Regen)	หนัก	nàk
Pfütze (f)	หลมน้ำ	lòm nám
nass werden (vi)	เปียก	bpìak
Nebel (m)	หมอก	mòrk
neblig (-er Tag)	หมอกจัด	mòrk jàt
Schnee (m)	หิมะ	hì-má
Es schneit	หิมะตก	hì-má dtòk

207. Unwetter Naturkatastrophen

Gewitter (n)	พายุฟ้าคะนอง	phaa-yú fáa khá-nong
Blitz (m)	ฟ้าผา	fáa phàa
blitzen (vi)	แลบ	lâ̂ep
Donner (m)	ฟ้าคะนอง	fáa khá-norng
donnern (vi)	มีฟ้าคะนอง	mee fáa khá-norng
Es donnert	มีฟ้ารอง	mee fáa rórng
Hagel (m)	ลูกเห็บ	lôok hèp
Es hagelt	มีลูกเห็บตก	mee lôok hèp dtòk
überfluten (vt)	ท่วม	thûam
Überschwemmung (f)	น้ำทวม	nám thûam
Erdbeben (n)	แผ่นดินไหว	phàen din wǎi
Erschütterung (f)	ไหว	wǎi
Epizentrum (n)	จุดเหนือศูนย์แผ่นดินไหว	jùt nĕua sŏon phàen din wǎi
Ausbruch (m)	ภูเขาไฟระเบิด	phoo khǎo fai rá-bèrt
Lava (f)	ลาวา	laa-waa
Wirbelsturm (m)	พายุหมุน	phaa-yú mǔn
Tornado (m)	พายุทอร์เนโด	phaa-yú thor-nay-doh
Taifun (m)	พายุไต้ฝุ่น	phaa-yú dtâi fùn
Orkan (m)	พายุเฮอร์ริเคน	phaa-yú her-rí-khayn
Sturm (m)	พายุ	phaa-yú
Tsunami (m)	คลื่นสึนามิ	khlêun sèu-naa-mí
Zyklon (m)	พายุไซโคลน	phaa-yú sai-khlohn
Unwetter (n)	อากาศไม่ดี	aa-gàat mâi dee
Brand (m)	ไฟไหม้	fai mâi
Katastrophe (f)	ความหายนะ	khwaam hǎa-yá-ná
Meteorit (m)	อุกกาบาต	ùk-gaa-bàat
Lawine (f)	หิมะถล่ม	hì-má thà-lòm
Schneelawine (f)	หิมะถลม	hì-má thà-lòm
Schneegestöber (n)	พายุหิมะ	phaa-yú hì-má
Schneesturm (m)	พายุหิมะ	phaa-yú hì-má

208. Geräusche. Klänge

Stille (f)	ความเงียบ	khwaam ngîap
Laut (m)	เสียง	sǐang
Lärm (m)	เสียงรบกวน	sǐang róp guan
lärmen (vi)	ทำเสียง	tam sǐang
lärmend (Adj)	หนวกหู	nùak hŏo
laut (in lautemTon)	เสียงดัง	sǐang dang
laut (eine laute Stimme)	ดัง	dang
ständig (Adj)	ต่อเนื่อง	dtòr nêuang

Schrei (m)	เสียงตะโกน	sĭang dtà-gohn
schreien (vi)	ตะโกน	dtà-gohn
Flüstern (n)	เสียงกระซิบ	sĭang grà síp
flüstern (vt)	กระซิบ	grà síp

| Gebell (n) | เสียงเห่า | sĭang hào |
| bellen (vi) | เห่า | hào |

Stöhnen (n)	เสียงคราง	sĭang khraang
stöhnen (vi)	คราง	khraang
Husten (m)	เสียงไอ	sĭang ai
husten (vi)	ไอ	ai

Pfiff (m)	เสียงผิวปาก	sĭang phĭw bpàak
pfeifen (vi)	ผิวปาก	phĭw bpàak
Klopfen (n)	เสียงเคาะ	sĭang khór
klopfen (vi)	เคาะ	khór

| krachen (Laut) | เปรี๊ยะ | bpría |
| Krachen (n) | เสียงเปรี๊ยะ | sĭang bpría |

Sirene (f)	เสียงสัญญาณเตือน	sĭang săn-yaan dteuan
Pfeife (Zug usw.)	เสียงนกหวีด	sĭang nók wèet
pfeifen (vi)	เป่านกหวีด	bpào nók wèet
Hupe (f)	เสียงแตร	sĭang dtrae
hupen (vi)	บีบแตร	bèep dtrae

209. Winter

Winter (m)	ฤดูหนาว	réu-doo năao
Winter-	ฤดูหนาว	réu-doo năao
im Winter	ช่วงฤดูหนาว	chûang réu-doo năao

Schnee (m)	หิมะ	hì-má
Es schneit	มีหิมะตก	mee hì-má dtòk
Schneefall (m)	หิมะตก	hì-má dtòk
Schneewehe (f)	กองหิมะ	gong hì-má

Schneeflocke (f)	เกล็ดหิมะ	glèt hì-má
Schneeball (m)	ก้อนหิมะ	gôn hì-má
Schneemann (m)	ตุ๊กตาหิมะ	dtúk-gà-dtaa hì-má
Eiszapfen (m)	แท่งน้ำแข็ง	thâeng nám khăeng

Dezember (m)	ธันวาคม	than-waa khom
Januar (m)	มกราคม	mók-gà-raa khom
Februar (m)	กุมภาพันธ์	gum-phaa phan

| Frost (m) | ความหนาวๆ | kwaam năao năao |
| frostig, Frost- | หนาวจัด | năao jàt |

unter Null	ต่ำกว่าศูนย์องศา	dtàm gwàa sŏon ong-săa
leichter Frost (m)	ลมหนาวแรก	lom năao râek
Reif (m)	น้ำค้างแข็ง	náam kháang khăeng
Kälte (f)	ความหนาว	khwaam năao

Es ist kalt	อากาศหนาว	aa-gàat nǎao
Pelzmantel (m)	เสื้อโค้ทขนสัตว์	sêua khóht khǒn sàt
Fausthandschuhe (pl)	ถุงมือ	thǔng meu

erkranken (vi)	เป็นหวัด	bpen wàt
Erkältung (f)	หวัด	wàt
sich erkälten	เป็นหวัด	bpen wàt

Eis (n)	น้ำแข็ง	nám khǎeng
Glatteis (n)	น้ำแข็งบาง บนพื้นถนน	nám khǎeng baang bon phéun thà-nǒn
zufrieren (vi)	แช่แข็ง	châe khǎeng
Eisscholle (f)	แพน้ำแข็ง	phae nám khǎeng

Ski (pl)	สกี	sà-gee
Skiläufer (m)	นักสกี	nák sà-gee
Ski laufen	เล่นสกี	lên sà-gee
Schlittschuh laufen	เลนสเก็ต	lên sà-gèt

Fauna

210. Säugetiere. Raubtiere

Raubtier (n)	สัตว์กินเนื้อ	sàt gin néua
Tiger (m)	เสือ	sěua
Löwe (m)	สิงโต	sǐng dtoh
Wolf (m)	หมาป่า	mǎa bpàa
Fuchs (m)	หมาจิ้งจอก	mǎa jîng-jòk
Jaguar (m)	เสือจากัวร์	sěua jaa-gua
Leopard (m)	เสือดาว	sěua daao
Gepard (m)	เสือชีตาห์	sěua chee-dtaa
Panther (m)	เสือดำ	sěua dam
Puma (m)	สิงโตภูเขา	sǐng-dtoh phoo khǎo
Schneeleopard (m)	เสือดาวหิมะ	sěua daao hì-má
Luchs (m)	แมวป่า	maew bpàa
Kojote (m)	โคโยตี้	khoh-yoh-dtêe
Schakal (m)	หมาจิ้งจอกทอง	mǎa jîng-jòk thorng
Hyäne (f)	ไฮยีนา	hai-yee-naa

211. Tiere in freier Wildbahn

Tier (n)	สัตว์	sàt
Bestie (f)	สัตว์	sàt
Eichhörnchen (n)	กระรอก	grà rôk
Igel (m)	เม่น	mâyn
Hase (m)	กระต่ายป่า	grà-dtàai bpàa
Kaninchen (n)	กระต่าย	grà-dtàai
Dachs (m)	แบดเจอร์	baet-jer
Waschbär (m)	แร็คคูน	ráek khoon
Hamster (m)	หนูแฮมสเตอร์	nǒo haem-sà-dtêr
Murmeltier (n)	มารมอต	maa-môt
Maulwurf (m)	ตุ่น	dtùn
Maus (f)	หนู	nǒo
Ratte (f)	หนู	nǒo
Fledermaus (f)	ค้างคาว	kháang khaao
Hermelin (n)	เออร์มิน	er-min
Zobel (m)	เซเบิล	say bern
Marder (m)	มารเทิน	maa thern
Wiesel (n)	เพียงพอนสีน้ำตาล	phiang phon sěe nám dtaan
Nerz (m)	เพียงพอน	phiang phorn

| Biber (m) | บีเวอร์ | bee-wer |
| Fischotter (m) | นาก | nâak |

Pferd (n)	ม้า	máa
Elch (m)	กวางมูส	gwaang môot
Hirsch (m)	กวาง	gwaang
Kamel (n)	อูฐ	òot

Bison (m)	วัวป่า	wua bpàa
Wisent (m)	วัวป่าออรอช	wua bpàa or rôt
Büffel (m)	ควาย	khwaai

Zebra (n)	ม้าลาย	máa laai
Antilope (f)	แอนทีโลป	aen-thi-lòp
Reh (n)	กวางโรเดียร์	gwaang roh-dia
Damhirsch (m)	กวางแฟลโลว์	gwaang flae-loh
Gämse (f)	เลียงผา	liang-phǎa
Wildschwein (n)	หมูป่า	mǒo bpàa

Wal (m)	วาฬ	waan
Seehund (m)	แมวน้ำ	maew náam
Walroß (n)	ช้างน้ำ	cháang náam
Seebär (m)	แมวน้ำมีขน	maew náam mee khǒn
Delfin (m)	โลมา	loh-maa

Bär (m)	หมี	měe
Eisbär (m)	หมีขั้วโลก	měe khûa lôhk
Panda (m)	หมีแพนดา	měe phaen-dâa

Affe (m)	ลิง	ling
Schimpanse (m)	ลิงชิมแปนซี	ling chim-bpaen-see
Orang-Utan (m)	ลิงอุรังอุตัง	ling u-rang-u-dtang
Gorilla (m)	ลิงกอริลลา	ling gor-rin-lâa
Makak (m)	ลิงแม็กแคก	ling mâk-khâk
Gibbon (m)	ชะนี	chá-nee

Elefant (m)	ช้าง	cháang
Nashorn (n)	แรด	râet
Giraffe (f)	ยีราฟ	yee-râaf
Flusspferd (n)	ฮิปโปโปเตมัส	híp-bpoh-bpoh-dtay-mát

| Känguru (n) | จิงโจ้ | jing-jôh |
| Koala (m) | หมีโคอาล่า | měe khoh aa lâa |

Manguste (f)	พังพอน	phang phon
Chinchilla (n)	คินคิลลา	khin-khin laa
Stinktier (n)	สกั๊งก์	sà-gang
Stachelschwein (n)	เมน	mâyn

212. Haustiere

Katze (f)	แมวตัวเมีย	maew dtua mia
Kater (m)	แมวตัวผู้	maew dtua phôo
Hund (m)	สุนัข	sù-nák

Pferd (n)	ม้า	máa
Hengst (m)	ม้าตัวผู้	máa dtua phôo
Stute (f)	ม้าตัวเมีย	máa dtua mia
Kuh (f)	วัว	wua
Stier (m)	กระทิง	grà-thing
Ochse (m)	วัว	wua
Schaf (n)	แกะตัวเมีย	gàe dtua mia
Widder (m)	แกะตัวผู้	gàe dtua phôo
Ziege (f)	แพะตัวเมีย	pháe dtua mia
Ziegenbock (m)	แพะตัวผู้	pháe dtua phôo
Esel (m)	ลา	laa
Maultier (n)	ลอ	lôr
Schwein (n)	หมู	mǒo
Ferkel (n)	ลูกหมู	lôok mǒo
Kaninchen (n)	กระต่าย	grà-dtàai
Huhn (n)	ไก่ตัวเมีย	gài dtua mia
Hahn (m)	ไก่ตัวผู้	gài dtua phôo
Ente (f)	เป็ดตัวเมีย	bpèt dtua mia
Enterich (m)	เป็ดตัวผู้	bpèt dtua phôo
Gans (f)	ห่าน	hàan
Puter (m)	ไก่งวงตัวผู้	gài nguang dtua phôo
Pute (f)	ไก่งวงตัวเมีย	gài nguang dtua mia
Haustiere (pl)	สัตว์เลี้ยง	sàt líang
zahm	เลี้ยง	líang
zähmen (vt)	เชื่อง	chêuang
züchten (vt)	ขยายพันธุ์	khà-yǎai phan
Farm (f)	ฟาร์ม	faam
Geflügel (n)	สัตว์ปีก	sàt bpèek
Vieh (n)	วัวควาย	wua khwaai
Herde (f)	ฝูง	fǒong
Pferdestall (m)	คอกม้า	khôrk máa
Schweinestall (m)	คอกหมู	khôrk mǒo
Kuhstall (m)	คอกวัว	khôrk wua
Kaninchenstall (m)	คอกกระต่าย	khôrk grà-dtàai
Hühnerstall (m)	เล้าไก่	láo gài

213. Hunde. Hunderassen

Hund (m)	สุนัข	sù-nák
Schäferhund (m)	สุนัขเลี้ยงแกะ	sù-nák líang gàe
Deutsche Schäferhund (m)	เยอรมันเชฟเฟิร์ด	yer-rá-man chayf-fêrt
Pudel (m)	พูเดิ้ล	phoo dêrn
Dachshund (m)	ดัชชุน	dàt chun
Bulldogge (f)	บูลด็อก	boon dòrk

Boxer (m)	บ็อกเซอร์	bòk-sêr
Mastiff (m)	มัสตีฟ	mát-dtèef
Rottweiler (m)	ร็อตไวเลอร์	rót-wai-ler
Dobermann (m)	โดเบอร์แมน	doh-ber-maen

Basset (m)	บาสเซ็ต	bàat-sét
Bobtail (m)	บ็อบเทล	bòp-thayn
Dalmatiner (m)	ดัลเมเชียน	dan-may-chian
Cocker-Spaniel (m)	ค็อกเกอร์สเปเนียล	khórk-gêr sà-bpay-nian

| Neufundländer (m) | นิวฟาวน์ดฮาวน์ดแลนด์ | niw-faao-dà-haao-dà-lǎen |
| Bernhardiner (m) | เซนต์เบอรนารด | sayn ber nâat |

Eskimohund (m)	ฮัสกี้	hát-gêe
Chow-Chow (m)	เชาเชา	chao chao
Spitz (m)	สปิตซ์	sà-bpìt
Mops (m)	ปัก	bpák

214. Tierlaute

Gebell (n)	เสี่ยงเห่า	sìang hào
bellen (vi)	เห่า	hào
miauen (vi)	ร้องเหมียว	rórng mǐeow
schnurren (Katze)	ทำเสียงคราง	tham sìang khraang

muhen (vi)	ร้องมอๆ	rórng mor mor
brüllen (Stier)	ส่งเสียงคำราม	sòng sǐang kham-raam
knurren (Hund usw.)	โฮก	hôhk

Heulen (n)	เสียงหอน	sǐang hǒn
heulen (vi)	หอน	hǒrn
winseln (vi)	ครางหงิงๆ	khraang ngǐng ngǐng

meckern (Ziege)	ร้องแบะๆ	rórng bàe bàe
grunzen (vi)	ร้องอูดๆ	rórng ùut ùut
kreischen (vi)	ร้องเสียงแหลม	rórng sǐang lǎem

quaken (vi)	ร้องอ๊บๆ	rórng ôp ôp
summen (Insekt)	หึ่ง	hèung
zirpen (vi)	ทำเสียงจ๊อกแจ๊ก	tham sǐang jòrk jáek

215. Jungtiere

Tierkind (n)	ลูกสัตว์	lôok sàt
Kätzchen (n)	ลูกแมว	lôok maew
Mausjunge (n)	ลูกหนู	lôok nǒo
Hündchen (n), Welpe (m)	ลูกหมา	lôok mǎa

Häschen (n)	ลูกกระต่ายป่า	lôok grà-dtàai bpàa
Kaninchenjunge (n)	ลูกกระตาย	lôok grà-dtàai
Wolfsjunge (n)	ลูกหมาป่า	lôok mǎa bpàa
Fuchsjunge (n)	ลูกหมาจิงจอก	lôok mǎa jîng-jòk

Bärenjunge (n)	ลูกหมี	lôok mĕe
Löwenjunge (n)	ลูกสิงโต	lôok sĭng dtoh
junger Tiger (m)	ลูกเสือ	lôok sĕua
Elefantenjunge (n)	ลูกช้าง	lôok cháang

Ferkel (n)	ลูกหมู	lôok mŏo
Kalb (junge Kuh)	ลูกวัว	lôok wua
Ziegenkitz (n)	ลูกแพะ	lôok pháe
Lamm (n)	ลูกแกะ	lôok gàe
Hirschkalb (n)	ลูกกวาง	lôok gwaang
Kamelfohlen (n)	ลูกอูฐ	lôok òot

| junge Schlange (f) | ลูกงู | lôok ngoo |
| Fröschlein (n) | ลูกกบ | lôok gòp |

junger Vogel (m)	ลูกนก	lôok nók
Küken (n)	ลูกไก่	lôok gài
Entlein (n)	ลูกเป็ด	lôok bpèt

216. Vögel

Vogel (m)	นก	nók
Taube (f)	นกพิราบ	nók phí-râap
Spatz (m)	นกกระจิบ	nók grà-jìp
Meise (f)	นกติด	nók dtít
Elster (f)	นกสาลิกา	nók săa-lí gaa

Rabe (m)	นกอีกา	nók ee-gaa
Krähe (f)	นกกา	nók gaa
Dohle (f)	นกจำพวกกา	nók jam phûak gaa
Saatkrähe (f)	นกการูค	nók gaa róok

Ente (f)	เป็ด	bpèt
Gans (f)	ห่าน	hàan
Fasan (m)	ไก่ฟ้า	gài fáa

Adler (m)	นกอินทรี	nók in-see
Habicht (m)	นกเหยี่ยว	nók yìeow
Falke (m)	นกเหยี่ยว	nók yìeow
Greif (m)	นกแร้ง	nók ráeng
Kondor (m)	นกแร้งขนาดใหญ่	nók ráeng kà-nàat yài

Schwan (m)	นกหงส์	nók hŏng
Kranich (m)	นกกระเรียน	nók grà rian
Storch (m)	นกกระสา	nók grà-săa

Papagei (m)	นกแก้ว	nók gâew
Kolibri (m)	นกฮัมมิ่งเบิร์ด	nók ham-mîng-bèrt
Pfau (m)	นกยูง	nók yoong

Strauß (m)	นกกระจอกเทศ	nók grà-jòrk-thâyt
Reiher (m)	นกยาง	nók yaang
Flamingo (m)	นกฟลามิงโก	nók flaa-ming-goh
Pelikan (m)	นกกระทุง	nók-grà-thung

| Nachtigall (f) | นกไนติงเกล | nók-nai-dting-gayn |
| Schwalbe (f) | นกนางแอน | nók naang-àen |

Drossel (f)	นกเดินดง	nók dern dong
Singdrossel (f)	นกเดินดงร้องเพลง	nók dern dong rórng phlayng
Amsel (f)	นกเดินดงสีดำ	nók-dern-dong sěe dam

Segler (m)	นกแอ่น	nók àen
Lerche (f)	นกลาร์ค	nók lâak
Wachtel (f)	นกคุม	nók khûm

Specht (m)	นกหัวขวาน	nók hǔa khwǎan
Kuckuck (m)	นกดุเหวา	nók dù hǎy wâa
Eule (f)	นกฮูก	nók hôok
Uhu (m)	นกเค้าใหญ่	nók kháo yài
Auerhahn (m)	ไก่ป่า	gài bpàa
Birkhahn (m)	ไก่ดำ	gài dam
Rebhuhn (n)	นกกระทา	nók-grà-thaa

Star (m)	นกกิ้งโครง	nók-gîng-khrohng
Kanarienvogel (m)	นกขุ่มิน	nók khà-mîn
Haselhuhn (n)	ไก่นำตาล	gài nám dtaan
Buchfink (m)	นกจาบ	nók-jàap
Gimpel (m)	นกบูลฟินช์	nók boon-fin

Möwe (f)	นกนางนวล	nók naang-nuan
Albatros (m)	นกอัลบาทรอส	nók an-baa-thrôt
Pinguin (m)	นกเพนกวิน	nók phayn-gwin

217. Vögel. Gesang und Laute

singen (vt)	ร้องเพลง	rórng phlayng
schreien (vi)	ร้อง	rórng
kikeriki schreien	รองขัน	rórng khǎn
kikeriki	เสียงขัน	sǐang khǎn

gackern (vi)	ร้องกุ๊กๆ	rórng gúk gúk
krächzen (vi)	ร้องเสียงกาๆ	rórng sǐang gaa gaa
schnattern (Ente)	ร้องกาบๆ	rórng gâap gâap
piepsen (vi)	ร้องเสียงจิ๊บ ๆ	rórng sǐang jíp jíp
zwitschern (vi)	รองจอกแจก	rórng jòk jáek

218. Fische. Meerestiere

Brachse (f)	ปลาบรีม	bplaa bpreem
Karpfen (m)	ปลาคาร์ป	bplaa khâap
Barsch (m)	ปลาเพิร์ช	bplaa phêrt
Wels (m)	ปลาดุก	bplaa-dùk
Hecht (m)	ปลาไพค์	bplaa phai

| Lachs (m) | ปลาแซลมอน | bplaa saen-morn |
| Stör (m) | ปลาสเตอร์เจียน | bpláa sà-dtêr jian |

Hering (m)	ปลาเฮอร์ริง	bplaa her-ring
atlantische Lachs (m)	ปลาแซลมอนแอตแลนติก	bplaa saen-mon àet-laen-dtìk
Makrele (f)	ปลาซาบะ	bplaa saa-bà
Scholle (f)	ปลาลิ้นหมา	bplaa lín-mǎa

Zander (m)	ปลาไพค์เพิร์ช	bplaa phái phert
Dorsch (m)	ปลาค็อด	bplaa khót
Tunfisch (m)	ปลาทูนา	bplaa thoo-nâa
Forelle (f)	ปลาเทราท์	bplaa thrau

Aal (m)	ปลาไหล	bplaa lǎi
Zitterrochen (m)	ปลากระเบนไฟฟ้า	bplaa grà-bayn-fai-fáa
Muräne (f)	ปลาไหลมอเรย์	bplaa lǎi mor-ray
Piranha (m)	ปลาปิรันยา	bplaa bpì-ran-yâa

Hai (m)	ปลาฉลาม	bplaa chà-lǎam
Delfin (m)	โลมา	loh-maa
Wal (m)	วาฬ	waan

Krabbe (f)	ปู	bpoo
Meduse (f)	แมงกะพรุน	maeng gà-phrun
Krake (m)	ปลาหมึก	bplaa mèuk

Seestern (m)	ปลาดาว	bplaa daao
Seeigel (m)	หอยเม่น	hǒi mâyn
Seepferdchen (n)	ม้าน้ำ	máa nám

Auster (f)	หอยนางรม	hǒi naang rom
Garnele (f)	กุ้ง	gûng
Hummer (m)	กุ้งมังกร	gûng mang-gon
Languste (f)	กุ้งมังกร	gûng mang-gon

219. Amphibien Reptilien

| Schlange (f) | งู | ngoo |
| Gift-, giftig | พิษ | phít |

Viper (f)	งูแมวเซา	ngoo maew sao
Kobra (f)	งูเห่า	ngoo hào
Python (m)	งูเหลือม	ngoo lěuam
Boa (f)	งูโบอา	ngoo boh-aa

Ringelnatter (f)	งูเล็กที่ไม่เป็นอันตราย	ngoo lék thêe mâi bpen an-dtà-raai
Klapperschlange (f)	งูหางกระดิ่ง	ngoo hǎang grà-dìng
Anakonda (f)	งูอนาคอนดา	ngoo a -naa-khon-daa

Eidechse (f)	กิ้งก่า	gîng-gàa
Leguan (m)	อีกัวนา	ee gua naa
Waran (m)	กิ้งกามอนิเตอร์	gîng-gàa mor-ní-dtêr
Salamander (m)	ซาลาแมนเดอร์	saa-laa-maen-dêr
Chamäleon (n)	กิ้งกาคามิเลียน	gîng-gàa khaa-mí-lian
Skorpion (m)	แมงป่อง	maeng bpòrng
Schildkröte (f)	เต่า	dtào

Frosch (m)	กบ	gòp
Kröte (f)	คางคก	khaang-kók
Krokodil (n)	จระเข้	jor-rá-khây

220. Insekten

Insekt (n)	แมลง	má-laeng
Schmetterling (m)	ผีเสื้อ	phěe sêua
Ameise (f)	มด	mót
Fliege (f)	แมลงวัน	má-laeng wan
Mücke (f)	ยุง	yung
Käfer (m)	แมลงปีกแข็ง	má-laeng bpèek khǎeng

Wespe (f)	ตัวต่อ	dtòr
Biene (f)	ผึ้ง	phêung
Hummel (f)	ผึ้งบัมเบิลปี	phêung bam-bern bee
Bremse (f)	เหลือบ	lèuap

| Spinne (f) | แมงมุม | maeng mum |
| Spinnennetz (n) | ใยแมงมุม | yai maeng mum |

Libelle (f)	แมลงปอ	má-laeng bpor
Grashüpfer (m)	ตั๊กแตน	dták-gà-dtaen
Schmetterling (m)	ผีเสื้อกลางคืน	phěe sêua glaang kheun

Schabe (f)	แมลงสาบ	má-laeng sàap
Zecke (f)	เห็บ	hèp
Floh (m)	หมัด	màt
Kriebelmücke (f)	ริ้น	rín

Heuschrecke (f)	ตั๊กแตน	dták-gà-dtaen
Schnecke (f)	หอยทาก	hǒi thâak
Heimchen (n)	จิ้งหรีด	jîng-rèet
Leuchtkäfer (m)	หิ่งหอย	hìng-hôi
Marienkäfer (m)	แมลงเต่าทอง	má-laeng dtào thorng
Maikäfer (m)	แมงอีนูน	maeng ee noon

Blutegel (m)	ปูลิง	bpling
Raupe (f)	บุ้ง	bûng
Wurm (m)	ไส้เดือน	sâi deuan
Larve (f)	ตัวอ่อน	dtua òrn

221. Tiere. Körperteile

Schnabel (m)	จงอยปาก	ja-ngoi bpàak
Flügel (pl)	ปีก	bpèek
Fuß (m)	เท้า	tháo
Gefieder (n)	ขนนก	khǒn nók
Feder (f)	ขนนก	khǒn nók
Haube (f)	ขนหัว	khǒn hǔa
Kiemen (pl)	เหงือก	ngèuak
Laich (m)	ไข่ปลา	khài-bplaa

Larve (f)	ตัวอ่อน	dtua òrn
Flosse (f)	ครีบ	khrêep
Schuppe (f)	เกล็ด	glèt

Stoßzahn (m)	เขี้ยว	khîeow
Pfote (f)	เท้า	tháo
Schnauze (f)	จมูกและปาก	jà-mòok láe bpàak
Rachen (m)	ปาก	bpàak
Schwanz (m)	หาง	hăang
Barthaar (n)	หนวด	nùat

| Huf (m) | กีบ | gèep |
| Horn (n) | เขา | khăo |

Panzer (m)	กระดอง	grà dorng
Muschel (f)	เปลือก	bplèuak
Schale (f)	เปลือกไข่	bplèuak khài

| Fell (n) | ขน | khŏn |
| Haut (f) | หนัง | năng |

222. Tierverhalten

| fliegen (vi) | บิน | bin |
| herumfliegen (vi) | บินวน | bin-won |

| wegfliegen (vi) | บินไป | bin bpai |
| schlagen (mit den Flügeln ~) | กระพือ | grà-pheu |

| picken (vt) | จิก | jìk |
| bebrüten (vt) | กกไข่ | gòk khài |

| ausschlüpfen (vi) | ฟักตัวออกจากไข่ | fák dtua òrk jàak kài |
| ein Nest bauen | สร้างรัง | sâang rang |

kriechen (vi)	เลื้อย	léuay
stechen (Insekt)	ต่อย	dtòi
beißen (vt)	กัด	gàt

schnüffeln (vt)	ดม	dom
bellen (vi)	เห่า	hào
zischen (vi)	ออกเสียงฟ่อ	òrk sĭang fôr

| erschrecken (vt) | ทำให้...กลัว | tham hâi...glua |
| angreifen (vt) | จู่โจม | jòo johm |

nagen (vi)	ขุบ	khòp
kratzen (vt)	ขวน	khùan
sich verstecken	ซ่อน	sôrn

spielen (vi)	เล่น	lên
jagen (vi)	ล่า	lâa
Winterschlaf halten	จำศีล	jam sĕen
aussterben (vi)	สูญพันธุ์	sŏon phan

223. Tiere. Lebensräume

Lebensraum (f)	ที่อยู่อาศัย	thêe yòo aa-săi
Wanderung (f)	การอพยพ	gaan òp-phá-yóp
Berg (m)	ภูเขา	phoo khăo
Riff (n)	แนวปะการัง	naew bpà-gaa-rang
Fels (m)	หน้าผา	nâa phăa
Wald (m)	ป่า	bpàa
Dschungel (m, n)	ป่าดิบชื้น	bpàa dìp chéun
Savanne (f)	สะวันนา	sà wan naa
Tundra (f)	ทันดรา	than-draa
Steppe (f)	ทุ่งหญ้าสเตปป์	thûng yâa sà-dtàyp
Wüste (f)	ทะเลทราย	thá-lay saai
Oase (f)	โอเอซิส	oh-ay-sít
Meer (n), See (f)	ทะเล	thá-lay
See (m)	ทะเลสาบ	thá-lay sàap
Ozean (m)	มหาสมุทร	má-hăa sà-mùt
Sumpf (m)	บึง	beung
Süßwasser-	น้ำจืด	nám jèut
Teich (m)	บ่อน้ำ	bòr náam
Fluss (m)	แม่น้ำ	mâe náam
Höhle (f), Bau (m)	ถ้ำสัตว์	thâm sàt
Nest (n)	รัง	rang
Höhlung (f)	โพรงไม้	phrohng máai
Loch (z.B. Wurmloch)	โพรง	phrohng
Ameisenhaufen (m)	รังมด	rang mót

224. Tierpflege

Zoo (m)	สวนสัตว์	sŭan sàt
Schutzgebiet (n)	เขตสงวน ธรรมชาติ	khàyt sà-ngŭan tham-má-châat
Zucht (z.B. Hunde~)	ที่ขยายพันธุ์	thêe khà-yăai phan
Freigehege (n)	กรง	grorng
Käfig (m)	กรง	grorng
Hundehütte (f)	บ้านสุนัข	baan sù-nák
Taubenschlag (m)	บ้านนกพิราบ	bâan nók phí-râap
Aquarium (n)	ตู้ปลา	dtôo bplaa
Delphinarium (n)	บ่อโลมา	bòr loh-maa
züchten (vt)	ขยายพันธุ์	khà-yăai phan
Wurf (m)	ลูกสัตว์	lôok sàt
zähmen (vt)	เชื่อง	chêuang
dressieren (vt)	ฝึก	fèuk
Futter (n)	อาหาร	aa-hăan

füttern (vt)	ให้อาหาร	hâi aa-hǎan
Zoohandlung (f)	ร้านสัตว์เลี้ยง	ráan sàt líang
Maulkorb (m)	ตะกร้อปาก	dtà-grôr bpàak
Halsband (n)	ปลอกคอ	bplòrk kor
Rufname (m)	ชื่อ	chêu
Stammbaum (m)	สายพันธุ์	sǎai phan

225. Tiere. Verschiedenes

Rudel (Wölfen)	ฝูง	fǒong
Vogelschwarm (m)	ฝูง	fǒong
Schwarm (~ Heringe usw.)	ฝูง	fǒong
Pferdeherde (f)	ฝูง	fǒong
Männchen (n)	ตัวผู้	dtua phôo
Weibchen (n)	ตัวเมีย	dtua mia
hungrig	หิว	hǐw
wild	ป่า	bpàa
gefährlich	อันตราย	an-dtà-raai

226. Pferde

Pferd (n)	ม้า	máa
Rasse (f)	พันธุ์	phan
Fohlen (n)	ลูกม้า	lôok máa
Stute (f)	ม้าตัวเมีย	máa dtua mia
Mustang (m)	ม้าป่า	máa bpàa
Pony (n)	ม้าพันธุ์เล็ก	máa phan lék
schweres Zugpferd (n)	ม้างาน	máa ngaan
Mähne (f)	แผงคอ	phǎeng khor
Schwanz (m)	หาง	hǎang
Huf (m)	กีบ	gèep
Hufeisen (n)	เกือก	gèuak
beschlagen (vt)	ใส่เกือก	sài gèuak
Schmied (m)	ช่างเหล็ก	châang lèk
Sattel (m)	อานม้า	aan máa
Steigbügel (m)	โกลน	glohn
Zaum (m)	บังเหียน	bang hǐan
Zügel (pl)	สายบังเหียน	sǎai bang hǐan
Peitsche (f)	แส้	sâe
Reiter (m)	นักขี่ม้า	nák khèe máa
satteln (vt)	ใส่อานม้า	sài aan máa
besteigen (vt)	ขึ้นขี่ม้า	khêun khèe máa
Galopp (m)	การควบม้า	gaan khûap máa
galoppieren (vi)	ควบม้า	khûap máa

Trab (m)	การเหยาะย่าง	gaan yòr yâang
im Trab	แบบเหยาะยาง	bàep yòr yâang
traben (vi)	เหยาะยาง	yòr yâang

| Rennpferd (n) | ม้าแข่ง | máa khàeng |
| Rennen (n) | การแข่งม้า | gaan khàeng máa |

Pferdestall (m)	คอกม้า	khôrk máa
füttern (vt)	ให้อาหาร	hâi aa-hăan
Heu (n)	หญ้าแหง	yâa hâeng
tränken (vt)	ให้น้ำ	hâi nám
striegeln (vt)	ทำความสะอาด	tham khwaam sà-àat

Pferdewagen (m)	รถเทียมม้า	rót thiam máa
weiden (vi)	เล็มหญ้า	lem yâa
wiehern (vi)	ร้องฮี้ๆ	rórng híí híí
ausschlagen (Pferd)	ถีบ	thèep

Flora

227. Bäume

Baum (m)	ต้นไม้	dtôn máai
Laub-	ผลัดใบ	phlàt bai
Nadel-	สน	sŏn
immergrün	ซึ่งเขียวชอุ่ม	sêung khĭeow chá-ùm
	ตลอดปี	dtà-lòrt bpee
Apfelbaum (m)	ต้นแอปเปิ้ล	dtôn àep-bpêrn
Birnbaum (m)	ตูนแพร	dtôn phae
Süßkirschbaum (m)	ตูนเชอร์รี่ป่า	dtôn cher-rêe bpàa
Sauerkirschbaum (m)	ตูนเชอรรี่	dtôn cher-rêe
Pflaumenbaum (m)	ตนพลัม	dtôn phlam
Birke (f)	ต้นเบิร์ช	dtôn bèrt
Eiche (f)	ตูนโอ๊ค	dtôn óhk
Linde (f)	ตนไมดอกเหลือง	dtôn máai dòrk lĕuang
Espe (f)	ต้นแอสเพน	dtôn ae sà-phayn
Ahorn (m)	ตนเมเปิ้ล	dtôn may bpêrn
Fichte (f)	ต้นเฟอร์	dtôn fer
Kiefer (f)	ตูนเกี๊ยะ	dtôn gía
Lärche (f)	ตนลารช	dtôn lâat
Tanne (f)	ต้นเฟอร์	dtôn fer
Zeder (f)	ตนซีดาร	dtôn-see-daa
Pappel (f)	ต้นปอปลาร์	dtôn bpor-bplaa
Vogelbeerbaum (m)	ตนโรแวน	dtôn-roh-waen
Weide (f)	ต้นวิลโลว์	dtôn win-loh
Erle (f)	ตนอัลเดอร	dtôn an-dêr
Buche (f)	ต้นบีช	dtôn bèet
Ulme (f)	ตนเอลม	dtôn elm
Esche (f)	ต้นแอช	dtôn aesh
Kastanie (f)	ตนเกาลัด	dtôn gao lát
Magnolie (f)	ต้นแมกโนเลีย	dtôn mâek-noh-lia
Palme (f)	ตูนปาลม	dtôn bpaam
Zypresse (f)	ตนไซเปรส	dtôn-sai-bpràyt
Mangrovenbaum (m)	ต้นโกงกาง	dtôn gohng gaang
Baobab (m)	ตูนเบาบับ	dtôn bao-bàp
Eukalyptus (m)	ตูนยูคาลิปตัส	dtôn yoo-khaa-líp-dtàt
Mammutbaum (m)	ตนสนซีคัวยา	dtôn sŏn see kua yaa

228. Büsche

Strauch (m)	พุ่มไม้	phûm máai
Gebüsch (n)	ตันไม้พุ่ม	dtôn máai phûm
Weinstock (m)	ต้นองุ่น	dtôn a-ngùn
Weinberg (m)	ไร่องุ่น	râi a-ngùn
Himbeerstrauch (m)	พุ่มราสเบอร์รี่	phûm râat-ber-rêe
schwarze Johannisbeere (f)	พุ่มแบล็คเคอร์แรนท์	phûm blàek-khêr-raen
rote Johannisbeere (f)	พุ่มเรดเคอร์แรนท์	phûm râyt-khêr-raen
Stachelbeerstrauch (m)	พุ่มกูสเบอร์รี่	phûm gòot-ber-rêe
Akazie (f)	ต้นอาเคเซีย	dtôn aa-khay-chia
Berberitze (f)	ตันบาร์เบอร์รี่	dtôn baa-ber-rêe
Jasmin (m)	มะลิ	má-lí
Wacholder (m)	ต้นจูนิเปอร์	dtôn joo-ní-bper
Rosenstrauch (m)	พุ่มกุหลาบ	phûm gù làap
Heckenrose (f)	พุ่มดอกโรส	phûm dòrk-rôht

229. Pilze

Pilz (m)	เห็ด	hèt
essbarer Pilz (m)	เห็ดกินได้	hèt gin dâai
Giftpilz (m)	เห็ดมีพิษ	hèt mee pít
Hut (m)	ดอกเห็ด	dòrk hèt
Stiel (m)	ตนเห็ด	dtôn hèt
Steinpilz (m)	เห็ดพอร์ชินี	hèt phor chí nee
Rotkappe (f)	เห็ดพอร์ชินีดอกเหลือง	hèt phor chí nee dòrk lĕuang
Birkenpilz (m)	เห็ดตับเต่าที่ขึ้นบนตนเบิร์ช	hèt dtàp dtào thêe khêun bon dtôn-bèrt
Pfifferling (m)	เห็ดก่อเหลือง	hèt gòr lĕuang
Täubling (m)	เห็ดตะไค	hèt dtà khai
Morchel (f)	เห็ดมอเรล	hèt mor rayn
Fliegenpilz (m)	เห็ดพิษหมวกแดง	hèt phít mùak daeng
Grüner Knollenblätterpilz	เห็ดระโงกหิน	hèt rá ngôhk hĭn

230. Obst. Beeren

Frucht (f)	ผลไม้	phŏn-lá-máai
Früchte (pl)	ผลไม้	phŏn-lá-máai
Apfel (m)	แอปเปิ้ล	àep-bpêrn
Birne (f)	ลูกแพร	lôok phae
Pflaume (f)	พลัม	phlam
Erdbeere (f)	สตรอว์เบอร์รี่	sà-dtror-ber-rêe
Sauerkirsche (f)	เชอร์รี่	cher-rêe

| Süßkirsche (f) | เชอรรีป่า | cher-rêe bpàa |
| Weintrauben (pl) | องุน | a-ngùn |

Himbeere (f)	ราสเบอรรี	râat-ber-rêe
schwarze Johannisbeere (f)	แบล็คเคอรแรนท	blàek khêr-raen
rote Johannisbeere (f)	เรดเคอรแรนท	râyt-khêr-raen
Stachelbeere (f)	กูสเบอรรี	gòot-ber-rêe
Moosbeere (f)	แครนเบอรรี	khraen-ber-rêe

Apfelsine (f)	สม	sôm
Mandarine (f)	สมแมนดาริน	sôm maen daa rin
Ananas (f)	สับปะรด	sàp-bpà-rót
Banane (f)	กลวย	glûay
Dattel (f)	อินทผลัม	in-thá-phâ-lam

Zitrone (f)	เลมอน	lay-mon
Aprikose (f)	แอปริคอท	ae-bprì-khôrt
Pfirsich (m)	ลูกทอ	lôok thór
Kiwi (f)	กีวี	gee wee
Grapefruit (f)	สมโอ	sôm oh

Beere (f)	เบอรรี	ber-rêe
Beeren (pl)	เบอรรี	ber-rêe
Preiselbeere (f)	คาวเบอรรี	khaao-ber-rêe
Walderdbeere (f)	สตรอวเบอรรีป่า	sá-dtrorw ber-rêe bpàa
Heidelbeere (f)	บิลเบอรรี	bil-ber-rêe

231. Blumen. Pflanzen

| Blume (f) | ดอกไม้ | dòrk máai |
| Blumenstrauß (m) | ชอดอกไม้ | chôr dòrk máai |

Rose (f)	ดอกกุหลาบ	dòrk gù làap
Tulpe (f)	ดอกทิวลิป	dòrk thiw-líp
Nelke (f)	ดอกคารเนชั่น	dòrk khaa-nay-chân
Gladiole (f)	ดอกแกลดิโอลัส	dòrk gaen-dì-oh-lát

Kornblume (f)	ดอกคอรนฟลาวเวอร	dòrk khon-flaao-wer
Glockenblume (f)	ดอกระฆัง	dòrk rá-khang
Löwenzahn (m)	ดอกแดนดิไลอออน	dòrk daen-dì-lai-on
Kamille (f)	ดอกคาโมมายล	dòrk khaa-moh maai

Aloe (f)	วานหางจระเข	wâan-hăang-jor-rá-khây
Kaktus (m)	ตะบองเพชร	dtà-bong-phét
Gummibaum (m)	ตนเลียบ	dtôn lîap

Lilie (f)	ดอกลิลี่	dòrk lí-lêe
Geranie (f)	ดอกเจอราเนียม	dòrk jer-raa-niam
Hyazinthe (f)	ดอกไฮอะซินท	dòrk hai-a-sin

Mimose (f)	ดอกไมยราบ	dòrk mai râap
Narzisse (f)	ดอกนารซิสซัส	dòrk naa-sít-sát
Kapuzinerkresse (f)	ดอกแนสเตอรชัม	dòrk nâet-dtêr-cham
Orchidee (f)	ดอกกลวยไม	dòrk glûay máai

| Pfingstrose (f) | ดอกโบตั๋น | dòrk boh-dtăn |
| Veilchen (n) | ดอกไวโอเล็ต | dòrk wai-oh-lét |

Stiefmütterchen (n)	ดอกแพนซี	dòrk phaen-see
Vergissmeinnicht (n)	ดอกฟอร์เก็ตมีน็อต	dòrk for-gèt-mee-nót
Gänseblümchen (n)	ดอกเดซี	dòrk day see

Mohn (m)	ดอกป๊อปปี้	dòrk bpóp-bpêe
Hanf (m)	กัญชา	gan chaa
Minze (f)	สะระแหน่	sà-rá-nàe

| Maiglöckchen (n) | ดอกลิลลี่แห่งหุบเขา | dòrk lí-lá-lêe hàeng hùp khăo |
| Schneeglöckchen (n) | ดอกหยาดหิมะ | dòrk yàat hì-má |

Brennnessel (f)	ตำแย	dtam-yae
Sauerampfer (m)	ซอร์เรล	sor-rayn
Seerose (f)	บัว	bua
Farn (m)	เฟิร์น	fern
Flechte (f)	ไลเคน	lai-khayn

Gewächshaus (n)	เรือนกระจก	reuan grà-jòk
Rasen (m)	สนามหญ้า	sà-năam yâa
Blumenbeet (n)	สนามดอกไม้	sà-năam-dòrk-máai

Pflanze (f)	พืช	phêut
Gras (n)	หญ้า	yâa
Grashalm (m)	ใบหญ้า	bai yâa

Blatt (n)	ใบไม้	bai máai
Blütenblatt (n)	กลีบดอก	glèep dòrk
Stiel (m)	ลำต้น	lam dtôn
Knolle (f)	หัวใต้ดิน	hǔa dtâi din

| Jungpflanze (f) | ต้นอ่อน | dtôn òrn |
| Dorn (m) | หนาม | năam |

blühen (vi)	บาน	baan
welken (vi)	เหี่ยว	hìeow
Geruch (m)	กลิ่น	glìn
abschneiden (vt)	ตัด	dtàt
pflücken (vt)	เด็ด	dèt

232. Getreide, Körner

Getreide (n)	เมล็ด	má-lét
Getreidepflanzen (pl)	ธัญพืช	than-yá-phêut
Ähre (f)	รวงข้าว	ruang khâao

Weizen (m)	ข้าวสาลี	khâao sǎa-lee
Roggen (m)	ข้าวไรย์	khâao rai
Hafer (m)	ข้าวโอต	khâao óht
Hirse (f)	ข้าวฟ่าง	khâao fâang
Gerste (f)	ข้าวบาร์เลย์	khâao baa-lây
Mais (m)	ข้าวโพด	khâao-phôht

Reis (m)	ข้าว	khâao
Buchweizen (m)	บัควีท	bàk-wêet

Erbse (f)	ถั่วลันเตา	thùa-lan-dtao
weiße Bohne (f)	ถั่วรูปไต	thùa rôop dtai
Sojabohne (f)	ถั่วเหลือง	thùa lĕuang
Linse (f)	ถั่วเลนทิล	thùa layn thin
Bohnen (pl)	ถั่ว	thùa

233. Gemüse. Grünzeug

Gemüse (n)	ผัก	phàk
grünes Gemüse (pl)	ผักใบเขียว	phàk bai khĭeow

Tomate (f)	มะเขือเทศ	má-khĕua thâyt
Gurke (f)	แตงกวา	dtaeng-gwaa
Karotte (f)	แครอท	khae-rót
Kartoffel (f)	มันฝรั่ง	man fà-ràng
Zwiebel (f)	หัวหอม	hŭa hŏrm
Knoblauch (m)	กระเทียม	grà-thiam

Kohl (m)	กะหล่ำปลี	gà-làm bplee
Blumenkohl (m)	ดอกกะหล่ำ	dòrk gà-làm
Rosenkohl (m)	กะหล่ำดาว	gà-làm-daao
Brokkoli (m)	บร็อคโคลี่	bròrk-khoh-lêe

Rote Bete (f)	บีท	beet
Aubergine (f)	มะเขือยาว	má-khĕua-yaao
Zucchini (f)	ซูกินี	soo-gi -nee
Kürbis (m)	ฟักทอง	fák-thorng
Rübe (f)	หัวผักกาด	hŭa-phàk-gàat

Petersilie (f)	ผักชีฝรั่ง	phàk chee fà-ràng
Dill (m)	ผักชีลาว	phàk-chee-laao
Kopf Salat (m)	ผักกาดหอม	phàk gàat hŏrm
Sellerie (m)	คื่นฉ่าย	khêun-châai
Spargel (m)	หน่อไม้ฝรั่ง	nòr máai fà-ràng
Spinat (m)	ผักโขม	phàk khŏm

Erbse (f)	ถั่วลันเตา	thùa-lan-dtao
Bohnen (pl)	ถั่ว	thùa
Mais (m)	ข้าวโพด	khâao-phôht
weiße Bohne (f)	ถั่วรูปไต	thùa rôop dtai

Pfeffer (m)	พริกหยวก	phrík-yùak
Radieschen (n)	หัวผักกาดแดง	hŭa-phàk-gàat daeng
Artischocke (f)	อาร์ติโชค	aa dtì chôhk

REGIONALE GEOGRAPHIE

Länder. Nationalitäten

234. Westeuropa

Europa (n)	ยุโรป	yú-ròhp
Europäische Union (f)	สหภาพยุโรป	sà-hà phâap yú-rôhp
Europäer (m)	คนยุโรป	khon yú-rôhp
europäisch	ยุโรป	yú-ròhp
Österreich	ประเทศออสเตรีย	bprà-thâyt òt-dtria
Österreicher (m)	คนออสเตรีย	khon òt-dtria
Österreicherin (f)	คนออสเตรีย	khon òt-dtria
österreichisch	ออสเตรีย	òrt-dtria
Großbritannien	บริเตนใหญ่	brì-dtayn yài
England	ประเทศอังกฤษ	bprà-thâyt ang-grìt
Brite (m)	คนอังกฤษ	khon ang-grìt
Britin (f)	คนอังกฤษ	khon ang-grìt
englisch	อังกฤษ	ang-grìt
Belgien	ประเทศเบลเยียม	bprà-thâyt bayn-yiam
Belgier (m)	คนเบลเยียม	khon bayn-yiam
Belgierin (f)	คนเบลเยียม	khon bayn-yiam
belgisch	เบลเยียม	bayn-yiam
Deutschland	ประเทศเยอรมนี	bprà-thâyt yer-rá-ma-nee
Deutsche (m)	คนเยอรมัน	khon yer-rá-man
Deutsche (f)	คนเยอรมัน	khon yer-rá-man
deutsch	เยอรมัน	yer-rá-man
Niederlande (f)	ประเทศเนเธอร์แลนด์	bprà-thâyt nay-ther-laen
Holland (n)	ประเทศฮอลแลนด	bprà-thâyt hon-laen
Holländer (m)	คนเนเธอร์แลนด์	khon nay-ther-laen
Holländerin (f)	คนเนเธอร์แลนด์	khon nay-ther-laen
holländisch	เนเธอร์แลนด	nay-ter-laen
Griechenland	ประเทศกรีซ	bprà-thâyt grèet
Grieche (m)	คนกรีก	khon grèek
Griechin (f)	คนกรีก	khon grèek
griechisch	กรีซ	grèet
Dänemark	ประเทศเดนมาร์ก	bprà-thâyt dayn-màak
Däne (m)	คนเดนมาร์ก	khon dayn-màak
Dänin (f)	คนเดนมาร์ก	khon dayn-màak
dänisch	เดนมาร์ก	dayn-màak
Irland	ประเทศไอร์แลนด์	bprà-thâyt ai-laen
Ire (m)	คนไอริช	khon ai-rít

| Irin (f) | คนไอริช | khon ai-rít |
| irisch | ไอร์แลนด์ | ai-laen |

Island	ประเทศไอซ์แลนด์	bprà-thâyt ai-laen
Isländer (m)	คนไอซ์แลนด์	khon ai-laen
Isländerin (f)	คนไอซ์แลนด์	khon ai-laen
isländisch	ไอซ์แลนด์	ai-laen

Spanien	ประเทศสเปน	bprà-thâyt sà-bpayn
Spanier (m)	คนสเปน	khon sà-bpayn
Spanierin (f)	คนสเปน	khon sà-bpayn
spanisch	สเปน	sà-bpayn

Italien	ประเทศอิตาลี	bprà-thâyt i-dtaa-lee
Italiener (m)	คนอิตาเลียน	khon i-dtaa-lian
Italienerin (f)	คนอิตาเลียน	khon i-dtaa-lian
italienisch	อิตาลี	i-dtaa-lee

Zypern	ประเทศไซปรัส	bprà-thâyt sai-bpràt
Zypriot (m)	คนไซปรัส	khon sai-bpràt
Zypriotin (f)	คนไซปรัส	khon sai-bpràt
zyprisch	ไซปรัส	sai-bpràt

Malta	ประเทศมอลตา	bprà-thâyt mon-dtaa
Malteser (m)	คนมอลตา	khon mon-dtaa
Malteserin (f)	คนมอลตา	khon mon-dtaa
maltesisch	มอลตา	mon-dtâa

Norwegen	ประเทศนอร์เวย์	bprà-thâyt nor-way
Norweger (m)	คนนอร์เวย์	khon nor-way
Norwegerin (f)	คนนอร์เวย์	khon nor-way
norwegisch	นอร์เวย	nor-way

Portugal	ประเทศโปรตุเกส	bprà-thâyt bproh-dtù-gàyt
Portugiese (m)	คนโปรตุเกส	khon bproh-dtù-gàyt
Portugiesin (f)	คนโปรตุเกส	khon bproh-dtù-gàyt
portugiesisch	โปรตุเกส	bproh-dtù-gàyt

Finnland	ประเทศฟินแลนด์	bprà-thâyt fin-laen
Finne (m)	คนฟินแลนด์	khon fin-laen
Finnin (f)	คนฟินแลนด์	khon fin-laen
finnisch	ฟินแลนด์	fin-laen

Frankreich	ประเทศฝรั่งเศส	bprà-thâyt fà-ràng-sàyt
Franzose (m)	คนฝรั่งเศส	khon fà-ràng-sàyt
Französin (f)	คนฝรั่งเศส	khon fà-ràng-sàyt
französisch	ฝรั่งเศส	fà-ràng-sàyt

Schweden	ประเทศสวีเดน	bprà-thâyt sà-wĕe-dayn
Schwede (m)	คนสวีเดน	khon sà-wĕe-dayn
Schwedin (f)	คนสวีเดน	khon sà-wĕe-dayn
schwedisch	สวีเดน	sà-wĕe-dayn

Schweiz (f)	ประเทศสวิตเซอร์แลนด์	bprà-thâyt sà-wìt-sêr-laen
Schweizer (m)	คนสวิส	khon sà-wìt
Schweizerin (f)	คนสวิส	khon sà-wìt

schweizerisch	สวิส	sà-wìt
Schottland	ประเทศสก็อตแลนด์	bprà-thâyt sà-gòt-laen
Schotte (m)	คนสก็อต	khon sà-gòt
Schottin (f)	คนสก็อต	khon sà-gòt
schottisch	สก็อตแลนด์	sà-gòt-laen
Vatikan (m)	นครรัฐวาติกัน	ná-khon rát waa-dtì-gan
Liechtenstein	ประเทศลิกเตนสไตน์	bprà-thâyt lík-tay-ná-sà-dtai
Luxemburg	ประเทศลักเซมเบิร์ก	bprà-thâyt lák-saym-bèrk
Monaco	ประเทศโมนาโก	bprà-thâyt moh-naa-goh

235. Mittel- und Osteuropa

Albanien	ประเทศแอลเบเนีย	bprà-thâyt aen-bay-nia
Albaner (m)	คนแอลเบเนีย	khon aen-bay-nia
Albanerin (f)	คนแอลเบเนีย	khon aen-bay-nia
albanisch	แอลเบเนีย	aen-bay-nia
Bulgarien	ประเทศบัลแกเรีย	bprà-thâyt ban-gae-ria
Bulgare (m)	คนบัลแกเรีย	khon ban-gae-ria
Bulgarin (f)	คนบัลแกเรีย	khon ban-gae-ria
bulgarisch	บัลแกเรีย	ban-gae-ria
Ungarn	ประเทศฮังการี	bprà-thâyt hang-gaa-ree
Ungar (m)	คนฮังการี	khon hang-gaa-ree
Ungarin (f)	คนฮังการี	khon hang-gaa-ree
ungarisch	ฮังการี	hang-gaa-ree
Lettland	ประเทศลัตเวีย	bprà-thâyt lát-wia
Lette (m)	คนลัตเวีย	khon lát-wia
Lettin (f)	คนลัตเวีย	khon lát-wia
lettisch	ลัตเวีย	lát-wia
Litauen	ประเทศลิทัวเนีย	bprà-thâyt lí-thua-nia
Litauer (m)	คนลิทัวเนีย	khon lí-thua-nia
Litauerin (f)	คนลิทัวเนีย	khon lí-thua-nia
litauisch	ลิทัวเนีย	lí-thua-nia
Polen	ประเทศโปแลนด์	bprà-thâyt bpoh-laen
Pole (m)	คนโปแลนด์	khon bpoh-laen
Polin (f)	คนโปแลนด์	khon bpoh-laen
polnisch	โปแลนด์	bpoh-laen
Rumänien	ประเทศโรมาเนีย	bprà-thâyt roh-maa-nia
Rumäne (m)	คนโรมาเนีย	khon roh-maa-nia
Rumänin (f)	คนโรมาเนีย	khon roh-maa-nia
rumänisch	โรมาเนีย	roh-maa-nia
Serbien	ประเทศเซอร์เบีย	bprà-thâyt sêr-bia
Serbe (m)	คนเซอร์เบีย	khon sêr-bia
Serbin (f)	คนเซอร์เบีย	khon sêr-bia
serbisch	เซอร์เบีย	sêr-bia
Slowakei (f)	ประเทศสโลวาเกีย	bprà-thâyt sà-loh-waa-gia
Slowake (m)	คนสโลวาเกีย	khon sà-loh-waa-gia

| Slowakin (f) | คนสโลวาเกีย | khon sà-loh-waa-gia |
| slowakisch | สโลวาเกีย | sà-loh-waa-gia |

Kroatien	ประเทศโครเอเชีย	bprà-thâyt khroh-ay-chia
Kroate (m)	คนโครเอเชีย	khon khroh-ay-chia
Kroatin (f)	คนโครเอเชีย	khon khroh-ay-chia
kroatisch	โครเอเชีย	khroh-ay-chia

Tschechien	ประเทศเช็กเกีย	bprà-thâyt chék-gia
Tscheche (m)	คนเช็ก	khon chék
Tschechin (f)	คนเช็ก	khon chék
tschechisch	เช็กเกีย	chék-gia

Estland	ประเทศเอสโตเนีย	bprà-thâyt àyt-dtoh-nia
Este (m)	คนเอสโตเนีย	khon àyt-dtoh-nia
Estin (f)	คนเอสโตเนีย	khon àyt-dtoh-nia
estnisch	เอสโตเนีย	àyt-dtoh-nia

Bosnien und Herzegowina	ประเทศบอสเนีย และเฮอรเซโกวินา	bprà-thâyt bòt-nia láe her-say-goh-wí-naa
Makedonien	ประเทศมาซิโดเนีย	bprà-thâyt maa-sí-doh-nia
Slowenien	ประเทศสโลวีเนีย	bprà-thâyt sà-loh-wee-nia
Montenegro	ประเทศ มอนเตเนโกร	bprà-thâyt mon-dtay-nay-groh

236. Frühere UdSSR Republiken

Aserbaidschan	ประเทศอาเซอรไบจาน	bprà-thâyt aa-sêr-bai-jaan
Aserbaidschaner (m)	คนอาเซอรไบจาน	khon aa-sêr-bai-jaan
Aserbaidschanerin (f)	คนอาเซอรไบจาน	khon aa-sêr-bai-jaan
aserbaidschanisch	อาเซอรไบจาน	aa-sêr-bai-jaan

Armenien	ประเทศอารเมเนีย	bprà-thâyt aa-may-nia
Armenier (m)	คนอารเมเนีย	khon aa-may-nia
Armenierin (f)	คนอารเมเนีย	khon aa-may-nia
armenisch	อารเมเนีย	aa-may-nia

Weißrussland	ประเทศเบลารุส	bprà-thâyt blao-rút
Weißrusse (m)	คนเบลารุส	khon blao-rút
Weißrussin (f)	คนเบลารุส	khon blao-rút
weißrussisch	เบลารุส	blao-rút

Georgien	ประเทศจอรเจีย	bprà-thâyt jor-jia
Georgier (m)	คนจอรเจีย	khon jor-jia
Georgierin (f)	คนจอรเจีย	khon jor-jia
georgisch	จอรเจีย	jor-jia

Kasachstan	ประเทศคาซัคสถาน	bprà-thâyt khaa-sák-sà-thăan
Kasache (m)	คนคาซัคสถาน	khon khaa-sák-sà-thăan
Kasachin (f)	คนคาซัคสถาน	khon khaa-sák-sà-thăan
kasachisch	คาซัคสถาน	khaa-sák-sà-thăan

| Kirgise (m) | คนคีรกีซสถาน | khon khee-gèet-sà-thăan |
| Kirgisin (f) | คนคีรกีซสถาน | khon khee-gèet-sà-thăan |

| kirgisisch | คีร์กีซสถาน | khee-gèet-sà-thǎan |
| Kirgisien | ประเทศ
คีร์กีซสถาน | bprà-thâyt khee-gèet--
à-thǎan |

Moldawien	ประเทศมอลโดวา	bprà-thâyt mon-doh-waa
Moldauer (m)	คนมอลโดวา	khon mon-doh-waa
Moldauerin (f)	คนมอลโดวา	khon mon-doh-waa
moldauisch	มอลโดวา	mon-doh-waa

Russland	ประเทศรัสเซีย	bprà-thâyt rát-sia
Russe (m)	คนรัสเซีย	khon rát-sia
Russin (f)	คนรัสเซีย	khon rát-sia
russisch	รัสเซีย	rát-sia

Tadschikistan	ประเทศทาจิกิสถาน	bprà-thâyt thaa-jì-gìt-thǎan
Tadschike (m)	คนทาจิกิสถาน	khon thaa-jì-gìt-thǎan
Tadschikin (f)	คนทาจิกิสถาน	khon thaa-jì-gìt-thǎan
tadschikisch	ทาจิกิสถาน	thaa-jì-gìt-thǎan

Turkmenistan	ประเทศ เติร์กเมนิสถาน	bprà-thâyt dtèrk-may-nít-thǎan
Turkmene (m)	คนเติร์กเมนิสถาน	khon dtèrk-may-nít-thǎan
Turkmenin (f)	คนเติร์กเมนิสถาน	khon dtèrk-may-nít-thǎan
turkmenisch	เติร์กเมนิสถาน	dtèrk-may-nít-thǎan

Usbekistan	ประเทศอุซเบกิสถาน	bprà-thâyt ùt-bay-gìt-thǎan
Usbeke (m)	คนอุซเบกิสถาน	khon ùt-bay-gìt-thǎan
Usbekin (f)	คนอุซเบกิสถาน	khon ùt-bay-gìt-thǎan
usbekisch	อุซเบกิสถาน	ùt-bay-gìt-thǎan

Ukraine (f)	ประเทศยูเครน	bprà-thâyt yoo-khrayn
Ukrainer (m)	คนยูเครน	khon yoo-khrayn
Ukrainerin (f)	คนยูเครน	khon yoo-khrayn
ukrainisch	ยูเครน	yoo-khrayn

237. Asien

| Asien | เอเชีย | ay-chia |
| asiatisch | เอเชีย | ay-chia |

Vietnam	ประเทศเวียดนาม	bprà-thâyt wîat-naam
Vietnamese (m)	คนเวียดนาม	khon wîat-naam
Vietnamesin (f)	คนเวียดนาม	khon wîat-naam
vietnamesisch	เวียดนาม	wîat-naam

Indien	ประเทศอินเดีย	bprà-thâyt in-dia
Inder (m)	คนอินเดีย	khon in-dia
Inderin (f)	คนอินเดีย	khon in-dia
indisch	อินเดีย	in-dia

Israel	ประเทศอิสราเอล	bprà-thâyt ìt-sà-rǎa-ayn
Israeli (m)	คนอิสราเอล	khon ìt-sà-rǎa-ayn
Israeli (f)	คนอิสราเอล	khon ìt-sà-rǎa-ayn
israelisch	อิสราเอล	ìt-sà-rǎa-ayn

Jude (m)	คนยิว	khon yiw
Jüdin (f)	คนยิว	khon yiw
jüdisch	ยิว	yiw
China	ประเทศจีน	bprà-thâyt jeen
Chinese (m)	คนจีน	khon jeen
Chinesin (f)	คนจีน	khon jeen
chinesisch	จีน	jeen
Koreaner (m)	คนเกาหลี	khon gao-lĕe
Koreanerin (f)	คนเกาหลี	khon gao-lĕe
koreanisch	เกาหลี	gao-lĕe
Libanon (m)	ประเทศเลบานอน	bprà-thâyt lay-baa-non
Libanese (m)	คนเลบานอน	khon lay-baa-non
Libanesin (f)	คนเลบานอน	khon lay-baa-non
libanesisch	เลบานอน	lay-baa-non
Mongolei (f)	ประเทศมองโกเลีย	bprà-thâyt mong-goh-lia
Mongole (m)	คนมองโกล	khon mong-gloh
Mongolin (f)	คนมองโกล	khon mong-gloh
mongolisch	มองโกเลีย	mong-goh-lia
Malaysia	ประเทศมาเลเซีย	bprà-thâyt maa-lay-sia
Malaie (m)	คนมาเลย์	khon maa-lây
Malaiin (f)	คนมาเลย์	khon maa-lây
malaiisch	มาเลเซีย	maa-lay-sia
Pakistan	ประเทศปากีสถาน	bprà-thâyt bpaa-gèet-thăan
Pakistaner (m)	คนปากีสถาน	khon bpaa-gèet-thăan
Pakistanerin (f)	คนปากีสถาน	khon bpaa-gèet-thăan
pakistanisch	ปากีสถาน	bpaa-gèet-thăan
Saudi-Arabien	ประเทศ ซาอุดิอาระเบีย	bprà-thâyt saa-u-dì aa-ra-bia
Araber (m)	คนอาหรับ	khon aa-ràp
Araberin (f)	คนอาหรับ	khon aa-ràp
arabisch	อาหรับ	aa-ràp
Thailand	ประเทศไทย	bprà-tâyt thai
Thailänder (m)	คนไทย	khon thai
Thailänderin (f)	คนไทย	khon thai
thailändisch	ไทย	thai
Taiwan	ไต้หวัน	dtâi-wăn
Taiwaner (m)	คนไต้หวัน	khon dtâi-wăn
Taiwanerin (f)	คนไต้หวัน	khon dtâi-wăn
taiwanisch	ไต้หวัน	dtâi-wăn
Türkei (f)	ประเทศตุรกี	bprà-thâyt dtù-rá-gee
Türke (m)	คนเติร์ก	khon dtèrk
Türkin (f)	คนเติร์ก	khon dtèrk
türkisch	ตุรกี	dtù-rá-gee
Japan	ประเทศญี่ปุ่น	bprà-thâyt yêe-bpùn
Japaner (m)	คนญี่ปุ่น	khon yêe-bpùn

| Japanerin (f) | คนญี่ปุ่น | khon yêe-bpùn |
| japanisch | ญี่ปุ่น | yêe-bpùn |

Afghanistan	ประเทศอัฟกานิสถาน	bprà-thâyt àf-gaa-nít-thǎan
Bangladesch	ประเทศบังคลาเทศ	bprà-thâyt bang-khlaa-thâyt
Indonesien	ประเทศอินโดนีเซีย	bprà-thâyt in-doh-nee-sia
Jordanien	ประเทศจอรแดน	bprà-thâyt jor-daen

Irak	ประเทศอิรัก	bprà-thâyt i-rák
Iran	ประเทศอิหราน	bprà-thâyt i-ràan
Kambodscha	ประเทศกัมพูชา	bprà-thâyt gam-phoo-chaa
Kuwait	ประเทศคูเวต	bprà-thâyt khoo-wâyt

Laos	ประเทศลาว	bprà-thâyt laao
Myanmar	ประเทศเมียนมาร์	bprà-thâyt mian-maa
Nepal	ประเทศเนปาล	bprà-thâyt nay-bpaan
Vereinigten Arabischen Emirate	สหรัฐอาหรับเอมิเรตส์	sà-hà-rát aa-ràp ay-mí-râyt

Syrien	ประเทศซีเรีย	bprà-thâyt see-ria
Palästina	ปาเลสไตน์	bpaa-lâyt-dtai
Südkorea	เกาหลีใต้	gao-lěe dtâi
Nordkorea	เกาหลีเหนือ	gao-lěe něua

238. Nordamerika

Die Vereinigten Staaten	สหรัฐอเมริกา	sà-hà-rát a-may-rí-gaa
Amerikaner (m)	คนอเมริกา	khon a-may-rí-gaa
Amerikanerin (f)	คนอเมริกา	khon a-may-rí-gaa
amerikanisch	อเมริกา	a-may-rí-gaa

Kanada	ประเทศแคนาดา	bprà-thâyt khae-naa-daa
Kanadier (m)	คนแคนาดา	khon khae-naa-daa
Kanadierin (f)	คนแคนาดา	khon khae-naa-daa
kanadisch	แคนาดา	khae-naa-daa

Mexiko	ประเทศเม็กซิโก	bprà-thâyt mék-sí-goh
Mexikaner (m)	คนเม็กซิโก	khon mék-sí-goh
Mexikanerin (f)	คนเม็กซิโก	khon mék-sí-goh
mexikanisch	เม็กซิโก	mék-sí-goh

239. Mittel- und Südamerika

Argentinien	ประเทศอาร์เจนตินา	bprà-thâyt aa-jayn-dtì-naa
Argentinier (m)	คนอาร์เจนตินา	khon aa-jayn-dtì-naa
Argentinierin (f)	คนอาร์เจนตินา	khon aa-jayn-dtì-naa
argentinisch	อาร์เจนตินา	aa-jayn-dtì-naa

Brasilien	ประเทศบราซิล	bprà-thâyt braa-sin
Brasilianer (m)	คนบราซิล	khon braa-sin
Brasilianerin (f)	คนบราซิล	khon braa-sin
brasilianisch	บราซิล	braa-sin

Kolumbien	ประเทศโคลัมเบีย	bprà-thâyt khoh-lam-bia
Kolumbianer (m)	คนโคลัมเบีย	khon khoh-lam-bia
Kolumbianerin (f)	คนโคลัมเบีย	khon khoh-lam-bia
kolumbianisch	โคลัมเบีย	khoh-lam-bia

Kuba	ประเทศคิวบา	bprà-thâyt khiw-baa
Kubaner (m)	คนคิวบา	khon khiw-baa
Kubanerin (f)	คนคิวบา	khon khiw-baa
kubanisch	คิวบา	khiw-baa

Chile	ประเทศชิลี	bprà-thâyt chí-lee
Chilene (m)	คนชิลี	khon chí-lee
Chilenin (f)	คนชิลี	khon chí-lee
chilenisch	ชิลี	chí-lee

Bolivien	ประเทศโบลิเวีย	bprà-thâyt boh-lí-wia
Venezuela	ประเทศเวเนซุเอลา	bprà-thâyt way-nay-sú-ay-laa
Paraguay	ประเทศปารากวัย	bprà-thâyt bpaa-raa-gwai
Peru	ประเทศเปรู	bprà-thâyt bpay-roo

Suriname	ประเทศซูรินาม	bprà-thâyt soo-rí-naam
Uruguay	ประเทศอุรุกวัย	bprà-thâyt u-rúk-wai
Ecuador	ประเทศเอกวาดอร์	bprà-thâyt ay-gwaa-dor

Die Bahamas	ประเทศบาฮามาส	bprà-thâyt baa-haa-mâat
Haiti	ประเทศเฮติ	bprà-thâyt hay-dtì
Dominikanische Republik	สาธารณรัฐโดมินิกัน	sǎa-thaa-rá-ná rát doh-mí-ní-gan
Panama	ประเทศปานามา	bprà-thâyt bpaa-naa-maa
Jamaika	ประเทศจาเมกา	bprà-thâyt jaa-may-gaa

240. Afrika

Ägypten	ประเทศอียิปต์	bprà-thâyt bprà-thâyt ee-yíp
Ägypter (m)	คนอียิปต์	khon ee-yíp
Ägypterin (f)	คนอียิปต์	khon ee-yíp
ägyptisch	อียิปต์	ee-yíp

Marokko	ประเทศมอร็อคโค	bprà-thâyt mor-rók-khoh
Marokkaner (m)	คนมอร็อคโค	khon mor-rók-khoh
Marokkanerin (f)	คนมอร็อคโค	khon mor-rók-khoh
marokkanisch	มอร็อคโค	mor-rók-khoh

Tunesien	ประเทศตูนิเซีย	bprà-thâyt dtoo-ní-sia
Tunesier (m)	คนตูนีเซีย	khon dtoo-ní-sia
Tunesierin (f)	คนตูนีเซีย	khon dtoo-ní-sia
tunesisch	ตูนีเซีย	dtoo-ní-sia

Ghana	ประเทศกานา	bprà-thâyt gaa-naa
Sansibar	ประเทศแซนซิบาร์	bprà-thâyt saen-sí-baa
Kenia	ประเทศเคนยา	bprà-thâyt khayn-yâa
Libyen	ประเทศลิเบีย	bprà-thâyt lí-bia
Madagaskar	ประเทศมาดากัสการ์	bprà-thâyt maa-daa-gàt-gaa
Namibia	ประเทศนามิเบีย	bprà-thâyt naa-mí-bia

Senegal	ประเทศเซเนกัล	bprà-thâyt say-nay-gan
Tansania	ประเทศแทนซาเนีย	bprà-thâyt thaen-saa-nia
Republik Südafrika	ประเทศแอฟริกาใต้	bprà-thâyt àef-rí-gaa dtâi
Afrikaner (m)	คนแอฟริกา	khon àef-rí-gaa
Afrikanerin (f)	คนแอฟริกา	khon àef-rí-gaa
afrikanisch	แอฟริกา	àef-rí-gaa

241. Australien. Ozeanien

Australien	ประเทศออสเตรเลีย	bprà-thâyt òt-dtray-lia
Australier (m)	คนออสเตรเลีย	khon òt-dtray-lia
Australierin (f)	คนออสเตรเลีย	khon òt-dtray-lia
australisch	ออสเตรเลีย	òrt-dtray-lia
Neuseeland	ประเทศนิวซีแลนด์	bprà-thâyt niw-see-laen
Neuseeländer (m)	คนนิวซีแลนด์	khon niw-see-laen
Neuseeländerin (f)	คนนิวซีแลนด์	khon niw-see-laen
neuseeländisch	นิวซีแลนด์	niw-see-laen
Tasmanien	ประเทศแทสเมเนีย	bprà-thâyt thâet-may-nia
Französisch-Polynesien	เฟรนช์โปลินีเซีย	frayn-bpoh-lí-nee-sia

242. Städte

Amsterdam	อัมสเตอร์ดัม	am-sà-dtêr-dam
Ankara	อังคารา	ang-khaa-raa
Athen	เอเธนส์	ay-thayn
Bagdad	แบกแดด	bàek-dàet
Bangkok	กรุงเทพฯ	grung thâyp
Barcelona	บาร์เซโลนา	baa-say-loh-naa
Beirut	เบรุต	bay-rút
Berlin	เบอร์ลิน	ber-lin
Bombay	มุมไบ	mum-bai
Bonn	บอนน์	bon
Bordeaux	บอร์โด	bor doh
Bratislava	บราติสลาวา	braa-dtìt-laa-waa
Brüssel	บรัสเซล	bràt-sayn
Budapest	บูดาเปส	boo-daa-bpàyt
Bukarest	บูคาเรสต์	boo-khaa-râyt
Chicago	ชิคาโก	chí-khaa-goh
Daressalam	ดาร์เอสซาลาม	daa àyt saa laam
Delhi	เดลี	day-lee
Den Haag	เดอะเฮก	dùh hêyk
Dubai	ดูไบ	doo-bai
Dublin	ดับลิน	dàp-lin
Düsseldorf	ดุสเซลดอร์ฟ	dùt-sayn-dòf
Florenz	ฟลอเรนซ์	flor-rayn
Frankfurt	แฟรงค์เฟิร์ท	fraeng-fêrt

Genf	เจนีวา	jay-nee-waa
Hamburg	แฮมเบิร์ก	haem-bèrk
Hanoi	ฮานอย	haa-noi
Havanna	ฮาวานา	haa waa-naa
Helsinki	เฮลซิงกิ	hayn-sing-gì
Hiroshima	ฮิโรชิมา	hí-roh-chí-mâa
Hongkong	ฮองกง	hôrng-gong
Istanbul	อิสตันบูล	ìt-dtan-boon
Jerusalem	เยรูซาเลม	yay-roo-saa-laym
Kairo	ไคโร	khai-roh
Kalkutta	คัลคัตตา	khan-khát-dtaa
Kiew	เคียฟ	khîaf
Kopenhagen	โคเปนเฮเกน	khoh-bpayn-hay-gayn
Kuala Lumpur	กัวลาลัมเปอร์	gua-laa lam-bper
Lissabon	ลิสบอน	lít-bon
London	ลอนดอน	lon-don
Los Angeles	ลอสแองเจลิส	lôt-aeng-jay-lít
Lyon	ลียง	lee-yong
Madrid	มาดริด	maa-drìt
Marseille	มารกเซย	màak-soie
Mexiko-Stadt	เม็กซิโกซิตี้	mék-sí-goh sí-dtêe
Miami	ไมอามี่	mai-aa-mêe
Montreal	มอนทรีออล	mon-three-on
Moskau	มอสโกว	mor-sà-goh
München	มิวนิค	miw-ník
Nairobi	ไนโรบี	nai-roh-bee
Neapel	เนเปิลสุ	nay-bpern
New York	นิวยอรค	niw-yôk
Nizza	นิซ	nít
Oslo	ออสโล	òrt-loh
Ottawa	อ็อตตาวา	òt-dtaa-waa
Paris	ปารีส	bpaa-rêet
Peking	ปักกิ่ง	bpàk-gìng
Prag	ปราก	bpràak
Rio de Janeiro	ริโอเอจาเนโร	rí-oh-ay jaa-nay-roh
Rom	โรม	rohm
Sankt Petersburg	เซนต์ปิเตอร์สเบิร์ก	sayn bpì-dtèrt-bèrk
Schanghai	เซี่ยงไฮ	sîang-hái
Seoul	โซล	sohn
Singapur	สิงคโปร์	sǐng-khá-bpoh
Stockholm	สต็อกโฮลม	sà-dtòk-hohm
Sydney	ซิดนีย์	sít-nee
Taipeh	ไทเป	thai-bpay
Tokio	โตเกียว	dtoh-gieow
Toronto	โตรอนโต	dtoh-ron-dtoh
Venedig	เวนิส	way-nít
Warschau	วอรซอว	wor-sor
Washington	วอชิงตัน	wor ching dtan
Wien	เวียนนา	wian-naa

243. Politik. Regierung. Teil 1

Politik (f)	การเมือง	gaan meuang
politisch	ทางการเมือง	thang gaan meuang
Politiker (m)	นักการเมือง	nák gaan meuang
Staat (m)	รัฐ	rát
Bürger (m)	พลเมือง	phon-lá-meuang
Staatsbürgerschaft (f)	สัญชาติ	săn-châat
Staatswappen (n)	ตราประจำชาติ	dtraa bprà-jam châat
Nationalhymne (f)	เพลงชาติ	phlayng châat
Regierung (f)	รัฐบาล	rát-thà-baan
Staatschef (m)	ผู้นำประเทศ	phôo nam bprà-thâyt
Parlament (n)	รัฐสภา	rát-thà-sà-phaa
Partei (f)	พรรคการเมือง	phák gaan meuang
Kapitalismus (m)	ทุนนิยม	thun ní-yom
kapitalistisch	แบบทุนนิยม	bàep thun ní-yom
Sozialismus (m)	สังคมนิยม	săng-khom ní-yom
sozialistisch	แบบสังคมนิยม	bàep săng-khom ní-yom
Kommunismus (m)	ลัทธิคอมมิวนิสต์	lát-thí khom-miw-nít
kommunistisch	แบบคอมมิวนิสต์	bàep khom-miw-nít
Kommunist (m)	คนคอมมิวนิสต์	khon khom-miw-nít
Demokratie (f)	ประชาธิปไตย	bprà-chaa-thíp-bpà-dtai
Demokrat (m)	ผู้นิยมประ	phôo ní-yom bprà-
	ชาธิปไตย	chaa-típ-bpà-dtai
demokratisch	แบบประชาธิปไตย	bàep bprà-chaa-thíp-bpà-dtai
demokratische Partei (f)	พรรคประชาธิปัตย์	phák bprà-chaa-tí-bpàt
Liberale (m)	ผู้เอียงเสรีนิยม	phôo iang săy-ree ní-yom
liberal	แบบเสรีนิยม	bàep săy-ree ní-yom
Konservative (m)	ผู้เอียงอนุรักษ์นิยม	phôo iang a-nú rák ní-yom
konservativ	แบบอนุรักษ์นิยม	bàep a-nú rák ní-yom
Republik (f)	สาธารณรัฐ	săa-thaa-rá-ná rát
Republikaner (m)	รีพับลิกัน	ree pháp lí gan
Republikanische Partei (f)	พรรครีพับลิกัน	phák ree-pháp-lí-gan
Wahlen (pl)	การเลือกตั้ง	gaan lêuak dtâng
wählen (vt)	เลือก	lêuak
Wähler (m)	ผู้ออกเสียงลงคะแนน	phôo òrk sĭang long khá-naen
Wahlkampagne (f)	การรณรงค์หาเสียง	gaan ron-ná-rorng hăa sĭang
Abstimmung (f)	การออกเสียงลงคะแนน	gaan òrk sĭang long khá-naen
abstimmen (vi)	ลงคะแนน	long khá-naen
Abstimmungsrecht (n)	สิทธิในการเลือกตั้ง	sìt-thí nai gaan lêuak dtâng
Kandidat (m)	ผู้สมัคร	phôo sà-màk
kandidieren (vi)	ลงสมัคร	long sà-màk

Kampagne (f)	การรณรงค์	gaan ron-ná-rorng
Oppositions-	ฝ่ายค้าน	fàai kháan
Opposition (f)	ฝ่ายค้าน	fàai kháan

Besuch (m)	การเยือน	gaan yeuan
Staatsbesuch (m)	การเยือนอย่างเป็นทางการ	gaan yeuan yàang bpen thaang gaan
international	แบบสากล	bàep sǎa-gon

Verhandlungen (pl)	การเจรจา	gaan jayn-rá-jaa
verhandeln (vi)	เจรจา	jayn-rá-jaa

244. Politik. Regierung. Teil 2

Gesellschaft (f)	สังคม	sǎng-khom
Verfassung (f)	รัฐธรรมนูญ	rát-thà-tham-má-noon
Macht (f)	อำนาจ	am-nâat
Korruption (f)	การทุจริตคอรัปชั่น	gaan thút-jà-rìt khor-ráp-chân

Gesetz (n)	กฎหมาย	gòt mǎai
gesetzlich (Adj)	ทางกฎหมาย	thaang gòt mǎai

Gerechtigkeit (f)	ความยุติธรรม	khwaam yút-dtì-tham
gerecht	เป็นธรรม	bpen tham

Komitee (n)	คณะกรรมการ	khá-ná gam-má-gaan
Gesetzentwurf (m)	ราง	râang
Budget (n)	งบประมาณ	ngóp bprà-maan
Politik (f)	นโยบาย	ná-yoh-baai
Reform (f)	ปฏิรูป	bpà-dtì rôop
radikal	รุนแรง	run raeng

Macht (f)	กำลัง	gam-lang
mächtig (Adj)	ทรงพลัง	song phá-lang
Anhänger (m)	ผู้สนับสนุน	phôo sà-nàp-sà-nǔn
Einfluss (m)	อิทธิพล	ìt-thí pon

Regime (n)	ระบอบการปกครอง	rá-bòrp gaan bpòk khrorng
Konflikt (m)	ความขัดแย้ง	khwaam khàt yáeng
Verschwörung (f)	การคบคิด	gaan khóp khít
Provokation (f)	การยั่วยุ	gaan yûa yú

stürzen (vt)	ล้มล้าง	lóm láang
Sturz (m)	การล้ม	gaan lóm
Revolution (f)	ปฏิวัติ	bpà-dtì-wát

Staatsstreich (m)	รัฐประหาร	rát-thà-bprà-hǎan
Militärputsch (m)	การยึดอำนาจด้วยกำลังทหาร	gaan yéut am-nâat dûay gam-lang thá-hǎan

Krise (f)	วิกฤติ	wí-grìt
Rezession (f)	ภาวะเศรษฐกิจถดถอย	phaa-wá sàyt-thà-gìt thòt thǒi
Demonstrant (m)	ผู้ประท้วง	phôo bprà-thúang
Demonstration (f)	การประท้วง	gaan bprà-thúang

| Ausnahmezustand (m) | กฎอัยการศึก | gòt ai-yá-gaan sèuk |
| Militärbasis (f) | ฐานทัพ | thăan tháp |

| Stabilität (f) | ความมั่นคง | khwaam mân-khong |
| stabil | มั่นคง | mân khong |

| Ausbeutung (f) | การขูดรีด | gaan khòot rêet |
| ausbeuten (vt) | ขูดรีด | khòot rêet |

| Rassismus (m) | ลัทธินิยมเชื้อชาติ | khá-dtì ní-yom chéua châat |
| Rassist (m) | ผู้เหยียดผิว | phôo yìat phĭw |

| Faschismus (m) | ลัทธิฟาสซิสต์ | lát-thí fâat-sít |
| Faschist (m) | ผู้นิยมลัทธิฟาสซิสต์ | phôo ní-yom lát-thí fâat-sít |

245. Länder. Verschiedenes

Ausländer (m)	คนต่างชาติ	khon dtàang châat
ausländisch	ต่างชาติ	dtàang châat
im Ausland	ต่างประเทศ	dtàang bprà-thâyt

Auswanderer (m)	ผู้อพยพ	phôo òp-phá-yóp
Auswanderung (f)	การอพยพ	gaan òp-phá-yóp
auswandern (vi)	อพยพ	òp-phá-yóp

Westen (m)	ตะวันตก	dtà-wan dtòk
Osten (m)	ตะวันออก	dtà-wan òrk
Ferner Osten (m)	ตะวันออกไกล	dtà-wan òrk glai

Zivilisation (f)	อารยธรรม	aa-rá-yá-tham
Menschheit (f)	มนุษยชาติ	má-nút-sà-yá-châat
Welt (f)	โลก	lôhk
Frieden (m)	ความสงบสุข	khwaam sà-ngòp-sùk
Welt-	ทั่วโลก	thûa lôhk

Heimat (f)	บ้านเกิด	bâan gèrt
Volk (n)	ประชาชน	bprà-chaa chon
Bevölkerung (f)	ประชากร	bprà-chaa gon
Leute (pl)	ประชาชน	bprà-chaa chon
Nation (f)	ชาติ	châat
Generation (f)	รุ่น	rûn

Territorium (n)	อาณาเขต	aa-naa khàyt
Region (f)	ภูมิภาค	phoo-mí-phâak
Staat (z.B. ~ Alaska)	รัฐ	rát

Tradition (f)	ธรรมเนียม	tham-niam
Brauch (m)	ประเพณี	bprà-phay-nee
Ökologie (f)	นิเวศวิทยา	ní-wâyt wít-thá-yaa

Indianer (m)	อินเดียนแดง	in-dian daeng
Zigeuner (m)	คนยิปซี	khon yíp-see
Zigeunerin (f)	คนยิปซี	khon yíp-see
Zigeuner-	ยิปซี	yíp see

Reich (n)	จักรวรรดิ	jàk-grà-wàt
Kolonie (f)	อาณานิคม	aa-naa ní-khom
Sklaverei (f)	การใช้แรงงานทาส	gaan chái raeng ngaan thâat
Einfall (m)	การบุกรุก	gaan bùk rúk
Hunger (m)	ความอดอยาก	khwaam òt yàak

246. Wichtige Religionsgruppen. Konfessionen

| Religion (f) | ศาสนา | sàat-sà-năa |
| religiös | ศาสนา | sàat-sà-năa |

Glaube (m)	ศรัทธา	sàt-thaa
glauben (vt)	นับถือ	náp thĕu
Gläubige (m)	ผู้ศรัทธา	phôo sàt-thaa

Atheismus (m)	อเทวนิยม	a-thay-wá ní-yom
Atheist (m)	ผู้เชื่อว่า	phôo chêua wâa
	ไม่มีพระเจ้า	mâi mee phrá jâo

Christentum (n)	ศาสนาคริสต์	sàat-sà-năa khrít
Christ (m)	ผู้นับถือ	phôo náp thĕu
	ศาสนาคริสต์	sàat-sà-năa khrít
christlich	ศาสนาคริสต์	sàat-sà-năa khrít

Katholizismus (m)	ศาสนาคาธอลิก	sàat-sà-năa khaa-thor-lík
Katholik (m)	ผู้นับถือ	phôo náp thĕu
	ศาสนาคาธอลิก	sàat-sà-năa khaa-thor-lík
katholisch	คาธอลิก	khaa-thor-lík

Protestantismus (m)	ศาสนา	sàat-sà-năa
	โปรแตสแตนท์	bproh-dtàet-dtaen
Protestantische Kirche (f)	โบสถ์นิกาย	bòht ní-gaai
	โปรแตสแตนท์	bproh-dtàet-dtaen
Protestant (m)	ผู้นับถือศาสนา	phôo náp thĕu sàat-sà-năa
	โปรแตสแตนท	bproh-dtàet-dtaen

Orthodoxes Christentum (n)	ศาสนาออร์ทอดอกซ์	sàat-sà-năa or-thor-dòrk
Orthodoxe Kirche (f)	โบสถ์ศาสนาออร์ทอดอกซ์	bòht sàat-sà-năa or-thor-dòrk
orthodoxer Christ (m)	ผู้นับถือ	phôo náp thĕu
	ศาสนาออร์ทอดอกซ์	sàat-sà-năa or-thor-dòrk

Presbyterianismus (m)	นิกายเพรสไบทีเรียน	ní-gaai phrayt-bai-thee-rian
Presbyterianische Kirche (f)	โบสถ์นิกาย	bòht ní-gaai
	เพรสไบทีเรียน	phrayt-bai-thee-rian
Presbyterianer (m)	ผู้นับถือนิกาย	phôo náp thĕu ní-gaai
	เพรสไบทีเรียน	phrayt bai thee rian

Lutherische Kirche (f)	นิกายลูเทอแรน	ní-gaai loo-thay-a-răen
Lutheraner (m)	ผู้นับถือนิกาย	phôo náp thĕu ní-gaai
	ลูเทอแรน	loo-thay-a-răen

Baptismus (m)	นิกายแบ๊บติสท์	ní-gaai báep-dtìt
Baptist (m)	ผู้นับถือนิกาย	phôo náp thĕu ní-gaai
	แบบติสท	báep-dtìt

Anglikanische Kirche (f)	โบสถ์นิกายแองกลิกัน	bòht ní-gaai ae-ngók-lí-gan
Anglikaner (m)	ผู้นับถือนิกาย แองกลิกัน	phôo náp thěu ní-gaai ae ngók lí gan
Mormonismus (m)	นิกายมอร์มอน	ní-gaai mor-mon
Mormone (m)	ผู้นับถือนิกาย มอร์มอน	phôo náp thěu ní-gaai mor-mon

| Judentum (n) | ศาสนายิว | sàat-sà-năa yiw |
| Jude (m) | คนยิว | khon yiw |

| Buddhismus (m) | ศาสนาพุธ | sàat-sà-năa phút |
| Buddhist (m) | ผู้นับถือ
ศาสนาพุธ | phôo náp thěu
sàat-sà-năa phút |

| Hinduismus (m) | ศาสนาฮินดู | sàat-sà-năa hin-doo |
| Hindu (m) | ผู้นับถือ
ศาสนาฮินดู | phôo náp thěu
sàat-sà-năa hin-doo |

Islam (m)	ศาสนาอิสลาม	sàat-sà-năa ìt-sà-laam
Moslem (m)	ผู้นับถือ ศาสนาอิสลาม	phôo náp thěu sàat-sà-năa ìt-sà-laam
moslemisch	มุสลิม	mút-sà-lim

| Schiismus (m) | ศาสนา
อิสลามนิกายชีอะฮ์ | sàat-sà-năa
ìt-sà-laam ní-gaai shi-à |
| Schiit (m) | ผู้นับถือนิกายชีอะฮ์ | phôo náp thěu ní-gaai shi-à |

| Sunnismus (m) | ศาสนา
อิสลามนิกายซุนนี | sàat-sà-năa
ìt-sà-laam ní-gaai sun-nee |
| Sunnit (m) | ผู้นับถือนิกาย
ซุนนี | phôo náp thěu ní-gaai
sun-nee |

247. Religionen. Priester

| Priester (m) | นักบวช | nák bùat |
| Papst (m) | พระสันตะปาปา | phrá săn-dtà-bpaa-bpaa |

Mönch (m)	พระ	phrá
Nonne (f)	แม่ชี	mâe chee
Pfarrer (m)	ศาสนาจารย์	sàat-sà-năa-jaan

| Abt (m) | เจ้าอาวาส | jâo aa-wâat |
| Vikar (m) | เจาอาวาส | jâo aa-wâat |

| Bischof (m) | มุขนายก | múk naa-yók |
| Kardinal (m) | พระคาร์ดินัล | phrá khaa-dì-nan |

Prediger (m)	นักเทศน์	nák thâyt
Predigt (f)	การเทศนา	gaan thâyt-sà-năa
Gemeinde (f)	ลูกวัด	lôok wát

| Gläubige (m) | ผู้ศรัทธา | phôo sàt-thaa |
| Atheist (m) | ผู้เชื่อวา
ไม่มีพระเจ้า | phôo chêua wâa
mâi mee phrá jâo |

248. Glauben. Christentum. Islam

| Adam | อาดัม | aa-dam |
| Eva | เอวา | ay-waa |

Gott (m)	พระเจ้า	phrá jâo
Herr (m)	พระเจ้า	phrá jâo
Der Allmächtige	พระผู้เป็นเจ้า	phrá phôo bpen jâo

Sünde (f)	บาป	bàap
sündigen (vi)	ทำบาป	tham bàap
Sünder (m)	คนบาป	khon bàap
Sünderin (f)	คนบาป	khon bàap

| Hölle (f) | นรก | ná-rók |
| Paradies (n) | สวรรค์ | sà-wǎn |

| Jesus | พระเยซู | phrá yay-soo |
| Jesus Christus | พระเยซูคริสต์ | phrá yay-soo khrít |

der Heiliger Geist	พระจิต	phrá jìt
der Erlöser	พระผู้ไถ่	phrá phôo thài
die Jungfrau Maria	พระนางมารีย์	phrá naang maa ree
	พรหมจารี	phrom-má-jaa-ree

Teufel (m)	มาร	maan
teuflisch	ของมาร	khǒrng maan
Satan (m)	ซาตาน	saa-dtaan
satanisch	ซาตาน	saa-dtaan

Engel (m)	เทวทูต	thay-wá-thôot
Schutzengel (m)	เทวดาผู้	thay-wá-daa phôo
	คุมครอง	khúm khrorng
Engel(s)-	ของเทวดา	khǒrng thay-wá-daa

Apostel (m)	สาวก	sǎa-wók
Erzengel (m)	หัวหน้าทูตสวรรค์	hǔa nâa thôot sà-wǎn
Antichrist (m)	ศัตรูของพระคริสต์	sàt-dtroo khǒrng phrá khrít

Kirche (f)	โบสถ์	bòht
Bibel (f)	คัมภีร์ไบเบิ้ล	kham-phee bai-bêrn
biblisch	ไบเบิล	bai-bêrn

Altes Testament (n)	พันธสัญญาเดิม	phan-thá-sǎn-yaa derm
Neues Testament (n)	พันธสัญญาใหม่	phan-thá-sǎn-yaa mài
Evangelium (n)	พระวรสาร	phrá won sǎan
Heilige Schrift (f)	พระคัมภีร์ไบเบิล	phrá kham-phee bai-bern
Himmelreich (n)	สวรรค์	sà-wǎn

Gebot (n)	บัญญัติ	ban-yàt
Prophet (m)	ผู้เผยพระวจนะ	phôo phǒie phrá wá-jà-ná
Prophezeiung (f)	คำพยากรณ์	kham phá-yaa-gon

| Allah | อัลลอฮ์ | an-lor |
| Mohammed | พระมูฮัมหมัด | phrá moo ham màt |

Koran (m)	อัลกุรอาน	an gù-rá-aan
Moschee (f)	สุเหรา	sù-rào
Mullah (m)	มุลละ	mun lá
Gebet (n)	บทสวดมนต์	bòt sùat mon
beten (vi)	สวด	sùat

Wallfahrt (f)	การจาริกแสวงบุญ	gaan jaa-rík sà-wăeng bun
Pilger (m)	ผู้แสวงบุญ	phôo sà-wăeng bun
Mekka (n)	มักกะฮ	mák-gà

Kirche (f)	โบสถ์	bòht
Tempel (m)	วิหาร	wí-hăan
Kathedrale (f)	มหาวิหาร	má-hăa wí-hăan
gotisch	แบบโกธิก	bàep goh-thík
Synagoge (f)	โบสถ์ของศาสนายิว	bòht khŏrng sàat-sà-năa yiw
Moschee (f)	สุเหรา	sù-rào

Kapelle (f)	ห้องสวดมนต์	hôrng sùat mon
Abtei (f)	วัด	wát
Nonnenkloster (n)	สำนักแม่ชี	săm-nák mâe chee
Mönchskloster (n)	อาราม	aa raam

Glocke (f)	ระฆัง	rá-khang
Glockenturm (m)	หอระฆัง	hŏr rá-khang
läuten (Glocken)	ตีระฆัง	dtee rá-khang

Kreuz (n)	ไม้กางเขน	mái gaang khăyn
Kuppel (f)	หลังคาทรงโดม	lăng kaa song dohm
Ikone (f)	รูปเคารพ	rôop kpao-róp

Seele (f)	วิญญาณ	win-yaan
Schicksal (n)	ชะตากรรม	chá-dtaa gam
das Böse	ความชั่วร้าย	khwaam chûa ráai
Gute (n)	ความดี	khwaam dee

Vampir (m)	ผีดูดเลือด	phĕe dòot lêuat
Hexe (f)	แมมด	mâe mót
Dämon (m)	ปีศาจ	bpee-sàat
Geist (m)	ผี	phĕe

| Sühne (f) | การไถ่ถอน | gaan thài thŏrn |
| sühnen (vt) | ไถ่ถอน | thài thŏrn |

Gottesdienst (m)	พิธีมิสชา	phí-tee mít-saa
die Messe lesen	ประกอบพิธีศีลมหาสนิท	bprà-gòp phí-thee sĕen má-hăa sà-nìt
Beichte (f)	การสารภาพ	gaan săa-rá-phâap
beichten (vi)	สารภาพ	săa-rá-phâap

Heilige (m)	นักบุญ	nák bun
heilig	ศักดิ์สิทธิ์	sàk-gà-dì sìt
Weihwasser (n)	น้ำมนต์	nám mon

Ritual (n)	พิธีกรรม	phí-thee gam
rituell	แบบพิธีกรรม	bpaep phí-thee gam
Opfer (n)	การบูชายัญ	gaan boo-chaa yan

Aberglaube (m)	ความเชื่องมงาย	khwaam chêua ngom-ngaai
abergläubisch	เชื่องมงาย	chêua ngom-ngaai
Nachleben (n)	ชีวิตหลังความตาย	chee-wít lǎng khwaam dtaai
ewiges Leben (n)	ชีวิตอันเป็นนิรันดร์	chee-wít an bpen ní-ran

VERSCHIEDENES

249. Verschiedene nützliche Wörter

Anfang (m)	จุดเริ่มต้น	jùt rêrm-dtôn
Anstrengung (f)	ความพยายาม	khwaam phá-yaa-yaam
Anteil (m)	สวน	sùan
Art (Typ, Sorte)	ประเภท	bprà-phâyt
Auswahl (f)	ตัวเลือก	dtua lêuak
Barriere (f)	สิ่งกีดขวาง	sìng gèet-khwăang
Basis (f)	ฐาน	thăan
Beispiel (n)	ตัวอย่าง	dtua yàang
bequem (gemütlich)	สะดวกสบาย	sà-dùak sà-baai
Bilanz (f)	สมดุล	sà-má-dun
Ding (n)	สิ่ง	sìng
dringend (Adj)	เร่งด่วน	râyng dùan
dringend (Adv)	อย่างเร่งด่วน	yàang râyng dùan
Effekt (m)	ผลกระทบ	phŏn grà-thóp
Eigenschaft (Werkstoff~)	คุณสมบัติ	khun-ná-sŏm-bàt
Element (n)	องค์ประกอบ	ong bprà-gòrp
Ende (n)	จบ	jòp
Entwicklung (f)	การพัฒนา	gaan phát-thá-naa
Fachwort (n)	คำ	kham
Fehler (m)	ข้อผิดพลาด	khôr phìt phlâat
Form (z.B. Kugel-)	รูปร่าง	rôop râang
Fortschritt (m)	ความก้าวหน้า	khwaam gâao nâa
Gegenstand (m)	สิ่งของ	sìng khŏrng
Geheimnis (n)	ความลับ	khwaam láp
Grad (Ausmaß)	ระดับ	rá-dàp
Halt (m), Pause (f)	การหยุด	gaan yùt
häufig (Adj)	ถี่	thèe
Hilfe (f)	ความช่วยเหลือ	khwaam chûay lĕua
Hindernis (n)	อุปสรรค	u-bpà-sàk
Hintergrund (m)	ฉากหลัง	chàak lăng
Ideal (n)	อุดมคติ	u-dom khá-dtì
Kategorie (f)	หมวดหมู่	mùat mòo
Kompensation (f)	การชดเชย	gaan chót-choie
Labyrinth (n)	เขาวงกต	khăo-wong-gòt
Lösung (Problem usw.)	ทางแก	thaang gâe
Moment (m)	ช่วงเวลา	chûang way-laa
Nutzen (m)	ความมีประโยชน์	khwaam mee bprà-yòht
Original (Schriftstück)	ต้นฉบับ	dtôn chà-bàp
Pause (kleine ~)	การหยุดพัก	gaan yùt phák

Position (f)	ตำแหน่ง	dtam-nàeng
Prinzip (n)	หลักการ	làk gaan
Problem (n)	ปัญหา	bpan-hǎa
Prozess (m)	กระบวนการ	grà-buan gaan

Reaktion (f)	ปฏิกิริยา	bpà-dtì gì-rí-yaa
Reihe (Sie sind an der ~)	ตา	dtaa
Risiko (n)	ความเสี่ยง	khwaam sìang
Serie (f)	ลำดับ	lam-dàp

Situation (f)	สถานการณ์	sà-thǎan gaan
Standard-	เป็นมาตรฐาน	bpen mâat-dtrà-thǎan
Standard (m)	มาตรฐาน	mâat-dtrà-thǎan
Stil (m)	สไตล์	sà-dtai

System (n)	ระบบ	rá-bòp
Tabelle (f)	ตาราง	dtaa-raang
Tatsache (f)	ขอเท็จจริง	khôr thét jing
Teilchen (n)	อนุภาค	a-nú phâak
Tempo (n)	จังหวะ	jang wà

Typ (m)	ประเภท	bprà-phâyt
Unterschied (m)	ความแตกต่าง	khwaam dtàek dtàang
Ursache (z.B. Todes-)	สาเหตุ	sǎa-hàyt
Variante (f)	ขอ	khôr
Vergleich (m)	การเปรียบเทียบ	gaan bprìap thîap

Wachstum (n)	การเติบโต	gaan dtèrp dtoh
Wahrheit (f)	ความจริง	khwaam jing
Weise (Weg, Methode)	วิธีทาง	wí-thěe thaang
Zone (f)	โซน	sohn
Zufall (m)	ความบังเอิญ	khwaam bang-ern

250. Bestimmungswörter. Adjektive. Teil 1

abgemagert	ผอม	phǒrm
ähnlich	คล้ายคลึง	khláai khleung
alt (z.B. die -en Griechen)	โบราณ	boh-raan
alt, betagt	เก่า	gào
andauernd	ยาวนาน	yaao naan

angenehm	ดี	dee
arm	จน	jon
ausgezeichnet	ยอดเยี่ยม	yôrt yîam
ausländisch, Fremd-	ตางชาติ	dtàang châat
Außen-, äußer	ภายนอก	phaai nôrk

bedeutend	สำคัญ	sǎm-khan
begrenzt	จำกัด	jam-gàt
beständig	ถาวร	thǎa-won
billig	ถูก	thòok

| bitter | ขม | khǒm |
| blind | ตาบอด | dtaa bòrt |

brauchbar	ที่เหมาะสม	thêe mòr sŏm
breit (Straße usw.)	กว้าง	gwâang
bürgerlich	พลเรือน	phon-lá-reuan
dankbar	สำนึกในบุญคุณ	sǎm-néuk nai bun khun
das wichtigste	ที่สำคัญที่สุด	thêe sǎm-khan thêe sùt
der letzte	ทายสุด	tháai sùt
dicht (-er Nebel)	หนาแน่น	nǎa nâen
dick (-e Mauer usw.)	หนา	nǎa
dick (-er Nebel)	หนา	nǎa
dumm	โง่	ngôh
dunkel (Raum usw.)	มืดดู	mêut
dunkelhäutig	คล้ำ	khlám
durchsichtig	ใส	sǎi
düster	มืดมัว	mêut mua
einfach	ง่าย	ngâai
einfach (Problem usw.)	ง่าย	ngâai
einzigartig (einmalig)	อย่างเดียว	yàang dieow
eng, schmal (Straße usw.)	แคบ	khâep
ergänzend	เพิ่มเติม	phêrm dterm
ermüdend (Arbeit usw.)	นาเหนื่อยหน่าย	nâa nèuay nàai
feindlich	เป็นศัตรู	bpen sàt-dtroo
fern (weit entfernt)	ไกล	glai
fern (weit)	ห่างไกล	hàang glai
fett (-es Essen)	มันๆ	man man
feucht	ชื้น	chéun
flüssig	เหลว	lěo
frei (-er Eintritt)	ไม่จำกัด	mâi jam-gàt
frisch (Brot usw.)	สุด	sòt
froh	รื่นเริง	rêun rerng
fruchtbar (-er Böden)	อุดมสมบูรณ์	ù-dom sŏm-boon
früher (-e Besitzer)	ก่อนหน้า	gòrn nâa
ganz (komplett)	ทั้งหมด	tháng mòt
gebraucht	มือสอง	meu sǒrng
gebräunt (sonnen-)	ผิวดำแดง	phǐw dam daeng
gedämpft, matt (Licht)	สลัว	sà-lǔa
gefährlich	อันตราย	an-dtà-raai
gegensätzlich	ตรงข้าม	dtrorng khâam
gegenwärtig	ปัจจุบัน	bpàt-jù-ban
gemeinsam	รวมกัน	rûam gan
genau, pünktlich	ถูกต้อง	thòok dtôrng
gerade, direkt	ตรง	dtrorng
geräumig (Raum)	กว้างขวาง	gwâang khwǎang
geschlossen	ปิด	bpìt
gesetzlich	ทางกฎหมาย	thaang gòt mǎai
gewöhnlich	ปกติ	bpòk-gà-dtì
glatt (z.B. poliert)	เนียน	nian
glatt, eben	เรียบ	rîap

gleich (z.B. ~ groß)	เหมือนกัน	měuan gan
glücklich	มีความสุข	mee khwaam sùk
groß	ใหญ่	yài
gut (das Buch ist ~)	ดี	dee
gut (gütig)	ดี	dee
hart (harter Stahl)	แข็ง	khǎeng
Haupt-	หลัก	làk
hauptsächlich	หลัก	làk
Heimat-	ดั้งเดิม	dâng derm
heiß	รอน	rórn
Hinter-	หลัง	lǎng
höchst	สูงสุด	sǒong sùt
höflich	สุภาพ	sù-phâap
hungrig	หิว	hǐw
in Armut lebend	ยากจน	yâak jon
innen-	ภายใน	phaai nai
jung	หนุ่ม	nùm
kalt (Getränk usw.)	เย็น	yen
Kinder-	ของเด็ก	khǒrng dèk
klar (deutlich)	ชัดเจน	chát jayn
klein	เล็ก	lék
klug, clever	ฉลาด	chà-làat
knapp (Kleider, zu eng)	คับ	kháp
kompatibel	เขากันได้	khâo gan dâai
kostenlos, gratis	ฟรี	free
krank	ป่วย	bpùay
kühl (-en morgen)	เย็น	yen
künstlich	เทียม	thiam
kurz (räumlich)	สั้น	sân
kurz (zeitlich)	มีอายุสั้น	mee aa-yú sân
kurzsichtig	สายตาสั้น	sǎai dtaa sân

251. Bestimmungswörter. Adjektive. Teil 2

lang (langwierig)	ยาว	yaao
laut (-e Stimme)	ดัง	dang
lecker	อร่อย	à-ròi
leer (kein Inhalt)	ว่าง	wâang
leicht (wenig Gewicht)	เบา	bao
leise (~ sprechen)	ต่ำ	dtàm
licht (Farbe)	อ่อน	òrn
link (-e Seite)	ซ้าย	sáai
mager, dünn	ผอม	phǒrm
matt (Lack usw.)	ด้าน	dâan
möglich	เป็นไปได้	bpen bpai dâai
müde (erschöpft)	เหนื่อย	nèuay

Nachbar-	เพื่อนบ้าน	phêuan bâan
nachlässig	ประมาท	bprà-màat
nächst	ใกล้ที่สุด	glâi thêe sùt
nächst (am -en Tag)	ถัดไป	thàt bpai
nah	ใกล้	glâi
nass (-e Kleider)	เปียก	bpìak
negativ	แง่ลบ	ngâe lóp
nervös	กระวนกระวาย	grà won grà waai
nett (freundlich)	ดี	dee
neu	ใหม่	mài
nicht groß	ไม่ใหญ่	mâi yài
nicht schwierig	ไม่ยาก	mâi yâak
normal	ปกติ	bpòk-gà-dtì
nötig	จำเป็น	jam bpen
notwendig	จำเป็น	jam bpen
obligatorisch, Pflicht-	จำเป็น	jam bpen
offen	เปิด	bpèrt
öffentlich	สาธารณะ	sǎa-thaa-rá-ná
original (außergewöhnlich)	ดั้งเดิม	dâng derm
persönlich	ส่วนตัว	sùan dtua
platt (flach)	แบน	baen
privat (in Privatbesitz)	ส่วนบุคคล	sùan bùk-khon
pünktlich (Ich bin gerne ~)	ตรงเวลา	dtrorng way-laa
rätselhaft	ลึกลับ	léuk láp
recht (-e Hand)	ขวา	khwǎa
reif (Frucht usw.)	สุก	sùk
richtig	ถูก	thòok
riesig	ใหญ่	yài
riskant	เสี่ยง	sìang
roh (nicht gekocht)	ดิบ	dìp
ruhig	สงบ	sà-ngòp
salzig	เค็ม	khem
sauber (rein)	สะอาด	sà-àat
sauer	เปรี้ยว	bprîeow
scharf (-e Messer usw.)	คม	khom
schlecht	แย่	yâe
schmutzig	สกปรก	sòk-gà-bpròk
schnell	เร็ว	reo
schön (-es Mädchen)	สวย	sǔay
schön (-es Schloß usw.)	สวย	sǔay
schwer (~ an Gewicht)	หนัก	nàk
schwierig	ยาก	yâak
schwierig (-es Problem)	ยาก	yâak
seicht (nicht tief)	ตื้น	dtêun
selten	หายาก	hǎa yâak
sicher (nicht gefährlich)	ปลอดภัย	bplòrt phai

sonnig	แดดแรง	dàet raeng
sorgfältig	พิถีพิถัน	phí-thĕe-phí-thăn
sorgsam	ที่ห่วงใย	thêe hùang yai
speziell, Spezial-	พิเศษ	phí-sàyt
stark (-e Konstruktion)	แข็ง	khăeng
stark (kräftig)	แข็งแกร่ง	khăeng gràeng
still, ruhig	เงียบ	ngîap
süß	หวาน	wăan
Süß- (Wasser)	จืด	jèut
teuer	แพง	phaeng
tiefgekühlt	แช่แข็ง	châe khăeng
tot	ตาย	dtaai
traurig	เศร้า	sâo
traurig, unglücklich	เศร้า	sâo
trocken (Klima)	แห้ง	hâeng
übermäßig	เกินขีด	gern khèet
unbedeutend	ไม่สำคัญ	mâi săm-khan
unbeweglich	ไม่ขยับ	mâi khà-yàp
undeutlich	ไม่ชัดเจน	mâi chát jayn
unerfahren	ขาดประสบการณ์	khàat bprà-sòp gaan
unmöglich	เป็นไปไม่ได้	bpen bpai mâi dâai
Untergrund- (geheim)	ลับ	láp
unterschiedlich	ต่างกัน	dtàang gan
ununterbrochen	ต่อเนื่อง	dtòr nêuang
unverständlich	เข้าใจไม่ได้	khâo jai mâi dâai
vergangen	ที่ผ่านมา	thêe phàan maa
verschieden	หลาย	lăai
voll (gefüllt)	เต็ม	dtem
vorig (in der -en Woche)	กลาย	glaai
vorzüglich	ยอดเยี่ยม	yôrt yîam
wahrscheinlich	เป็นไปได้	bpen bpai dâai
warm (mäßig heiß)	อุ่น	ùn
weich (-e Wolle)	นิ่ม	nîm
wichtig	สำคัญ	săm-khan
wolkenlos	ไร้เมฆ	rái mâyk
zärtlich	อ่อนโยน	òn yohn
zentral (in der Mitte)	กลาง	glaang
zerbrechlich (Porzellan usw.)	เปราะบาง	bpròr baang
zufrieden	มีความสุข	mee khwaam sùk
zufrieden (glücklich und ~)	พอใจ	phor jai

500 WICHTIGE VERBEN

252. Verben A-D

abbiegen (vi)	เลี้ยว	líeow
abhacken (vt)	ตัดออก	dtàt òrk
abhängen von …	พึ่งพา…	phêung phaa…
ablegen (Schiff)	ถอดออก	thòrt òrk
abnehmen (vt)	เอาออก	ao òrk
abreißen (vt)	ฉีก	chèek
absagen (vt)	ปฏิเสธ	bpà-dtì-sàyt
abschicken (vt)	ส่ง	sòng
abschneiden (vt)	ตัดออก	dtàt òrk
adressieren (an …)	พูดกับ	phôot gàp
ähnlich sein	เหมือน	měuan
amputieren (vt)	ตัดอวัยวะ	dtàt a-wai-wá
amüsieren (vt)	ทำให้รื่นเริง	thám hâi rêun rerng
anbinden (vt)	ผูกกับ…	phòok gàp…
ändern (vt)	เปลี่ยน	bplìan
andeuten (vt)	พูดเป็นนัย	phôot bpen nai
anerkennen (vt)	จดจำ	jòt jam
anflehen (vt)	ขอร้อง	khǒr rórng
Angst haben (vor …)	กลัว	glua
anklagen (vt)	กลาวหา	glàao hǎa
anklopfen (vi)	เคาะ	khór
ankommen (der Zug)	มาถึง	maa thěung
anlegen (Schiff)	จอดเรือ	jòrt reua
anstecken (~ mit …)	ทำให้ติดเชื้อ	tham hâi dtìt chéua
anstreben (vt)	ปรารถนา	bpràat-thà-nǎa
antworten (vi)	ตอบ	dtòrp
anzünden (vt)	จุดไฟ	jùt fai
applaudieren (vi)	ปรบมือ	bpròp meu
arbeiten (vi)	ทำงาน	tham ngaan
ärgern (vt)	ทำให้…โกรธ	tham hâi…gròht
assistieren (vi)	ช่วย	chûay
atmen (vi)	หายใจ	hǎai jai
attackieren (vt)	โจมตี	johm dtee
auf … zählen	พึ่งพา	phêung phaa
auf jmdn böse sein	โกรธ	gròht
aufbringen (vt)	ทำให้…รำคาญ	tham hâi…ram-khaan
aufräumen (vt)	จัดระเบียบ	jàt rá-bìap
aufschreiben (vt)	จด	jòt

aufseufzen (vi)	ถอนหายใจ	thŏrn hăai-jai
aufstehen (vi)	ลุกขึ้น	lúk khêun
auftauchen (U-Boot)	ขึ้นมาที่ผิวน้ำ	khêun maa thêe phĭw náam
ausdrücken (vt)	แสดงออก	sà-daeng òrk
ausgehen (vi)	ออกไป	òrk bpai
aushalten (vt)	ทน	thon
ausradieren (vt)	ขัดออก	khàt òrk
ausreichen (vi)	พอเพียง	phor phiang
ausschalten (vt)	ปิด	bpìt
ausschließen (vt)	ไลออก	lâi òrk
aussprechen (vt)	ออกเสียง	òrk sĭang
austeilen (vt)	แจกจ่าย	jàek jàai
auswählen (vt)	เลือก	lêuak
auszeichnen (mit Orden)	มอบรางวัล	môrp raang-wan
baden (vt)	อาบน้ำให้	àap náam hâi
bedauern (vt)	เสียใจ	sĭa jai
bedeuten (bezeichnen)	บ่งบอก	bòng bòrk
bedienen (vt)	เซิรฟ	sêrf
beeinflussen (vt)	มีอิทธิพล	mee ìt-thí phon
beenden (vt)	จบ	jòp
befehlen (vt)	สั่งการ	sàng gaan
befestigen (vt)	เสริม	sĕrm
befreien (vt)	ปลดปล่อย	bplòt bplòi
befriedigen (vt)	ทำให้...พอใจ	tham hâi...phor jai
begießen (vt)	รดน้ำ	rót náam
beginnen (vt)	เริ่ม	rêrm
begleiten (vt)	รวมไปด้วย	rûam bpai dûay
begrenzen (vt)	จำกัด	jam-gàt
begrüßen (vt)	ทักทาย	thák thaai
behalten (alte Briefe)	เก็บ	gèp
behandeln (vt)	รักษา	rák-săa
behaupten (vt)	ยืนยัน	yeun yan
bekannt machen	แนะนำ	náe nam
belauschen (Gespräch)	ลอบฟัง	lôrp fang
beleidigen (vt)	ล่วงเกิน	lûang gern
beleuchten (vt)	ทำให้สว่าง	tham hâi sà-wàang
bemerken (vt)	สังเกต	săng-gàyt
beneiden (vt)	อิจฉา	ìt-chăa
benennen (vt)	เรียก	rîak
benutzen (vt)	ใช้	chái
beobachten (vt)	สังเกตการณ์	săng-gàyt gaan
berichten (vt)	รายงาน	raai ngaan
bersten (vi)	แตก	dtàek
beruhen auf ...	อิง	ing
beruhigen (vt)	ทำให้...สงบ	tham hâi...sà-ngòp
berühren (vt)	สัมผัส	săm-phàt

beseitigen (vt)	กำจัด	gam-jàt
besitzen (vt)	เป็นเจ้าของ	bpen jâo khŏrng
besprechen (vt)	หารือ	hăa-reu
bestehen auf	ยืนยัน	yeun yan
bestellen (im Restaurant)	สั่งอาหาร	sàng aa-hăan
bestrafen (vt)	ลงโทษ	long thôht
beten (vi)	ภาวนา	phaa-wá-naa
beunruhigen (vt)	ทำให้...เป็นห่วง	tham hâi…bpen hùang
bewachen (vt)	ปกป้อง	bpòk bpôrng
bewahren (vt)	รักษา	rák-săa
beweisen (vt)	พิสูจน์	phí-sòot
bewundern (vt)	ชมเชย	chom choie
bezeichnen (bedeuten)	บ่งบอก	bòng bòrk
bilden (vt)	ก่อตั้ง	gòr dtâng
binden (vt)	มัด	mát
bitten (jmdn um etwas ~)	ขอ	khŏr
blenden (vt)	ทำให้มองไม่เห็น	tam hâi morng mâi hĕn
brechen (vt)	ทำพัง	tham phang
bügeln (vt)	รีด	rêet

253. Verben E-H

danken (vi)	แสดงความขอบคุณ	sà-daeng khwaam khòrp kun
denken (vi, vt)	คิด	khít
denunzieren (vt)	ประณาม	bprà-naam
dividieren (vt)	หาร	hăan
dressieren (vt)	ฝึก	fèuk
drohen (vi)	ขู่	khòo
eindringen (vi)	แทรกซึม	sâek seum
einen Fehler machen	ทำผิดพลาด	tham phìt phlâat
einen Schluss ziehen	สรุป	sà-rùp
einladen (zum Essen ~)	เชิญ	chern
einpacken (vt)	ห่อ	hòr
einrichten (vt)	ติด	dtìt
einschalten (vt)	เปิด	bpèrt
einschreiben (vt)	เขียน...ใส่	khĭan…sài
einsetzen (vt)	สอดใส่	sòrt sài
einstellen (Personal ~)	จ้าง	jâang
einstellen (vt)	หยุด	yùt
einwenden (vt)	ค้าน	kháan
empfehlen (vt)	แนะนำ	náe nam
entdecken (Land usw.)	ค้นพบ	khón phóp
entfernen (Flecken ~)	ล้างออก	láang òrk
entscheiden (vt)	ตัดสินใจ	dtàt sĭn jai
entschuldigen (vt)	ให้อภัย	hâi a-phai
entzücken (vt)	หวานเสน่ห์	wàan sà-này

erben (vt)	รับมรดก	ráp mor-rá-dòrk
erblicken (vt)	เหลือบมอง	lèuap morng
erfinden (das Rad neu ~)	ประดิษฐ์	bprà-dìt
erinnern (vt)	นึกถึง	néuk thĕung
erklären (vt)	อธิบาย	à-thí-baai

erlauben (jemandem etwas)	อนุญาตให้	a-nú-yâat hâi
erlauben, gestatten (vt)	อนุญาต	a-nú-yâat
erleichtern (vt)	ทำให้...งายขึ้น	tham hâi...ngâai khêun
ermorden (vt)	ฆา	khâa

ermüden (vt)	ทำให้...เหนื่อย	tham hâi...nèuay
ermutigen (vt)	บันดาลใจ	ban-daan jai
ernennen (vt)	มอบหมาย	môrp măai
erörtern (vt)	ตรวจสอบ	dtrùat sòrp

erraten (vt)	คาดเดา	khâat dao
erreichen (Nordpol usw.)	ไปถึง	bpai thĕung
erröten (vi)	หนาแดง	nâa daeng
erscheinen (am Horizont ~)	ปรากฏ	bpraa-gòt

erscheinen (Buch usw.)	ออกวางจำหนาย	òrk waang jam-nàai
erschweren (vt)	ทำให้...ซับซอน	tham hâi...sáp són
erstaunen (vt)	ทำให้...ประหลาดใจ	tham hâi...bprà-làat jai
erstellen (einer Liste ~)	รวบรวม	rûap ruam
ertrinken (vi)	จมน้ำ	jom náam

erwähnen (vt)	กลาวถึง	glàao thĕung
erwarten (vt)	คาดหวัง	khâat wăng
erzählen (vt)	เลา	lâo
erzielen (Ergebnis usw.)	บรรลุ	ban-lú

essen (vi, vt)	กิน	gin
existieren (vi)	มีอยู	mee yòo
fahren (mit 90 km/h ~)	ไป	bpai
fallen lassen	ทำให้...ตก	tham hâi...dtòk

fangen (vt)	รับ	ráp
finden (vt)	คนหา	khón hăa
fischen (vt)	จับปลา	jàp bplaa
fliegen (vi)	บิน	bin
folgen (vi)	ไปตาม...	bpai dtaam...

fortbringen (vt)	เอาไป	ao bpai
fortsetzen (vt)	ดำเนินการตอ	dam-nern gaan dtòr
fotografieren (vt)	ถายภาพ	thàai phâap
frühstücken (vi)	ทานอาหารเชา	thaan aa-hăan cháo
fühlen (vt)	รับรู	ráp róo

führen (vt)	นำ	nam
füllen (mit Wasse usw.)	เติมให้เต็ม	dterm hâi dtem
füttern (vt)	ใหอาหาร	hâi aa-hăan
garantieren (vt)	รับประกัน	ráp bprà-gan

| geben (sein Bestes ~) | ให | hâi |
| gebrauchen (vt) | ใช | chái |

237

gefallen (vi)	ชอบ	chôrp
gehen (zu Fuß gehen)	ไป	bpai

gehorchen (vi)	เชื่อฟัง	chêua fang
gehören (vi)	เป็นของของ...	bpen khŏrng khŏrng...
gelegen sein	อยู่	yŏo
genesen (vi)	ฟื้นตัว	féun dtua

gereizt sein	หงุดหงิด	ngùt-ngìt
gernhaben (vt)	ชอบ	chôrp
gestehen (Verbrecher)	สารภาพ	săa-rá-phâap
gießen (Wasser ~)	ริน	rin

glänzen (vi)	ส่องแสง	sòrng săeng
glauben (Er glaubt, dass ...)	เชื่อ	chêua
graben (vt)	ขุด	khùt
gratulieren (vi)	แสดงความยินดี	sà-daeng khwaam yin dee

gucken (spionieren)	แอบดู	àep doo
haben (vt)	มี	mee
handeln (in Aktion treten)	ปฏิบัติ	bpà-dtì-bàt
hängen (an der Wand usw.)	แขวน	khwăen

heiraten (vi)	แต่งงาน	dtàeng ngaan
helfen (vi)	ช่วย	chûay
herabsteigen (vi)	ลง	long
hereinkommen (vi)	เขา	khâo
herunterlassen (vt)	ลด	lót

hinzufügen (vt)	เพิ่ม	phêrm
hoffen (vi)	หวัง	wăng
hören (Geräusch ~)	ได้ยิน	dâai yin
hören (jmdm zuhören)	ฟัง	fang

254. Verben I-R

imitieren (vt)	เลียนแบบ	lian bàep
impfen (vt)	ฉีดวัคซีน	chèet wák-seen
importieren (vt)	นำเขาๆ	nam khăo
in Gedanken versinken	มัวแต่ครุ่นคิด	mua dtàe khrûn-khít

in Ordnung bringen	จัดเรียง	jàt riang
informieren (vt)	แจง	jâeng
instruieren (vt)	สอน	sŏrn
interessieren (vt)	ทำให้...สนใจ	tham hâi...sŏn jai

isolieren (vt)	แยก	yâek
jagen (vi)	ล่าหา	lâa hăa
kämpfen (~ gegen)	สู้	sôo
kämpfen (sich schlagen)	สู้รบ	sôo róp
kaufen (vt)	ซื้อ	séu

kennen (vt)	รู้จัก	róo jàk
kennenlernen (vt)	ทำความรู้จัก	tham khwaam róo jàk

klagen (vi)	บ่น	bòn
kompensieren (vt)	ชดเชย	chót-choie
komponieren (vt)	แต่ง	dtàeng
kompromittieren (vt)	ทำให้...เสียเกียรติ	tham hâi...sǐa gìat
konkurrieren (vi)	แข่งขัน	khàeng khǎn
können (v mod)	สามารถ	sǎa-mâat
kontrollieren (vt)	ควบคุม	khûap khum
koordinieren (vt)	ประสานงาน	bprà-sǎan ngaan
korrigieren (vt)	แก้ไข	gâe khǎi
kosten (vt)	มีราคา	mee raa-khaa
kränken (vt)	ดูถูก	doo thòok
kratzen (vt)	ขวน	khùan
Krieg führen	ทำสงคราม	tham sǒng-khraam
lächeln (vi)	ยิ้ม	yím
lachen (vi)	หัวเราะ	hǔa rór
laden (Ein Gewehr ~)	ใส่กระสุน	sài grà-sǔn
laden (LKW usw.)	ขนของ	khǒn khǒrng
lancieren (starten)	เปิด	bpèrt
laufen (vi)	วิ่ง	wîng
leben (vi)	มีชีวิต	mee chee-wít
lehren (vt)	สอน	sǒrn
leiden (vi)	ทรมาน	thor-rá-maan
leihen (Geld ~)	ขอยืม	khǒr yeum
leiten (Betrieb usw.)	จัดการ	jàt gaan
lenken (ein Auto ~)	ขับรถ	khàp rót
lernen (vt)	เรียน	rian
lesen (vi, vt)	อ่าน	àan
lieben (vt)	รัก	rák
liegen (im Bett usw.)	นอน	norn
losbinden (vt)	แก้มัด	gâe mát
löschen (Feuer)	ดับ	dàp
lösen (Aufgabe usw.)	แก้ไข	gâe khǎi
loswerden (jmdm. od etwas)	กำจัด...	gam-jàt...
lügen (vi)	โกหก	goh-hòk
machen (vt)	ทำ	tham
markieren (vt)	ทำเครื่องหมาย	tham khrêuang mǎai
meinen (glauben)	คิด	khít
memorieren (vt)	จดจำ	jòt jam
mieten (ein Boot ~)	จ้าง	jâang
mieten (Haus usw.)	เช่า	châo
mischen (vt)	ผสม	phà-sǒm
mitbringen (vt)	นำมา	nam maa
mitteilen (vt)	แจ้ง	jâeng
müde werden	เหนื่อย	nèuay
multiplizieren (vt)	คูณ	khoon
müssen (v mod)	ต้อง	dtôrng

nachgeben (vi)	ยอม	yorm
nehmen (jmdm. etwas ~)	ตัด	dtàt
nehmen (vt)	เอา	ao
noch einmal sagen	พูดซ้ำ	phôot sám
nochmals tun (vt)	ทำซ้ำ	tham sám
notieren (vt)	จดโน้ต	jòt nóht
nötig sein	เป็นที่ต้องการ	bpen thêe dtôrng gaan
notwendig sein	มีความจำเป็น	mee khwaam jam bpen
öffnen (vt)	เปิด	bpèrt
passen (Schuhe, Kleid)	เหมาะ	mò
pflücken (Blumen)	เก็บ	gèp
planen (vt)	วางแผน	waang phǎen
prahlen (vi)	อวด	ùat
projektieren (vt)	ออกแบบ	òrk bàep
protestieren (vi)	ประท้วง	bprà-thúang
provozieren (vt)	ยั่วยุ	yûa yú
putzen (vt)	ทำความสะอาด	tham khwaam sà-àat
raten (zu etwas ~)	แนะนำ	náe nam
rechnen (vt)	นับ	náp
regeln (vt)	ยุติ	yút-dtì
reinigen (vt)	ทำความสะอาด	tham khwaam sà-àat
reparieren (vt)	ซ่อม	sôrm
reservieren (vt)	จอง	jorng
retten (vt)	ช่วยชีวิต	chûay chee-wít
richten (den Weg zeigen)	บอกทาง	bòrk thaang
riechen (an etwas ~)	ดมกลิ่น	dom glìn
riechen (gut ~)	มีกลิ่น	mee glìn
ringen (Sport)	มวยปล้ำ	muay bplâm
riskieren (vt)	เสี่ยง	sìang
rufen (seinen Hund ~)	เรียก	rîak
rufen (um Hilfe ~)	เรียก	rîak

255. Verben S-U

säen (vt)	หว่าน	wàan
sagen (vt)	พูด	phôot
schaffen (Etwas Neues zu ~)	สร้าง	sâang
schelten (vt)	ด่วา	dù wâa
schieben (drängen)	ผลัก	phlàk
schießen (vi)	ยิง	ying
schlafen gehen	ไปนอน	bpai norn
schlagen (mit ...)	สู้	sôo
schlagen (vt)	ตี	dtee
schließen (vt)	ปิด	bpìt
schmeicheln (vi)	ชม	chom

schmücken (vt)	ตกแต่ง	dtòk dtàeng
schreiben (vi, vt)	เขียน	khĭan
schreien (vi)	ตะโกน	dtà-gohn
schütteln (vt)	เขย่า	khà-yào
schweigen (vi)	นิ่งเงียบ	nîng ngîap
schwimmen (vi)	ว่ายน้ำ	wâai náam
schwimmen gehen	ว่ายน้ำ	wâai náam
sehen (vt)	มองดู	morng doo
sein (vi)	เป็น	bpen
sich abwenden	มวนหน้า	múan nâa
sich amüsieren	มีความสุข	mee khwaam sùk
sich anschließen	เขารวมใน	khâo rûam nai
sich anstecken	ติดเชื้อ	dtìt chéua
sich aufregen	เป็นห่วง	bpen hùang
sich ausruhen	พัก	phák
sich beeilen	รีบ	rêep
sich benehmen	ประพฤติตัว	bprà-phréut dtua
sich beschmutzen	สกปรก	sòk-gà-bpròk
sich datieren	มาตั้งแต่...	maa dtâng dtàe...
sich einmischen	แทรกแซง	sâek saeng
sich empören	ขุนเคือง	khùn kheuang
sich entschuldigen	ขอโทษ	khŏr thôht
sich erhalten	ได้รับการรักษา	dâai ráp gaan rák-săa
sich erinnern	จำ	jam
sich interessieren	สนใจ	sŏn jai
sich kämmen	หวีผม	wĕe phŏm
sich konsultieren mit ...	ปรึกษา	bprèuk-săa
sich konzentrieren	ตั้งสมาธิ	dtâng sà-maa-thí
sich langweilen	เบื่อ	bèua
sich nach ... erkundigen	สอบถาม	sòrp thăam
sich nähern	เข้าใกล้	khâo glâi
sich rächen	แกแคน	gâe kháen
sich rasieren	โกน	gohn
sich setzen	นั่ง	nâng
sich Sorgen machen	กังวล	gang-won
sich überzeugen	ถูกโน้มน้าว	thook nóhm náao
sich unterscheiden	แตกต่าง	dtàek dtàang
sich vergrößern	เพิ่ม	phêrm
sich verlieben	ตกหลุมรัก	dtòk lŭm rák
sich verteidigen	ปกป้อง	bpòk bpôrng
sich vorstellen	มีจินตนาการ	mee jin-dtà-naa gaan
sich waschen	อาบน้ำ	àap náam
sitzen (vi)	นั่ง	nâng
spielen (Ball ~)	เล่น	lên
spielen (eine Rolle ~)	เลนบท	lên bòt

spotten (vi)	เยาะเย้ย	yór-yóie
sprechen mit …	คุยกับ	khui gàp

spucken (vi)	ถุย	thŭi
starten (Flugzeug)	บินขึ้น	bin khêun
stehlen (vt)	ขโมย	khà-moi

stellen (ins Regal ~)	วาง	waang
stimmen (vi)	ลงคะแนน	long khá-naen
stoppen (haltmachen)	หยุด	yùt
stören (nicht ~!)	รบกวน	róp guan

streicheln (vt)	ลูบ	lôop
suchen (vt)	หา	hăa
sündigen (vi)	ทำบาป	tham bàap
tauchen (vi)	ดำ	dam

tauschen (vt)	แลกเปลี่ยน	lâek bplìan
täuschen (vt)	หลอก	lòrk
teilnehmen (vi)	มีส่วนรวม	mee sùan rûam
trainieren (vi)	ฝึก	fèuk

trainieren (vt)	ฝึก	fèuk
transformieren (vt)	เปลี่ยนแปลง	bplìan bplaeng
träumen (im Schlaf)	ฝัน	făn
träumen (wünschen)	ฝัน	făn

trinken (vt)	ดื่ม	dèum
trocknen (vt)	ทำให้...แห้ง	tham hâi...hâeng
überragen (Schloss, Berg)	ทำให้...สูงเหนือ	tham hâi...sŏong nĕua
überrascht sein	ประหลาดใจ	bprà-làat jai
überschätzen (vt)	ตีค่าสูงเกิน	dtee khâa sŏong gern

übersetzen (Buch usw.)	แปล	bplae
überwiegen (vi)	ชนะ	chá-ná
überzeugen (vt)	โน้มน้าว	nóhm náao
umarmen (vt)	กอด	gòrt
umdrehen (vt)	พลิก	phlík

unternehmen (vt)	ดำเนินการ	dam-nern gaan
unterschätzen (vt)	ดูถูก	doo thòok
unterschreiben (vt)	ลงนาม	long naam
unterstreichen (vt)	ขีดเส้นใต้	khèet sên dtâi
unterstützen (vt)	สนับสนุน	sà-nàp-sà-nŭn

256. Verben V-Z

verachten (vt)	รังเกียจ	rang gìat
veranstalten (vt)	จัด	jàt
verbieten (vt)	ห้าม	hâam
verblüfft sein	สับสน	sàp sŏn

verbreiten (Broschüren usw.)	แจกจ่าย	jàek jàai
verbreiten (Geruch)	ปล่อย	bplòi

verbrennen (vt)	เผา	phǎo
verdächtigen (vt)	สงสัย	sǒng-sǎi
verdienen (Lob ~)	สมควรได้รับ ,	sǒm khuan dâai ráp
verdoppeln (vt)	เพิ่มเป็นสองเท่า	phêrm bpen sǒrng thâo
vereinfachen (vt)	ทำให้ง่ายขึ้น,	tham hâi ngâai khêun
vereinigen (vt)	ทำให้...รวมกัน	tham hâi...ruam gan
vergessen (vt)	ลืม	leum
vergießen (vt)	ทำให้...หก	tham hâi...hòk
vergleichen (vt)	เปรียบเทียบ	bprìap thîap
vergrößern (vt)	เพิ่ม	phêrm
verhandeln (vi)	เจรจา	jayn-rá-jaa
verjagen (vt)	ไล่ไป	lâi bpai
verkaufen (vt)	ขาย	khǎai
verlangen (vt)	เรียกร้อง	rîak rórng
verlassen (vt)	ลืม	leum
verlassen (vt)	หย่า	yàa
verlieren (Regenschirm usw.)	ทำหาย	tham hǎai
vermeiden (vt)	หลีกเลี่ยง	lèek lîang
vermuten (vt)	สมมุติ	sǒm mút
verneinen (vt)	ปฏิเสธ	bpà-dtì-sàyt
vernichten (Dokumente usw.)	ทำลาย	tham laai
verringern (vt)	ลด	lót
versäumen (vt)	พลาด	phlâat
verschieben (Möbel usw.)	ย้าย	yáai
verschütten (vt)	หก	hòk
verschwinden (vi)	หายไป	hǎai bpai
versprechen (vt)	สัญญา	sǎn-yaa
verstecken (vt)	ซ่อน	sôrn
verstehen (vt)	เข้าใจ	khâo jai
verstummen (vi)	หยุดพูด	yùt phôot
versuchen (vt)	พยายาม	phá-yaa-yaam
verteidigen (vt)	ปกป้อง	bpòk bpôrng
vertrauen (vt)	เชื่อ	chêua
verursachen (vt)	เป็นสาเหตุ...	bpen sǎa-hàyt...
verurteilen (vt)	พิพากษา	phí-phâak-sǎa
vervielfältigen (vt)	ถ่ายสำเนาหลายฉบับ	thàai sǎm-nao lǎai chà-bàp
verwechseln (vt)	สับสน	sàp sǒn
verwirklichen (vt)	ทำให้...เป็นจริง	tham hâi...bpen jing
verzeihen (vt)	ยกโทษให้	yók thôht hâi
vorankommen	คืบหน้า	khêup nâa
voraussehen (vt)	คาดหวัง	khâat wǎng
vorbeifahren (vi)	ผ่าน	phàan
vorbereiten (vt)	เตรียม	dtriam
vorschlagen (vt)	เสนอ	sà-něr
vorstellen (vt)	แนะนำ	náe nam
vorwerfen (vt)	ตำหนิ	dtam-nì

| vorziehen (vt) | ชอบ | chôrp |
| wagen (vt) | กลา | glâa |

wählen (vt)	เลือก	lêuak
wärmen (vt)	อุ่นให้ร้อน	ùn hâi rórn
warnen (vt)	เตือน	dteuan
warten (vi)	รอ	ror

waschen (das Auto ~)	ล้าง	láang
waschen (Wäsche ~)	ซักผ้า	sák phâa
wechseln (vt)	แลกเปลี่ยน	lâek bplìan
wecken (vt)	ปลุกให้ตื่น	bplùk hâi dtèun

wegfahren (vi)	ออกเดินทาง	òrk dern thaang
weglassen (Wörter usw.)	เว้น	wén
weglegen (vt)	เก็บที่	gèp thêe
wehen (vi)	เป่า	bpào

weinen (vi)	ร้องไห้	rórng hâi
werben (Reklame machen)	โฆษณา	khôht-sà-naa
werden (vi)	กลายเป็น	glaai bpen
werfen (vt)	ขวาง	khwâang

widmen (vt)	อุทิศ	u thít
wiegen (vi)	มีน้ำหนัก	mee nám nàk
winken (mit der Hand)	โบกมือ	bòhk meu
wissen (vt)	รู้	róo

Witz machen	ล้อเล่น	lór lên
wohnen (vi)	อยู่อาศัย	yòo aa-sǎi
wollen (vt)	ต้องการ	dtôrng gaan
wünschen (vt)	ปรารถนา	bpràat-thà-nǎa

zahlen (vt)	จ่าย	jàai
zeigen (den Weg ~)	ชี้	chée
zeigen (jemandem etwas ~)	แสดง	sà-daeng
zerreißen (vi)	ขาด	khàat

zertreten (vt)	บี้	bêe
ziehen (Seil usw.)	ดึง	deung
zielen auf ...	เล็ง	leng
zitieren (vt)	อ้างอิง	âang ing

zittern (vi)	หนาวสั่น	nǎao sàn
zu Abend essen	ทานอาหารเย็น	thaan aa-hǎan yen
zu Mittag essen	ทานอาหารเที่ยง	thaan aa-hǎan thîang
zubereiten (vt)	ทำ	tham

züchten (Pflanzen)	ปลูก	bplòok
zugeben (eingestehen)	ยอมรับ	yorm ráp
zur Eile antreiben	รีบ	rêep
zurückdenken (vi)	จำ	jam
zurückhalten (vt)	ยับยั้ง	yáp yáng

| zurückkehren (vi) | กลับ | glàp |
| zurückschicken (vt) | ส่งคืน | sòng kheun |

zurückziehen (vt)	ยุกเลิก	yók lêrk
zusammenarbeiten (vi)	รวมมือ	rûam meu
zusammenzucken (vi)	สั่น	sàn
zustimmen (vi)	เห็นด้วย	hěn dûay
zweifeln (vi)	สงสัย	sŏng-săi
zwingen (vt)	บังคับ	bang-kháp

www.ingramcontent.com/pod-product-compliance
Lightning Source LLC
Chambersburg PA
CBHW071322090426
42738CB00012B/2762